EN AVANT LA CHANSON!

Ce livre a bénéficié des subventions du ministère des Affaires culturelles du Québec et du Conseil des Arts du Canada.

Traitement de texte et mise en pages : Monique Dionne
Maquette de la couverture : Raymond Martin
Distribution : Diffusion Prologue

Dépôt légal : B.N.Q. et B.N.C., 4e trimestre 1993

ISBN : 2-89031-176-7

sous la direction de

Robert GIROUX

EN AVANT LA CHANSON!

Triptyque

TABLE DES MATIÈRES

Présentation

La chanson populaire constitue un domaine de recherche d'une telle richesse et d'une complexité si grande que nous nous mettons ici à plusieurs pour en étudier différentes facettes.

Et ce n'est pas la première fois. Il existe certes des «guides» (*Le guide de la chanson québécoise*) et des «dictionnaires» (*Le dictionnaire de la musique populaire du Québec (1955-1992)* ou encore la réédition du *Dictionnaire de la musique canadienne*). De nombreuses études socio-historiques ont aussi offert des tours d'horizon de la chanson d'ici; qu'on pense aux travaux de Bruno Roy par exemple. Il semblerait même qu'une anthologie générale de la chanson québécoise serait sur le point de paraître, mettant comme un point d'orgue à toutes ces monographies qui se sont succédé depuis une dizaine d'années. Et non satisfaits de reprendre en un seul volume — *La chanson prend ses airs* — des ouvrages devenus introuvables, voilà que nous remettons cela avec un nouveau collectif de travail.

Ces collectifs se proposent comme des fragments d'un projet sans cesse remis en chantier, celui de circonscrire les composantes et la dynamique de ce qu'il convient d'appeler le phénomène de la chanson (québécoise). Ce chantier, modeste à ses débuts, a attiré bon nombre de travailleurs ou de «compagnons chercheurs» comme les appellerait si affectueusement Paul Chamberland. Le maître d'œuvre n'a pas encore réussi à endiguer ou à synthétiser autour d'un seul plan de travail l'ensemble des désirs et des résultats d'exploration des lieux. Il n'y a d'ailleurs pas encore d'urgence à devoir contrôler toutes les belles énergies et maîtriser les initiatives plus ou moins convergentes. Il faut savoir profiter de plusieurs points de vue pour rendre compte d'un objet complexe, ne serait-ce que pour s'en faire une représentation adéquate et satisfaisante pour l'ensemble des intéressés.

Ce recueil de textes n'a pas de colonne vertébrale véritable. Entre les premières réflexions de Robert Giroux sur la chanson comme produit et pratique spécifiques d'aujourd'hui et l'étude sur le rap français qui ferme notre collectif, tout un éventail de pistes de recherche se manifeste avec générosité : une esquisse de l'historiographie relativement jeune en chanson québécoise par Jean-Nicolas De Surmont; un aperçu des fabricants de disques au Québec depuis bientôt cent ans par Danielle Tremblay; l'évaluation de la place des femmes dans l'industrie du disque et du spectacle au Québec depuis 1945, toujours par Danielle Tremblay; le statut social des artistes de la chanson populaire à travers le discours journalistique des années 80 par Daniel André; une critique du discours trop élitiste porté sur la chanson par Bruno Roy et l'évocation de la chanson comme vox populi par Robert Giroux; enfin, la chanson comme miroir, écran et projection d'elle-même par Jacques Julien, qui y voit à l'œuvre une fonction métalinguistique très instructive.

Si le lecteur se sent déjà trop étourdi, qu'il se rassure, ça passera. Un facteur commun rassemble ces contributions en vue d'une meilleure connaissance de la chanson francophone : la ferveur envers une pratique culturelle aujourd'hui bien capricieuse mais tellement imprégnée de toute notre histoire socio-culturelle qu'il serait bien impertinent d'en sous-estimer les langages et les enjeux. Puissent ces travaux permettre de porter sur elle un discours de mieux en mieux adapté et documenté. Nous répondrions ainsi aux vœux de Foglia de *La Presse* qui se plaignait que les ondes radio se trouvaient abusivement envahies par la chanson, sans commentaires d'accompagnement susceptibles de la mettre en situation et en valeur. Alors, plutôt que de crier cavalièrement avec lui : «Vos gueules, les chanteurs!», nous pastichons un fin connaisseur et entonnons avec Boris Vian : «En avant la chanson!...»

Robert Giroux

Poésie et chanson : des liens arbitraires

Robert Giroux

Entre la poésie et la chanson, la frontière n'est pas toujours bien étanche. Félix Leclerc et Gilles Vigneault sont-ils des poètes ou des chansonniers? Que Richard Séguin ou Michel Rivard soient des auteurs de chansons nous permet-il de dire que ce sont aussi des poètes?

Le poème a un avantage sur la chanson : il n'est que texte et il peut être lu et relu; il jouit du prestige de la littérature, cette dernière lui assurant une certaine noblesse. S'il arrive par exemple que Lucien Francœur chante sous des allures de voyou rockeur, il lui arrive aussi de publier des poèmes et de s'adresser ainsi à un public plus restreint et plus averti de lecteurs. En revanche, Raoul Duguay, d'abord connu comme poète-animateur formaliste et contre-culturel efficace, s'est progressivement transformé en «chanteur de pomme» de manière à rejoindre un public plus large d'auditeurs. Par conséquent, n'ayant pas les mêmes publics, chanson et poème seraient donc différents à plusieurs niveaux.

La chanson a des avantages sur le poème : elle est paroles et musique, donc plus complexe que le poème, plus riche; elle peut être lue, comme le poème, mais aussi être entendue (puisqu'elle est enregistrée), dans toutes sortes de lieux, toutes sortes de circonstances, avec des rituels très variables; la chanson peut faire l'objet d'interprétations très diverses, portées par des voix multiples; elle peut enfin être orchestrée de différentes manières, selon que le support musical se veut simple accompagnement à la guitare ou arrangement complexe. Pensons par exemple à une chanson comme «Y a sa pichou» : d'abord chanson traditionnelle anonyme acadienne, les Karrik en ont fait une chanson presque moderne au début des années 70 et Robert Charlebois l'a popularisée encore davantage en lui donnant une ampleur et une rythmique étonnantes. Autre exemple éloquent : «Café Rimbaud» de Lucien Francœur. Il s'agit d'un poème sur lequel cinq compositeurs[1] ont mis chacun leur musique, produisant ainsi cinq objets très différents, en dépit du fait que le texte, immuable, est toujours le même.

Donc, après réflexion, poème et chanson sont des objets artistiques bien différents. Et encore davantage aujourd'hui puisque la consommation d'une chanson est «totale», sa perception est «globale», l'industrie du vidéoclip lui appliquant tout à la fois une voix, une mise en scène et un «look» qui rendent quasi impossibles toute variation libre et surtout tout amateurisme. Mais il serait parfois légitime de penser qu'une bonne chanson serait celle qui peut subir l'épreuve de plusieurs interprétations. Contentons-nous, pour le moment, de constater que c'est l'invention de l'enregistrement sonore au début du siècle qui a creusé petit à petit le fossé entre poésie et texte de chanson. Nous ne savons pas trop comment on chantait «Un Canadien errant» à la fin du XIXe siècle, mais nous savons comment La Bolduc interprétait ses chansons durant les années 30; et lire ses textes aujourd'hui, sortes de petites chroniques de la vie sociale populaire de l'époque de la Crise, c'est retrouver un langage, une voix et un environnement sonore qui nous sont familiers actuellement parce que nous les entendons régulièrement, qu'ils ont réussi à surmonter l'épreuve du temps, qu'ils font désormais partie de notre patrimoine culturel national, etc. On pourrait dire la même chose et même davantage des poèmes et chansons de Félix Leclerc. Durant les années 40, c'est surtout comme poète et conteur qu'il était connu, et ce n'est qu'après un grand succès à Paris qu'il sera aussi reconnu comme auteur-compositeur-interprète de haut calibre. Et encore aujourd'hui, Félix représente notre troubadour moderne, le poète qui, comme au Moyen Âge, chantait ses textes en s'accompagnant à la guitare. En ce temps-là, la poésie était chantée et non pas destinée à la lecture. L'imprimerie viendra plus tard boule-verser tout cela, tout comme l'enregistrement sonore au début du XXe siècle constituera aussi une invention technologique extraordinaire... Paul Zumthor a étudié tout cela dans des livres incontournables[2].

Au Québec, c'est surtout au début des années 60 que chanson et poésie ont été le plus proches. Il était alors question des «chansonniers» et des «boîtes à chansons». Des revues littéraires comme *Liberté, Parti pris* et *Europe* consacraient des numéros spéciaux à la chanson comme phénomène socio-culturel majeur. Jean-Paul Filion, auteur de «La parenté», ira même jusqu'à affirmer que la chanson est désormais le véhicule par excellence de la poésie moderne. Toute la chanson française de l'après-guerre (style Rive gauche) devient le modèle de nos poètes chansonniers. On écoute Brassens, Brel, Ferré, Jacques Douai, Hélène Martin, les Frères Jacques, Serge Gainsbourg, etc. On applaudit, ici, les vedettes issues du groupe Les Bozos : Clémence DesRochers, Jean-Pierre Ferland, Claude Léveillée, Hervé Brousseau, Raymond Lévesque. Cette chanson québécoise d'alors était poétique, lyrique. Gilles Vigneault lui fournira des personnages légendaires, leur prêtera un langage régional vivant et remettra au goût du jour des rythmes connus mais quelque peu refoulés chez la jeune génération. Cette chanson a aussi profité du talent de grandes interprètes comme Renée Claude, Pauline Julien et Monique Leyrac qui lui ont procuré une diffusion très large. La chanson s'était donc trouvé un public de (jeunes) étudiants et d'intellectuels qui vont la souhaiter de plus en plus politisée. Ce qui ne manquera pas de se produire jusqu'à *Poèmes et chansons de la résistance*[3] qui regrouperont tous les intervenants progressistes des mondes artistique, syndical et féministe du Québec de l'époque.

Robert Charlebois passait par là... Et il a vraiment été celui qui a réussi à fusionner toutes les influences qui dominaient alors le domaine de la musique populaire. Dès le milieu des années 60, il monte un spectacle intitulé *Chansonniers vs yé-yé*, manifestant déjà la tension qui grondait entre la chanson poétique des chansonniers (style Rive gauche et aussi folk song à la Bob Dylan) et la chanson plus commerciale de la vague à gogo. Cette dernière se trouvera en effet des ailes et de la légitimité avec la beatlemania qui déferlera sur tout le monde occidental. Avec ses spectacles, surtout *l'Osstidcho* en 1968, Charlebois va imposer un nouveau style et surtout une nouvelle image de la chanson moderne du Québec : il chante en joual, sur des rythmes sud-américains et surtout californiens, électrifiant les instruments de musique, remplaçant le spectacle bien léché par des numéros improvisés, des allures provocatrices, etc. On est donc alors bien loin de la poésie. Mais pas aussi loin qu'on le croit. Les poètes surréalistes européens n'ont-ils pas beaucoup profité de la vogue des cabarets (sur le modèle du Chat noir, par exemple) au tournant du siècle. De la même façon, Charlebois puisera à tous les râteliers : il demandera des textes à Réjean Ducharme, il mettra en musique un poème de Rimbaud, il composera des parodies western, chantera «Ordinaire» devant un grand piano de concert, deviendra une vedette internationale, jouant à la fois sur les terrains de l'underground, de la «protest song» et de la ballade, ouvrant la voie à des groupes comme Offenbach, Harmonium et Octobre, mais aussi les Séguin et Beau Dommage et, plus près de nous, les French B et Richard Desjardins qui jouent à mi-chemin de la grande culture et de la culture populaire. Desjardins n'est-il pas perçu comme le Léo Ferré country du Québec, l'auteur de véritables poèmes comme «Nataq» et «Akinisi» et, en même temps, de chansons plus populistes comme «... et j'ai couché dans mon char» ou «Le bon gars», entre la satire et la drôlerie.

Cohabitent donc aujourd'hui comme autrefois des produits culturels de valeurs différentes, qui s'adressent à des publics variés (en âge et en scolarité), des œuvres qui expriment à leur façon les contradictions vivantes de la culture québécoise. Un poème n'est pas une chanson, disions-nous, la chanson étant même reconnue comme

14

un art mineur par ceux-là mêmes — trop modestes, sans doute — qui la pratiquent. Serge Gainsbourg et Boris Vian l'ont souvent répété. Ils étaient peut-être soumis à un étiquetage culturel qui n'accorde de la noblesse qu'à ce qui exige un apprentissage technique difficile. Mais de nos jours, alors que la poésie se permet toutes les libertés, libérée d'un savoir-faire apparent (de versification), c'est plutôt la chanson qui a des contraintes que la poésie n'a même plus à s'imposer.

La chanson est un texte d'abord *vocalisé,* destiné à l'écoute (et non à la lecture), nécessitant une performance d'interprétation. Comme elle est une pratique surtout populaire, s'adressant à un public assez large, elle doit être *simple,* simple dans ce qu'elle raconte, simple dans les jeux de répétition qui facilitent sa mémorisation (rimes, refrains, reprises diverses); elle doit aussi être *brève, concise,* être une sorte de condensé narratif, de condensé d'émotions, ce qui n'est pas facile; concise, la chanson ne doit pas dépasser trois minutes, une contrainte d'usage technique qui date du début de l'industrie de l'enregistrement, les premiers disques ne pouvant tourner plus de deux ou trois minutes. Les chansons anciennes étaient beaucoup plus longues (pensons aux complaintes d'actualité encore très populaires au XIXe siècle), mais l'industrie a rapidement imposé ses modèles et habitué l'oreille à ce qu'elle a proposé, par exemple, à la radio, sa meilleure vitrine.

Pour toutes ces raisons, il est difficile de confondre poésie et chanson, même si cela apparaît souhaitable par moments. Simple comme *objet,* la chanson est devenue en même temps une *pratique* très complexe[4]. Elle nécessite des studios coûteux, des clips séducteurs, des galas tapageurs, des salles de spectacle très sophistiquées, etc. Le métier devient de plus en plus impossible pour le commun des mortels, mais on sent que Michel Rivard, Richard Séguin, Richard Desjardins et Marjo réussissent à redonner à la pratique de la chanson des dimensions humaines : textes communicatifs, mélodies simples, retour aux instruments de musique traditionnels et accessibles, rejoignant ainsi l'esprit de Yves Simon qui faisait récemment l'éloge des «bruiteurs» de notre vie contemporaine. Il entendait par là, bien sûr, l'éloge des bons auteurs-compositeurs-interprètes, ceux dont nous sommes les seuls juges, tout arbitraires que soient nos goûts. Il s'agit de cultiver ces goûts, de les éduquer, affirmant ici notre différence en tant que Québécois *et* s'ouvrant là à la modernité nord-américaine, apprenant à distinguer texte et musique du simple bruit ambiant.

Notes

1 Steve «Cassonade» Faulkner, Gerry Boulet, François Cousineau, Marie Bernard et Michel Rivard.

2 Paul Zumthor : *Introduction à la poésie orale*, Seuil, 1983; *La poésie et la voix dans la civilisation médiévale*, P.U.F., 1984, 117 p.; «La chanson médiatisée», *in Études françaises*, vol. 22, n° 3, hiver 1987.

3 Il y eut trois manifestations-spectacles au profit de causes «politiques», en 1968, en 1970 et en 1972. On a produit un livre avec la première et des microsillons avec les deux autres.

4 Le produit est l'*objet* chanson; la *pratique* est tout ce qui rend possible l'existence de la chanson comme produit culturel consommé par une société donnée. En d'autres termes, le produit est un arbre parmi d'autres; la pratique constitue la forêt.

Sémiologie de la chanson

Robert Giroux

This is ironic as semiotics is a method which explains how
*meaning is produced in individuals and societies, and how
people construct and interpret messages. It is less concerned
with* what *meaning is. Semiotics examine how signs (words,
pictures, gestures, sound) come to mean and have meaning.*

Kegan Tomaselli

J'ai regroupé ici quelques réflexions autour de ce qu'est une
chanson et de ce qu'est la chanson. J'ai aussi émaillé le tout de
nombreux exemples de manière à alléger un discours parfois un peu
abstrait. Donc, en quoi consiste la chanson? Comment en parler?
Quelles questions lui poser? Si certains se réjouissent de la vitalité de la
chanson française, comment expliquer qu'elle soit si peu présente sur
les ondes de la radio française elle-même? En quoi est-elle un objet de
communication multidimensionnel?

J'accorde au mot «sémiologie» un sens très large, c'est-à-dire
l'étude sémantique de l'interrelation des signes constitutifs d'un objet.
Un peu comme Roland Barthes qui définissait une pièce de théâtre ou
qui se représentait le jeu scénique comme un «essaim de signes».
L'image est belle — à la fois structurante et mobile, en mouvement,
bourdonnante — et laisse entendre qu'une représentation théâtrale,
comme objet, est d'une très grande richesse sémantique, d'une grande
complexité de signification, le *résultat* de ce qui se manifeste, bien
entendu, à plusieurs niveaux d'organisation.

Et la sémiologie, c'est-à-dire la discipline qui se pencherait sur
cet objet vivant qu'est une scène de théâtre, objet bavard, «artificiel» et
complexe, serait celle qui (en) analyserait les divers constituants, leur
organisation, leurs mécanismes de fonctionnement, leur transformation,
en prenant bien soin, pour que l'analyse soit possible, d'identifier les

divers niveaux de signification mis en œuvre. Le décodage consiste alors à *saisir à l'œuvre* des signes qui sont relatifs

— à l'espace, à la scène physique elle-même, aux accessoires (éclairage, décor, son, etc.)

— à la mise en scène proprement dite : le choix des acteurs, les voix, les déplacements, les rythmes, etc.

— à l'axiologie, c'est-à-dire aux valeurs privilégiées lors du dénouement (ce qui reste du nœud complexe).

De la même façon, quand on veut par exemple analyser un spectacle de chanson, on se trouve devant un objet complexe qui doit être rendu (ou traduit) en fonction des différents niveaux de signification qu'il met en branle.

Cf. le spectacle en plein air d'Elton John à Montréal : une scène immense à animer, la vedette au centre, au piano, très agitée, entourée à gauche de choristes sexy et à droite de percussionnistes assez exubérants; dans la foule, la participation n'était active qu'au début et à la fin des chansons, pour la plupart connues, le reste du temps étant consacré à la conversation...; et moi qui regarde et écoute, comme en retrait, avec ce que je suis. C'est dire combien le spectacle se déroule sur scène *et* dans la foule.

Oublions pour le moment le spectacle, et demandons-nous, dans cette perspective, en quoi consiste, en général, *une* chanson isolée (et non *la* chanson comme on le verra plus loin). En quoi *une* chanson constitue-t-elle un mode spécifique d'*organisation* de signes, et donc un mode spécifique de *signification* et, enfin, un mode spécifique de *communication*.

On peut en effet décrire une chanson en relevant d'abord ses éléments constitutifs et en étudiant les relations complexes qu'elle établit entre eux, les jeux subtils qu'elle actualise en tant que chanson, c'est-à-dire en tant qu'objet complexe à plusieurs niveaux de signification interreliés. On privilégie alors une approche interne de la chanson, une approche descriptive. Ce point de vue caractérise le type d'intervention habituel de la sémiologie. Et sans être un sémiologue patenté, c'est ce que fait avec beaucoup de talent Gérard Authelain dans *La chanson dans tous ses états* (éd. de Velde, 1987), un travail d'ethnomusicologue averti.

On peut aussi préférer envisager une chanson d'un point de vue plus externe, avec un bout de lunette qui interroge les fonctions variables qu'a pu remplir cette chanson, les effets qu'elle a produits, les usages qu'on en a faits, etc. Qu'on pense à «La Marseillaise» ou au «Temps des cerises» en France, ou au Québec à «Un Canadien errant» : cette dernière date de 1842 et relate la triste complainte d'un exilé politique; elle est aujourd'hui interprétée par des vedettes internationales aussi différentes que Nana Mouskouri et Leonard Cohen; l'ironie fait en sorte que ce soit un Montréalais anglophone comme Cohen qui évoque la plainte lointaine de ce francophone déclassé... On s'intéresse dans ces cas à la valeur de la chanson en tant que produit d'une pratique plus englobante : artistique, sociale et économique, politique et technologique. Ce point de vue externe (ou du dehors?) caractérise surtout le discours de la sociologie des pratiques culturelles. Pensons aux «cultural studies» britanniques, aux travaux de David Buxton sur le rock ou de Richard Middleton sur la musique populaire.

Je prends donc bien soin de ne pas confondre *une* chanson comme produit et *la* chanson comme pratique. Et la chanson populaire me semble nécessiter une approche mixte réunissant ces deux points de vue : une possibilité d'analyse interne de l'objet, tout en ayant à l'esprit le contexte, le «champ» dans lequel cet objet prend racine, signifie, circule, est pris en charge et enfin est *mis en société*. Je reviendrai là-dessus.

Je disais donc qu'une chanson peut se décrire selon ses composantes multiformes et interreliées. Elle est en effet le *résultat* de l'interaction ou de la combinaison de quatre systèmes ou quatre rhétoriques qui jouent entre eux selon des modalités de corrélations diverses.

1)   le système linguistique (ou les paroles)
    —   des structures métriques, les formes conventionnelles de la poésie (française), qui se trouvent superposées, ajoutées à celles de la langue :
       • le mètre
       • la strophe : refrain et/ou couplet
          donc des jeux de répétitions et de couplages qui facilitent les repérages, la mémorisation et la familiarité des codes simples
       • des conventions diverses (codifiées dès le XVe siècle) et le plus souvent traditionnelles, très éloignées de la poétique moderne pratiquée par exemple en littérature
    —   des structures discursives et narratives (simples) :
       • monologue et/ou dialogue
       • une histoire au «je» ou au «il»
       • un registre linguistique (marques culturelles ou de groupe, tels l'argot ou le verlan par exemple)

Et comme une chanson diffère d'un poème parce que les paroles sont imbriquées à une musique, on a

2)   le système musical (ou la musique)
    (la mélodie, l'harmonie, le rythme, l'instrumentation, etc.) cf. Gérard Authelain qui étudie le rythme par ex. (p. 142) ou encore le refrain de Alain Souchon : «Le dégoût».

En bref, des structures musicales correspondant plus ou moins aux structures linguistiques du texte (superposition de conventions rhétoriques); s'ajoutent des signifiés culturels divers, des codes secondaires comme les connotations rattachées à tel ou tel instrument (violon, batterie) ou à tel ou tel rythme (marche militaire, rap, etc.).

Et comme une chanson est un texte vocalisé, mieux encore, musicalisé, s'ajoute à la partition de base toute une rhétorique de l'interprétation, la troisième dimension de la chanson.

3) le système d'interprétation... vocale (tessiture, maniérisme : voix cultivée et/ou «naturelle») et le système d'interprétation musicale (l'orchestration, les mixages en studio, etc.)

Luis Mariano et Alain Bashung ne participent pas à la même culture musicale; Bashung a plus d'affinités avec Stephan Eicher ou CharlÉlie Couture, et moins avec Sarcloret. Il en est de même entre «À bicyclette» interprétée par Yves Montand et «Tombé du ciel» par Jacques Higelin : la voix porteuse chez l'un, la voix accompagnatrice chez l'autre; le piano ici... la charge musicale là.

Un système qui débouche, enfin, sur un quatrième système ou niveau de signification quand on passe de l'écoute (phonogramme) à la vue (la scène, le cinéma, le clip).

4) le système de la performance scénique
— corporelle : geste, déplacement, chorégraphie, etc.
— scénique : costume, éclairage, accessoires, etc.
— technique : micro, mixage, effets musicaux, etc.

Les mégaspectacles de Johnny Hallyday n'ont rien à voir avec ceux de Patrick Bruel et encore moins avec ceux de Anne Sylvestre.

D'où la nécessité d'une sémiologie de la *représentation*, selon que l'on est en direct ou en différé. Par exemple, les chansons d'Elton John ne sont plus les mêmes pour moi depuis que je l'ai vu en spectacle et depuis que ses clips me le montrent. Idem pour Vanessa Paradis ou Niagara. Donc on est en présence de techniques complexes à décrire, de signifiants très divers à interpréter; sont mis en jeu des codes, des rituels... qui agissent simultanément et interpellent différemment selon l'âge et la culture des publics.

Exemples de jeux de répétitions de structures

— Toutes les comptines
— Une chanson de Georges Ulmer, parmi d'autres :

Une bouteille sur une table attendait	Pendi penda pendi pendi pendait
Une bouteille, une bouteille	Et sa langue et sa langue
Une bouteille sur une table attendait	Pendi penda pendi pendi pendait
Une bouteille de vieux beaujolais	Et sa langue sur le côté pendait

On constate un même jeu de répétitions de structures textuelles et musicales simples. On est donc toujours dans la simplicité! Les structures textuelles et les structures musicales sont en harmonie, en anamorphose.

En revanche, les possibilités de variations sont infinies, l'histoire le prouve...

— Voyez Brassens qui fait tomber à la rime des articles, des pronoms ou même des conjonctions, forçant pour ainsi dire la phrase à se plier au moule de la structure musicale.
— Voyez la curiosité rythmique de la célèbre phrase-slogan :

Ce n'est qu'un début, continuons _le_ combat!

- accentuation du verbe «n'est» et surtout de l'article «le», ce qui est assez inusité dans la modulation normale de la langue;
- mise en évidence, doublement, par le rythme et à la rime, du mot mobilisateur «combat».

— Voyez, enfin, une chanson de Alain Souchon : «Le dégoût»

(transcription standard)

C'était le dégoût
Le dégoût de quoi?
Je ne sais pas
Mais le dégoût
Tout petit déjà
C'est fou
Comme tout
Me foutait
Le dégoût

Ou

C'était le dégoût, le dégoût de quoi?
Je ne sais pas mais le dégoût
Tout petit déjà c'est fou
Comme tout me foutait le dégoût

(avec contractions orales)

C'était l'dégoût, l'dégoût d'quoi?
J'sais pas, mais l'dégoût
Tout p'tit déjà c'est fou
Comm' tout m'foutait l'dégoût

(avec rimes en «ou», sans doute la transcription la plus proche du «texte» musiqué)

C'était l'dégoût
L'dégoût de quoi j'sais pas mais l'dégoût
Tout p'tit déjà c'est fou comm' tout m'foutait
_me_ foutait
l'dégoût

- les couplets sont comme des blocs réglés d'horlogerie;
- le refrain également, mais avec une légère _distorsion_ entre la structure textuelle de la dernière phrase, sa structure métrique et la structure musicale saccadée comme un métronome, créant ainsi un jeu de tension, une possibilité de jeu dans l'_interprétation_, ce qui est merveilleux... et nous amène à croiser le 3e système constitutif d'une chanson.

Enfin bref, une chanson est le résultat du jeu sans cesse repris d'un quadruple système : linguistique, musical, interprétatif, scénique. À ces composantes s'ajoutent deux propriétés qui lui sont spécifiques aussi :

1) sa brièveté : elle provient de deux contraintes :
   - de genre : vers courts (8 syllabes et moins)
     retour rapide de la rime, jeux sonores, mémorisation facile
   - technico-économique (sa durée)
   Les 2 minutes des anciens cylindres de cire ou petits disques. Donc la chanson répond à des exigences qui sont celles du disque, de son support initial : le disque a imposé sa durée, ses effets sonores, son mode de consommation. Voilà pour l'histoire. Aujourd'hui, les chansons anciennes paraissent interminables... Les radios refusent les chansons trop longues.

2) sa simplicité apparente :
   - mélodie simple et linéaire
   - simplicité narrative et textuelle
     - trop complexe, elle ne se mémorise pas à l'audition, elle ne s'impose pas (cf. les longues «chansons» de Ferré)
     - trop simple, elle s'épuise... ou...

On pourait avancer qu'une bonne chanson se juge à son efficacité, son effet, son maintien dans le temps — je pose ici un jugement de valeur arbitraire! —; mais encore faut-il que cette chanson se soit d'abord imposée...!

C'est alors déjà reconnaître qu'une chanson fait partie, qu'elle est insérée ou intégrée à tout un ensemble... qui lui permet d'avoir différents visages, selon les différents supports matériels qui la diffusent : partition, scène, iconographie, phonographie (disque et radio), clip (télévision, cinéma), discours (le plus souvent promotionnel, publicitaire, mais parfois critique quand il s'attarde à documenter le goût). Mais j'anticipe!

J'ouvre une parenthèse à propos de cette simplicité et de cette courte durée qui caractérisent la chanson, et qui font en sorte qu'on lui attribue souvent le statut d'un art mineur, sans plus. Selon Boris Vian, par exemple, la chanson populaire serait même inversement proportionnelle à la culture des gens qui s'emballent pour elle. Et vlan, voilà pour les publics! Selon Serge Gainsbourg, elle est mineure parce qu'elle ne nécessite aucun apprentissage savant, ni dans la fabrication, ni dans l'exécution... mais du flair, de l'audace. Et voilà pour les artistes de variétés! On peut s'entendre pour dire que la chanson est un mode d'expression populaire, simple, à la portée du plus grand nombre, mais tout de même un condensé d'émotion exceptionnel, dirait Yves Simon, exigeant, puissant parfois, ce qui fait peur à certains intellectuels qui en ridiculisent l'intérêt et la portée au profit d'activités qui ne rejoignent que... leurs pairs.

On assiste donc ici à l'amorce d'une réflexion qui plairait à des sociologues comme Paul Yonnet, à ceux qui s'intéressent à la musique d'aujourd'hui comme à un produit de grande consommation (même la musique savante en fait partie), comme à un produit d'une pratique de masse, en ce sens qu'il est véhiculé par des supports matériels de haute technologie *industrielle*, et cela tant aux niveaux de la production, de la circulation, de la promotion que de la consommation. Je ferme la parenthèse.

Donc, on l'a vu, une chanson est un mode d'expression spécifique, relativement autonome, qui se laisse saisir selon quatre niveaux de description et deux propriétés caractéristiques (brièveté et simplicité). On pourrait complexifier encore davantage notre objet en cherchant à préciser les fonctions esthétiques ou sociales qu'une chanson peut remplir dans une communauté, ou les usages qu'on peut en faire.

Une chanson peut en effet remplir plusieurs **fonctions** (parfois à son insu, et tantôt l'une ou l'autre de ces fonctions semble dominer telle ou telle époque). Nous retiendrons surtout trois fonctions :

— **mener à l'action** : la chanson «engagée», satirique, sociale ou politique. Celle qui veut inciter à l'action (pédagogique, politique, subversive). Par exemple, les mazarinades, les «chansons de lutte et de turlute» syndicales, ou celles qui défendent une cause (l'antiracisme, la faim en Éthiopie, la paix, la recherche sur le sida, etc.).
Donc, la tradition du journal chanté du XIXe siècle, l'arme populaire par excellence propre au chansonnier des cafés, des goguettes et des rues qui continuerait à s'exercer au XXe siècle (cf. Jean Ferrat, l'utilisation militante).

— **divertir** : la chanson de divertissement du caf'conc' et du music-hall (un mélange de vulgarité, de richesse, de déploiement [par opposition à sobriété] et de naïveté).
Celle que l'on associe à la chansonnette, aux variétés, au spectacle, au si bien nommé showbiz. Les chansons d'amour, de voyage, d'exotisme. Les chansons drôles, à boire, à danser...

— **faire de l'art, s'ennoblir** : le «divertissement» prend alors le sens que lui accordait Pascal; on retient dans cette catégorie la poésie chantée, la chanson dite littéraire (entre la fantaisie poétique à la Charles Trenet ou Raymond Devos d'une part, et l'engagement à la Léo Ferré d'autre part).
La chanson qui manifeste un souci d'art, une originalité dans le discours, un condensé d'émotion... Le drôle devient ludique, l'humour devient parodique, le sentimental devient passion, la poésie une activité humaniste, etc.

Bien entendu, cette classification des fonctions possibles de la chanson n'est pas absolue, loin de là. Ce sont des catégories parfois utiles, souvent insatisfaisantes. Quelle fonction ou étiquette donner à «Le tube de toilette» de Boby Lapointe, à «Le monde aime mieux Mireille Mathieu» de Clémence DesRochers ou à «La chanson de Tessa» chantée par Jacques Douai. Il arrive que ces fonctions caractérisent une certaine époque : la chanson revancharde du tournant du siècle, la chanson «Rive gauche» ou chanson à texte de l'après-guerre; ou encore un style : les variétés... qui privilégient la danse, la scène, le spectacle ou la romance sentimentale, enfin le rock, celle qui, depuis 40 ans, symbolise jeunesse, énergie, puissance (technologique).

Ces trois fonctions majeures — il y en aurait bien d'autres, bien sûr — permettent également de circonscrire certains types de «publics» : les scolarisés par exemple qui font de la chanson un usage différent d'autres qui lui accordent ou lui demandent un autre rôle.

Mais tout cela demeure douteux comme typologie!

Décrire l'objet ici! Déterminer sa fonction là! Délimiter son public! L'analyse commence à se faire de plus en plus complexe et... risque de sombrer dans l'*arbitraire*. L'analyste s'enlise parce que le «système» global lui échappe : il oublie la ruche!

La sémiologie décrit des objets, ai-je répété plus haut. Et bon nombre de chercheurs (comme Umberto Eco, Simon Frith, Pierre Bourdieu, Richard Middleton — *Studying Popular Music*, 1990) ont insisté sur le fait que la complexité de l'objet — une chanson isolée — était de nature à faire oublier que cet objet s'inscrit dans une *pratique* globale qui, elle, lui confère un sens, et même le rend tout simplement possible comme objet.

En effet, décrire *une* chanson n'est pas décrire *la* chanson comme phénomène socio-culturel, même si parfois les analyses de l'une sont éclairantes sur le fonctionnement de l'autre, et réciproquement. L'objet d'étude n'est pas le même! De même qu'un poème diffère de la poésie, un roman diffère de la littérature. Ces truismes ont toujours besoin d'être rappelés. Décrire *une* chanson signée et datée n'est pas décrire *la* chanson d'un tel ou toute la pratique de la chanson de son époque (même si l'une peut être représentative de l'autre, servir de modèle, être ce que Paul Zumthor appelle une «forme-force»). Quoique décrire des chansons isolées demeure intéressant pour l'étude des genres, des styles, de leur évolution.

Il importe donc, avant tout, de bien délimiter l'objet sur lequel on veut appliquer son discours. Évaluer une chanson n'est pas évaluer la pratique tout entière. La sémiologie structurale a été fascinée par le fait que la chanson isolée était un objet inépuisable. Tout occupée à le décrire, elle a oublié parfois qu'un produit culturel s'inscrit dans une pratique beaucoup plus complexe encore, et beaucoup plus significative. Une sémio-sociologie — puisque la sociologie, par une série d'enquêtes sur le terrain, rend compte des impacts sociaux de tel objet ou de tel événement, etc. — devrait rendre compte de l'intérêt ou de la valeur non seulement d'un objet mais surtout d'une *pratique*. Une pratique non seulement esthétique (le théâtre, la chanson...) mais aussi sociale (les fonctions de la chanson dans tel type de société, ses relations avec d'autres pratiques artistiques ou culturelles), une pratique socio-économique aussi (les technologies et leurs usages sociaux, l'état de l'industrie locale, etc.), et enfin une pratique souvent politique (idéologique...).

Deux points de vue disciplinaires donc, deux méthodes de travail, deux types d'intervention *mais* un même souci d'intégrer l'objet et sa pratique sociale dans l'analyse, c'est-à-dire la représentation que l'on se fait de l'un et de l'autre.

On parle alors de socio-sémiologie. L'objet est toujours perçu comme un objet complexe. Mais à ses riches niveaux de signification *intrinsèques* s'ajoutent d'autres niveaux de signification, apparemment *extrinsèques* à ce que l'objet peut paraître en lui-même, mais tout aussi constitutifs de sa signification (sociale, idéologique, historique, etc.). Par exemple, avec l'invention de l'enregistrement sonore, il n'y a pas de doute que la chanson, comme objet, a changé de nature, en même temps que les comportements sociaux qui lui étaient greffés.

Donc, le simple fait de tenir compte de la signature d'une chanson, de sa date de composition, du contexte ou de la réception qu'elle a connue à travers son histoire, de la position de l'analyste (en tant que lecteur, auditeur ou spectateur), bref de l'histoire, c'est déjà admettre que l'objet *change*, se trouve transformé par l'évolution des technologies (cf. les formes-forces ou performances d'une époque), et aussi par le point de vue ou le discours qui est porté sur lui (un discours qui sélectionne, classe, traduit et transforme en valeur... en marchandise).

Par exemple, quelle *représentation* donner de la chanson québécoise... parmi tout ce qu'elle offre? et compte tenu de l'état des connaissances de celui qui l'interroge! La pratique de la chanson ne saurait être réduite ni à une galerie de vedettes ni à une anthologie de chansons (même problématique quand on essaie de définir la littérature qui ne saurait être réduite à la somme des œuvres ou à un dictionnaire d'auteurs).

Et même une anthologie (ou un répertoire de chansons), c'est le résultat d'une sélection et d'une classification dicté par une représentation idéologique (elle-même tributaire des goûts et des intérêts de l'individu ou du groupe qui en fait la promotion). Les catégories ou étiquettes servant à classer les chansons par genres sont parfois très approximatives, et plus encore quand elles s'appliquent aux vedettes! Rappelez-vous aussi mes propres tentatives de délimiter plus haut des fonctions à la chanson...

Enfin, parler d'une chanson nationale (avec ses vedettes locales, sa langue, ses rituels, ses conditions socio-économiques, etc.) est bien différent que de parler de la chanson internationale (world beat ou autre) proposée ou imposée par le pouvoir... (c'est-à-dire par une économie dominante, une technologie industrielle, une «conquête des esprits», et enfin une grande consommation capitaliste qui en garantissent la vitalité, etc.). Les objets ne sont pas du même ordre et ne sont *pas comparables.* Leurs conditions d'existence ne sont pas les mêmes. Leur viabilité non plus.

Au Québec, trois attitudes s'affrontent à ce propos : ou bien les productions locales sont inférieures aux modèles... ou bien ne sont plus que des imitations, même réussies, des modèles dominants (manquent d'authenticité), ou bien sont (trop) éloignées des modèles (gagnent en authenticité ce qu'elles perdent en rentabilité...).

L'image de l'«essaim de signes» de Roland Barthes est donc encore intéressante en autant que l'on reconnaisse l'existence de la *ruche* qui donne sens et vie à toute cette activité... significative. La ruche est garante de l'essaim. Elle mérite donc autant, sinon encore plus d'attention que l'essaim en lui-même. La pratique de la chanson est en effet garante de l'existence même des objets chansons, de la prolifération de styles qu'elle met en circulation, et de la cohabitation parfois polémique des goûts musicaux chez les consommateurs, etc.

Aujourd'hui enserrée dans l'étau de l'industrie (du disque), c'est l'industrie qui dicterait pour ainsi dire l'*état* de la chanson populaire (aujourd'hui confondue avec la musique populaire) :

1) elle assure la présence radio et télé, et s'intéresse d'abord et avant tout à la programmation des nouveautés;
2) elle mise également sur quelques vedettes dominantes;
3) elle a le contrôle des galas et des prix;
4) le contrôle également des techniques de production (laser, studio) et de promotion (clip), c'est-à-dire des obstacles ou des contraintes supplémentaires pour les jeunes ou pour les moins bien encadrés — même si le clip ne semble pas être toujours un très grand indicateur de ventes...
5) elle encourage la suprématie de la musique sur le texte : la langue et les paroles sont secondarisées au profit des rythmes et des sons;
6) elle favorise les styles nominatifs globaux : le rock (récupération d'une foule de styles), le world beat, les variétés, etc.
7) enfin, elle gère des tournées nationales (et internationales) à gros budgets et à circuits privilégiés.

Donc, tout un système dominé par le souci majeur du contrôle d'un marché, tantôt à l'échelle nationale, tantôt à l'échelle internationale.

Devant une chanson isolée, il faut certes lui reconnaître plusieurs niveaux de signification, mais surtout, aujourd'hui, voir avec/à quel(s) niveau(x) de signification dominant(s) la chanson se présente à nous.

Sous quels supports la saisissons-nous, la recevons-nous? Sommes-nous devant :
— la partition de base (la musique en feuilles : paroles et musique)
— la partition élargie (l'instrumentation)
— le phonogramme (l'orchestration, la voix, l'interprétation, le mixage en studio, etc.)
— l'iconographie (le design de la pochette du disque, l'affiche, etc.): le look en image fixe
— la scène (la performance *en direct*) : le look en mouvement, avec différentes versions possibles
— le clip : le look en mouvement, mais fixé, figé, reproduisible tel quel
— l'axiologie (les valeurs)
ou tout cela à la fois, comme cela a de plus en plus tendance à exister aujourd'hui, la chanson étant de nos jours *reçue globalement*, en une *synthèse dynamique*, où les quatre rhétoriques de communication s'imposent quasi simultanément, en une *synthèse inimitable*, avec toutes les conséquences sociales que l'on connaît.

Le professionnalisme empêche tout amateurisme ou du moins le banalise. Il empêche et interdit presque toute imitation libre, cette dernière étant (ou paraissant) toujours inférieure au modèle. La consommation ou l'appropriation n'est plus active comme auparavant. Elle est plutôt passive, globale, en bloc, tout en étant dynamique, agissante... malgré tout : mode d'identification par exemple, lutte des goûts, etc.

Fini les versions multiples. Quoique : «Quand les hommes vivront d'amour» bluesée = nouveau public, ou encore «Les passantes» de Brassens chantée par Cabrel, plus country, plus mélancolique, lui greffant des significations nouvelles.

Pierre Bourdieu nous apprend à ne pas confondre l'abeille, l'essaim et la ruche (ou l'arbre, le boisé et la forêt). Il nous apprend à bien distinguer l'objet et la pratique, le produit et son champ de production :
— Les éléments constitutifs d'un champ de production (de discours), de circulation, de consommation. Ces éléments sont au nombre de cinq et figurent au tableau suivant.
— Les conditions de la constitution d'un champ de production sont variables. En général, elle comporte cinq étapes majeures : le désir de produire chez quelques individus actifs; la consolidation de quelques instances de production; la consolidation également d'instances de discours, qui reconnaissent le produit comme valeur; la cohabitation de styles de produits différents ou, plutôt, de produits de styles différents; enfin une tension et même une lutte pour la monopolisation du champ ainsi constitué et jouissant d'une autonomie relative.

CHAMP DE PRODUCTION D'OBJETS
SOCIO-CULTURELS

— des *objets* ou «produits», c'est-à-dire des chansons, avec divers supports matériels comme la musique en feuilles, le disque, la cassette, le vidéo, etc.;

— des *agents* ou des intervenants, socialement reconnus : des artistes (auteur, compositeur, interprète, arrangeur, etc.), des agents d'affaires (directeur artistique, éditeur, producteur, etc.) et des critiques, ceux qui évaluent l'intérêt des objets et des intervenants les uns par rapport aux autres;

— des *énoncés organisés*, institués, qui véhiculent des critères de valeur pour la classification et la sélection des produits et des agents; ces énoncés définissent, justifient, traduisent, transforment, organisent, classent et sélectionnent les objets au sein du champ de production, et évaluent les relations de ce champ avec les autres champs avec lesquels il entretient des liens étroits et/ou éloignés;

— des *lieux* de production, artisanaux et/ou industriels, avec leurs codes et leurs conditionnements technologiques et économiques : studios d'enregistrement, maisons de disques, etc.
  • lieux de manifestation et/ou d'exécution, avec leurs rituels : salles de spectacle, studios de radio, de télévision, plateaux de cinéma, etc.
  • lieux d'instances institutionnelles, qui se manifestent dans divers appareils : la presse (journaux, revues, livres), les reconnaissances officielles, nationales et internationales (jurys de subventions, de prix, etc.), l'école et son discours pédagogique, les associations diverses (sociétés d'auteurs, de perception des droits, syndicat des musiciens, etc.)…
  • lieux de consommation : salles de spectacle, de cinéma, disquaires, etc.

— des *consommateurs* des produits *et* de la pratique (goûts, intérêts et croyance en la valeur de la pratique chansonnière elle-même) : jeune chanteur, auditeur de la radio, acheteur de disques, spectateur, etc.

— Les modes de fonctionnement du champ :
  a) reconnaître les interrelations dynamiques entre les différents éléments constitutifs du champ; ce dernier diffère d'un système statique de places et de mécanismes; il constitue au contraire un système dynamisé par des rapports de force, de compétition parfois violente, etc.

b)   reconnaître aussi deux sphères distinctes de production, de circulation et de reconnaissance des produits issus du champ : ces deux sphères manifestent en effet deux types de logique moyennant deux types de «valeurs» reconnues aux objets, une valeur plutôt symbolique dans la sphère des publics dits restreints, une valeur résolument économique dans la sphère des publics dits de grande consommation, avec tout ce que les frontières entre les deux sphères peuvent voir circuler comme *arbitraire*.

c)   facteurs internes ou externes qui bousculent le champ et le font changer; par exemple, comme facteurs internes, on pense à l'engouement pour un style ou à l'évolution provoquée par une technologie nouvelle comme le laser; comme facteurs externes, une crise économique, une guerre... viennent tout bouleverser.

— Les relations qu'un champ entretient avec d'autres champs de production (de discours) : le politique, le religieux, etc.

Bourdieu demeure intéressant — de même que P. Yonnet, S. Frith, R. Middleton... — parce qu'il suggère de jumeler, dans une perspective systémique : 1) une approche institutionnelle (valeurs, places, concurrence, rapports de force, discours) et 2) une approche socio-économique, industrielle, technologique (les lieux déterminants de pouvoir).

Je me résume. J'ai voulu questionner ce qu'était *une* chanson, comme produit culturel spécifique. Elle est le résultat de l'imbrication de quatre systèmes (paroles, musique, interprétation et performance scénique), et deux caractéristiques lui sont spécifiques (la simplicité et une durée d'environ trois minutes).

J'ai ensuite questionné ce qu'était *la* chanson, comme pratique culturelle plus ou moins autonome (le résultat de ce que Bourdieu appelle un champ de production dans lequel s'autodéfinissent, selon un modèle systémique, des objets, des agents, des valeurs normatives, des appareils, divers types de consommation).

Il vous est possible de reprendre tout cela. Il suffit de choisir *une* chanson et de l'analyser selon les quatre niveaux de signification qu'elle met en branle. Évaluer ensuite la place qu'elle occupe dans la production ou la pratique de ses contemporain(e)s. Cette vision systémique de ce qu'est *la* chanson oblige à en rendre compte selon les rapports de force et les enjeux mis en place à une échelle nationale et, ensuite, les relations que le système national entretient à des échelles plus grandes. On finit par avoir l'impression que l'on a trouvé quelques outils utiles pour parler de la chanson. C'est déjà lui rendre hommage et (en) mesurer la portée de ce qui nous atteint quand on tend l'oreille de façon... documentée.

Esquisse d'une historiographie
de la chanson au Québec

Jean-Nicolas De Surmont

Je tiens à remercier Conrad Laforte
pour ses précieux conseils.

Au fil des ans, l'étude de la littérature québécoise et plus particulièrement de la chanson, considérée comme genre mineur, a pu acquérir sa légitimité académique. La présence de la chanson dans l'enseignement universitaire depuis près de trente ans témoigne de l'aboutissement d'un cheminement «historiographique» né au début du XXe siècle (moment où l'on commence à s'intéresser à la chanson). J'étudierai quelques manifestations de la chanson québécoise en me basant sur les recherches qui lui ont été consacrées et sur les pratiques qui ont permis sa diffusion. Parallèlement, je présenterai les principaux regards portés sur la chanson. À travers l'étude de ces regards, je tenterai de démontrer le lien qui existe entre l'histoire et l'historiographie; dans un premier temps par l'apport des ethnologues, ensuite celui des musicologues et enfin l'apport des littéraires à l'étude de la chanson au Québec. Que désignait pour eux le signifiant «chanson populaire»? Quel aspect de la chanson les a intéressés? Enfin, comment le développement même des structures de diffusion de la chanson et de la société en général a-t-il pu influencer leurs regards respectifs? Voilà quelques questions que j'essaierai d'éclaircir.

Chanson littéraire et chanson de tradition orale

En étudiant la chanson du Québec au XIXe siècle et au début du XXe siècle, il est possible de dégager deux principaux types de chansons : la «chanson littéraire» et la «chanson de tradition orale»; l'une correspondant grosso modo à un texte dont l'auteur, la date et le lieu de publication sont connus alors que l'autre signifie, à l'inverse, une chanson dont le nom de l'auteur, la date et le lieu de rédaction sont inconnus; de plus, elle est véhiculée, à travers ses différentes variantes, par le biais de l'oralité. La dichotomie que j'établis ici est une affaire complexe. Mon but n'est pas de donner une définition encyclopédique de la chanson mais plutôt d'apporter des nuances à la dichotomie. Néanmoins, cette définition permettra de mieux aborder la question de la chanson au Québec et de distinguer les lacunes des chercheurs.

La chanson dans les sources imprimées du XIXe siècle

Avant d'aborder l'étude de la chanson au Québec, il est nécessaire de jeter un coup d'œil sur les moyens de diffusion qui l'ont fait connaître dans la première moitié du XIXe siècle. La diffusion de la chanson de tradition orale (dite à l'époque «chants de voyageurs») s'actualise majoritairement par la poursuite de son procédé séculaire de transmission alors que la chanson littéraire québécoise est véhiculée par la presse, par les recueils de chansons et, à l'occasion, par des événements patriotiques[1]. Dès les années 1830, quelques écrivains canadiens[2] publient des chansons dans des journaux dont ils sont parfois le rédacteur unique. Citons par exemple le cas de Napoléon Aubin qui rédige et publie *Le fantasque* (1837-1849). La presse francophone publie ainsi dès les années 1830 des chansons signées par Napoléon Aubin, des textes anonymes (non signés) ou accompagnés de pseudonymes en même temps que des chansons anglophones d'Angleterre, d'Irlande ou des États-Unis. Il faut noter que toutes ces chansons, tant francophones qu'anglophones, sont rapportées sans grand souci de précision quant à la date de la rédaction du texte, à l'auteur et au lieu de publication du périodique ou du recueil de chansons[3]. En général, le répertoire publié reflète l'idéologie du journal qui le publie. Par exemple, autour des événements de la Rébellion de 1837-1838, plusieurs journaux anglophones publient des chansons contre Papineau alors que les journaux francophones publient des chansons en faveur du tribun. Les chansons glorifient non seulement la patrie canadienne mais aussi l'attachement à la France, alors que la presse anglophone vante les qualités du pays d'origine (Irlande, Écosse, Angleterre, etc.).

La période entourant les troubles de 1837-1838 verra la diffusion de nombreuses chansons, si bien qu'il ne s'en publiera jamais autant durant les vingt années suivantes. Les chansons littéraires les plus diffusées dans la presse québécoise, dans les recueils de chansons et plus tard par le biais de l'enregistrement sonore jusqu'aux années 1930 sont «Un Canadien errant» et «Le drapeau de Carillon». Plus tard, le «Ô Canada» et le «Ô Canada, mon pays, mes amours» connurent également leur période de gloire.

Quant à la chanson de tradition orale, il faudra attendre encore pour qu'elle soit diffusée par l'écrit (recueil de chansons, presse), en raison de l'inexistence de son statut jusqu'au milieu du XIXe siècle. Ce n'est que vers les années 1860[4], à la suite du rapport du Comité de la langue, de l'histoire et des arts de la France, de l'émergence du monde de l'édition et de l'activité littéraire[5] que l'on peut constater la multiplication de recueils non plus seulement voués de façon générale à la diffusion de chansons littéraires anonymes comme *Le chansonnier ou nouveau recueil de chansons* (1838), attribué à Joseph Laurin, ou *Le chansonnier des collèges* (1850) qui publie des chansons des élèves du Séminaire de Québec, mais aussi consacrés à la chanson de tradition orale.

Ernest Gagnon sera l'un des premiers à se consacrer à sa diffusion. Il transcrit de mémoire les chansons de son répertoire en plus de collecter une vingtaine de chansons chez des informateurs tels Philippe Aubert de Gaspé père, Antoine Gérin-Lajoie, Joseph-Charles Taché, etc. Édouard-Zotique Massicotte fera la cueillette de chansons à partir de 1883 à Montréal, Trois-Rivières et dans le comté de Prescott[6]. Il publie également quelques chansons de tradition orale dans la presse québécoise (*Le canard*), accompagnées d'un commentaire descriptif. Il se préoccupe également de collectionner tous les recueils de chansons publiés au Québec à l'époque, comme le démontre sa bibliothèque conservée en bonne partie à la Bibliothèque centrale de Montréal[7]. De plus, Massicotte collige des «chansonniers» manuscrits tel celui de Mizäel Hamelin qui lui est remis au début du siècle. Ces recueils ouvragés en très grand nombre au XIXe siècle et jusqu'au milieu du XXe, contiennent des chansons du compilateur lui-même et d'autres de son entourage. Enfin, Massicotte consigne des chansons inédites de Édouard Fabre-Surveyer[8], de la presse québécoise ou d'ailleurs, et enfin des chansons collectées oralement ou recueillies dans des «chansonniers» manuscrits (tels ceux de Pierre-Camille Piché et Joseph Gariépy). L'ensemble forme 2 418 chansons regroupées dans environ cent volumes conservés à la salle [Philéas] Gagnon de la Bibliothèque municipale de Montréal.

Formes de diffusion et de représentation

Les cahiers de Massicotte, classés par Conrad Laforte, comprennent quelques chansons historiques du XIXe siècle demeurées dans la tradition orale[9]. En général, les recueils de chansons, manuscrits ou imprimés, la presse et les chansons en feuilles (sans musique)[10] contiennent de ce genre de chansons dont nous savons pourtant, d'après leur style, qu'elles ne sont pas héritées d'autres temps, d'autres mœurs et transformées par l'oralité; elles sont littéraires mais anonymes. À titre d'exemple, plusieurs chansons traitant de l'entreprise de Charles Chiniquy (1809-1899)[11], nommé «apôtre de la tempérance» et plus tard «apostat», ou de Wilfrid Laurier[12] sont restées anonymes et parfois folklorisées[13]. En fait, la distinction des formes, complètement évacuée par les folkloristes ou les littéraires du début du siècle, est délicate à établir. La prééminence de l'oralité, voire l'importance de l'anecdote ou de la performance de l'interprète plutôt que de la situation narrée explique l'anonymat des chansons littéraires jusqu'au début du XXe siècle. La prédominance de l'oralité illustre également la confusion née chez les chercheurs dans leur représentation des formes de diffusion de la chanson, chez qui chanson populaire (équivalent allemand de «Volkslied») signifiait la chanson de tradition orale alors que la chanson littéraire, folklorisée[14] ou non, échappait à toute tentative de conceptualisation ou de définition. Comment désigner par exemple les chansons littéraires anonymes, c'est-à-dire celles qui ont été imprimées à la suite d'un événement historique ou d'un fait vécu («chansons anecdotiques»)? Dans le cas où il ne s'agissait pas de timbres musicaux, ces textes ont-ils été destinés à l'oralité ou ont-ils plutôt reçu le titre générique de chansons que l'on donnait souvent à tout genre de poème, au même titre que le conte était un terme passe-partout dans la seconde moitié du XIXe siècle[15]? Si elles ont été destinées à l'oralité et par la suite chantées, quel fut le médium de transmission? S'est-on confiné au texte ou l'a-t-on plutôt transmis oralement?

En fait, la source du problème qui relève de l'anonymat des chansons n'est pas uniquement la prédominance de l'oralisé mais, de façon complémentaire, l'analphabétisation. Que la chanson soit littéraire ou de tradition orale, le fait qu'elle soit imprimée ne résout pas ce problème. C'est ce qui explique les différentes versions recueillies du «Canadien errant»[16] ou de la chanson «Le Canotier»[17] auprès d'informateurs qui la chantaient donc au même titre qu'une chanson de tradition orale. Un autre problème de classification provient des mélodies des chansons littéraires utilisées comme timbres. Ainsi, le dépouillement de la presse de même que celui des recueils de chansons nous fait découvrir quelques occurrences de ce phénomène : «La Marseillaise»[18], «Sol canadien, terre chérie», «Le drapeau de Carillon»[19], «Ô Canada»[20], et «Un Canadien errant»[21].

Nous pourrions multiplier les occurrences pour en arriver au constat suivant qui témoigne de la difficulté de l'étude de la chanson jusqu'au début du XXe siècle : d'une part, l'ambiguïté de termes génériques employés par les chercheurs pose ultimement la «question de la contractualisation historique des déterminations génériques» justifiée par l'«existence [des] modifications temporelles et spatiales des noms de genre»[22]; d'autre part, par le fait qu'il demeure très difficile de repérer le discours véhiculé à l'époque sur la chanson littéraire, soit par des «énoncés définitifs» ou des «valeurs que [les auteurs] projettent sur les objets qu'ils retiennent»[23]. Même s'il y a eu une utilisation abusive du terme «chanson populaire», nous savons néanmoins qu'il s'agissait davantage de chansons de tradition orale que de chansons littéraires.

Si, dans l'optique de cette période, nous pouvons considérer les quelques chansons «folklorisées» («Le drapeau de Carillon», «Ô Canada, mon pays, mes amours») comme des chansons populaires, c'est sur le plan fonctionnel et sémantique de ces chansons et non sur celui de leur origine[24]. Ces chansons, dont la popularité est peut-être redevable au fait qu'elles illustraient la vie quotidienne au Canada français, ont animé les veillées, égayé les travaux des champs, accompagné le bûcheron, le draveur et l'homme de cage comme elles ont rehaussé le patriotisme des Canadiens lors de cérémonies inaugurales, sacerdotales ou autres : «La chanson traditionnelle plus que toute autre manifestation de l'art traditionnel a, jusqu'à la dernière génération, fait ici partie de la mentalité rustique[25].» Outre ces exemples de chansons littéraires qui ont eu une certaine parenté sémantique et fonctionnelle avec la chanson de tradition orale, le discours véhiculé sur les chansons naît tardivement, comme le souligne Jacques Aubé :

À partir de la [deuxième moitié du XIXe siècle], et jusqu'à la Première Guerre mondiale, la documentation historiographique se raréfie. Elle réapparaît plus abondamment à partir des années 1920 et maintient aisément son rythme pendant les années successives[26].

La relation étroite qu'entretient la chanson de tradition orale, qu'on désignait au tournant du siècle et même par la suite par le signifiant «populaire» (Hubert Larue, Marius Barbeau, Luc Lacourcière, etc.), avec l'histoire et les mœurs avait pour but de conditionner la pensée populaire. À ce titre, la chanson sous ses multiples formes de diffusion et de représentation : illustrations, radio, festivals, disques, soirées, constituait un excellent élément d'insertion dans la pensée populaire. La chanson de tradition orale préserve, par sa symbolique médiévale, la mémoire de «la douce France», provoque la tradition du respect filial, illustre les exploits des pionniers, permet d'occuper les réunions familiales, facilite la relation parent-enfant, assure ou plutôt encourage la survie de la langue, des traditions et de la foi catholique, éléments qui ont exprimé l'identité québécoise pendant plus d'un siècle. C'est dans cette optique que seront publiés les premiers recueils de chansons des folkloristes, dont Ernest Gagnon, Marius Barbeau, John Murray Gibbon, etc., après la diffusion de recueils imprimés de chansons littéraires anonymes ou françaises (*La lyre canadienne*, *Le chansonnier des collèges*). Selon Helmut Kallmann, «it should not be forgotten that Ernest Gagnon belongs the merit of first having demonstrated the value of folkmusic in the fabric of Canadian culture[27]».

Charlotte Cormier et Donald Deschênes ajoutent que «à la suite de Gagnon ["le premier à faire sa marque comme folkloriste par l'imprimé"], plusieurs mouvements et associations font maintes tentatives pour faire connaître la chanson folklorique. Malgré un maigre résultat d'ensemble, quelques parutions ont retenu l'attention. Mentionnons *Les chansons canadiennes* de P.E. Prévost (1907) et *Les Noëls anciens de la Nouvelle-France* de Ernest Myrand 1899[28].» Ces mouvements sont néanmoins tous unis par l'idée d'identification à la nation française et les ethnologues s'évertuent à recueillir ces chansons avant qu'elles ne soient oubliées, un peu à l'image de l'exergue de Charles Nodier imprimé sur la page-titre des *Soirées canadiennes* fondées en 1861. De façon générale, il semble possible de rattacher la conception passéiste des premiers folkloristes à d'autres pratiques courantes à l'époque, tels le fait de corriger les mauvaises prononciations, voire les «locutions vicieuses» des élèves (méthode normative) en plus de se préoccuper des divergences lexicales entre le français de France et le français d'ici[29] ou d'utiliser le phonographe dans un but d'éducation musicale[30]. La prise en charge de la diffusion de chansons de tradition orale collabore au même objectif didactique que les études en linguistique ou le phonographe éducateur, voire même que la connaissance de l'histoire littéraire selon la méthode Gustave Lanson qui doit améliorer le sens civique et patriotique des jeunes. En effet, le discours qui lui est assigné fait d'elle un instrument propre à la ressouvenance des traditions héritées de la Nouvelle-France, d'abord par sa relation avec les fêtes saisonnières fixes ou les périodes fériées, les travaux quotidiens et évidemment sa provenance. De cette façon, «le mouvement de la chanson folklorique, un "mouvement" musical comme le Canada n'en avait pas encore connu, constitua la phase de nationalisme musical du Canada[31]».

Première période :
apport des ethnologues à l'étude de la chanson

Si le mérite du début des cueillettes de la chanson de tradition orale française revient à Ernest Gagnon, il n'en demeure pas moins que le véritable instigateur de ce mouvement, et à qui se joignit d'ailleurs Massicotte, est Marius Barbeau. Celui-ci et Massicotte publient le fruit de leurs collectes et constituent à ce titre la seule source d'étude de la chanson au Québec. Et encore, il ne s'agit toujours que de chanson populaire telle qu'on l'entendait à l'époque. Aucune étude, exception faite de l'article de Victor Morin paru dans *Les mémoires de la Société royale du Canada* en 1927[32], ne traite de la chanson littéraire, c'est-à-dire attribuée à un auteur et diffusée d'abord par l'imprimé, même si ce critère semble relatif lorsque l'on considère à titre d'exemple le fait que «Un Canadien errant» ne fut publié dans le *Charivari canadien* qu'en 1844, soit deux ans après la rédaction du texte par Gérin-Lajoie[33].

Après les travaux de Gagnon et de Massicotte, Barbeau entreprend une étude approfondie de même qu'une diffusion importante de la chanson de tradition orale. Il entame en 1915, «avec l'aide de quelques collaborateurs — MM. Massicotte, Adélard Lambert, le Père Archange [Godbout] et quelques autres —», la «collecte de près de 6 500 versions en texte de chansons [en 1932], de ballades et de complaintes provenant de tous les coins du Québec, et près de 4 000 mélodies prises au phonographe, ou autrement[34]». Il procède également à la collecte de recueils de chansons manuscrits et publie des chansons par le biais de périodiques (*La Patrie, L'action catholique, La Presse*, etc.). Il organise en 1919 les «Veillées du bon vieux temps» qui réveillent l'intérêt pour les traditions héritées de la Nouvelle-France, telles la ceinture fléchée[35], qui servit durant la traite des fourrures, et la chanson transmise ici par les colons surtout dans le dernier quart du XVIIe siècle jusqu'à la Conquête.

Marius Barbeau, anthropologue de formation[36], dirigera plusieurs chercheurs (Luc Lacourcière, Conrad Laforte, etc.) qui apporteront une contribution non négligeable à l'étude de la chanson de tradition orale. Lacourcière commença ses enquêtes de folklore en 1940[37], après quoi il fonda, en février 1944, les Archives de folklore de l'Université Laval, annexées en 1981 à la division des archives de l'Université Laval. Il obtint également une chaire d'enseignement en arts et traditions populaires tout en poursuivant ses enquêtes — il recueillit plus de 5 000 chansons — et dirigea les premières études sur le folklore canadien à l'Université Laval[38].

Problème d'épistémè et passage de l'oralité à l'écrit

La définition de la chanson populaire au début du siècle pose problème. D'abord, il semble que les folkloristes aient accordé trop d'attention à la chanson de tradition orale en oubliant que la chanson populaire pouvait être aussi bien les chansons d'un Joseph-Hormidas Malo ou d'un Léo LeSieur. À ce moment-là, la chanson de tradition orale n'était pas nécessairement «populaire» parce qu'elle se destinait à l'ensemble de la population mais plutôt parce qu'elle provenait de la campagne[39]. Il semble, en effet, que la distinction faite par les auteurs de *L'illustration de la chanson folklorique (...)* ne soit pas aussi claire pour Barbeau et Massicotte :

> Au début du 20e siècle, les études folkloriques avaient établi l'existence de plusieurs types de chansons au Québec : les anciens chants traditionnels venus de France avec les premiers colons, les chansons françaises plus récentes qui étaient parvenues au Québec sous forme publiée et les chansons qui avaient été composées au Canada. La majorité des chansons de *Chansons canadiennes* sont d'origine locale et elles ont directement rapport à des situations ou à des événements historiques du 19e siècle[40].

En réalité, Barbeau et Massicotte se sont peu intéressés dans leurs études à définir la chansonnette, celle de France ou celle créée au Québec. Si la chanson de tradition orale est désignée[41] par le terme «populaire», comment parler alors de la chanson littéraire lorsqu'elle appartient au peuple par sa grande diffusion et qu'elle lui est destinée? Cette lacune sémantique provient plus d'une utilisation abusive du terme, dont nous ne pouvons blâmer nos folkloristes puisqu'elle était la recommandation même du décret du ministre de l'Instruction publique français — Hippolyte Fortoul — (Comité de la langue, de l'histoire et des arts de la France), que d'un désintérêt total pour la chanson littéraire. Enfin, peut-être y a-t-il lieu de voir que, si les ethnologues s'étaient vraiment intéressés à cette chanson, ils auraient cherché à la définir ou à préciser leur utilisation du terme «populaire». Néanmoins, la confusion qu'ils ont créée pour les lecteurs contemporains n'est pas si simple à résoudre. À quel moment par exemple une chanson devient-elle folklorique? La transmission orale, les variantes que cette connaissance implique, est-ce le seul critère de définition alors que les chansons littéraires, en fait surtout les hymnes, faisant partie de la tradition propre au peuple, sans avoir connu de variantes officielles, ne sont pourtant que des chansons littéraires («Ô Canada», «Ô Canada, mon pays, mes amours»)? De plus, le fait que plusieurs chansons littéraires n'ont pas été signées, comme les chansons historiques que Massicotte recense dans sa collection, contribue à créer cette confusion pour le lecteur contemporain. Il pourrait s'agir là en fait de chansons folkloriques, comme l'on disait d'ailleurs en anglais («folksong»), alors que le «Ô Canada» serait une chanson popularisée dans le sens d'un emploi généralisé et non dans celui qui avait cours à l'époque. À ces différentes formes de chansons s'ajoutent les mélodies de chansons littéraires utilisées comme timbre ou le texte littéraire modifié par la transmission orale («Un Canadien errant») ou la chanson de tradition orale littérarisée (comme par exemple «Le Rapide blanc» de Oscar Thiffault[42] ou plus explicitement les chansons édulcorées de Charles-Émile Gadbois) par le remodelage de l'auteur.

L'autre élément d'importance qui caractérise la période constitue le passage de l'oralité à l'écrit. Le XIXe siècle est sans nul doute caractérisé par la prééminence de l'oralité. Les chansons sont, dit-on, transmises depuis la Nouvelle-France de père en fils. À preuve de cette hégémonie, c'est aussi durant cette même période que l'on note de nombreuses folklorisations de textes littéraires. Par la suite, les ethnologues procèdent à la collecte systématique, la classification et l'interprétation de chansons de tradition orale en tentant de reconstruire l'esprit d'une époque par ses traditions orales et matérielles. Ainsi, ils témoignent du passage de l'oralisé à l'écrit. Enfin, par la suite, la tradition orale s'étant peu à peu estompée[43], c'est l'ouvrage écrit qui sert de rampe de diffusion à la chanson. Ainsi, le passage est maintenant caractérisé de l'écrit vers l'oralisé alors que les enfants chantent les chansons du barde breton Théodore Botrel, celles des recueils des abbés François-Xavier Burque et Charles-Émile Gadbois (propagandiste de *La bonne chanson* entre 1937 et 1955).

Ce passage de l'oralité vers l'écrit est le résultat d'un déterminisme historique : l'avènement de la société industrielle devait inévitablement entraîner la disparition de la tradition orale (comme ce fut le cas en Grande-Bretagne) rattachée à la diffusion de la chanson. La première étape, celle de la transcription, y contribue largement malgré le fait qu'elle est vouée à la préservation des traditions ancestrales et se révèle «un indice du refus de la modernité industrielle[44]».

En fait, la transcription et surtout la publication de versions critiques mobilisent la chanson de tradition orale, et c'est là qu'entre en jeu le passage de l'écrit à l'oralité.

Deuxième période : l'apport des musicologues

Après l'intérêt soutenu par les ethnologues pour la chanson, mouvement historiographique qui perdure jusque vers les années 1950, les musicologues[45] conjuguent leurs efforts à ceux des ethnologues, dont la collecte et particulièrement la classification, avec le travail méticuleux de Conrad Laforte, se poursuivent, mais développent un discours plus objectif. Les musicologues tels Helmut Kallmann, Willie Amtmann, etc. posent un regard différent dans la mesure où ils abordent maintenant la chanson littéraire, et non plus uniquement la chanson de tradition orale, par le biais d'études sur la musique canadienne. Leur approche est insuffisante parce que les chansons dont ils traitent sont en fait les hymnes qui ont connu le plus de succès et qui sont, par leur aspect fonctionnel et sémantique, plus près de la chanson de tradition orale que de la chanson littéraire. De plus, ils se restreignent à un corpus qui voit la collaboration entre le parolier et le compositeur de musique classique tels Achille Fortier, Calixa Lavallée et Jean-Baptiste Labelle, pour n'en nommer que quelques-uns. En définitive, ce qui les intéresse, par déformation professionnelle, c'est davantage la contribution du compositeur, dont l'activité au XIXe et au début du XXe siècle est largement reliée à l'art lyrique, que l'étude de la chanson en tant que telle. Comme la collaboration parolier-compositeur de musique classique disparaît vers les années 1950 (Jean Châtillon, Omer Létourneau, etc.), au moment où le statut d'auteur-compositeur se généralise, leur histoire ne rend donc compte que du XIXe siècle et de la première moitié du XXe siècle. C'est d'ailleurs en s'inspirant de ce regard sommaire sur la chanson littéraire que les historiens de la chanson québécoise écriront leurs études.

Quant au traitement de la chanson de tradition orale, les musicologues réduisent l'apport des collecteurs aux travaux de Marius

Barbeau : «Home in Québec (...), he became the first collector of folksong, transcriving the words in shorthand and recording the tunes[46].»

Troisième période : l'étude de la chanson québécoise

Jusqu'à présent, l'étude de la chanson, comme l'avait été auparavant l'archivistique pour l'histoire, fut une discipline auxiliaire de l'anthropologie et puis de l'ethnologie et aussi d'un intérêt secondaire pour la musicologie. De plus, considérée comme un genre mineur par le milieu littéraire, la chanson fut rarement étudiée en elle-même par les littéraires.

L'émergence d'études sur la chanson littéraire se situe au moment où la chanson entreprend une nouvelle phase. L'autonomie du corpus s'effectue par l'apparition généralisée des chansonniers, à la fois auteurs-compositeurs et interprètes, qui libèrent la chanson littéraire du monopole des musicologues et accentuent par le fait même le décalage entre la «musique de chanson» et la «musique classique contemporaine»[47]. Le développement des styles musicaux, de la collaboration entre compositeurs de musique classique et paroliers, puis ensuite l'apparition du chansonnier ont une influence sur la représentation que l'on se fait de la chanson. Contexte historique et contexte historiographique sont ainsi reliés comme ce fut le cas pour la grève de l'amiante qui donna lieu, entre autres, à des études sur l'histoire du syndicalisme, la complexification de la société industrielle qui provoque la naissance aux États-Unis d'une science qui tente d'expliquer les tensions, la sociologie, et aussi enfin, les débuts de l'étude systématique de l'histoire canadienne après les déclarations de lord Durham et la montée du nationalisme canadien.

Ainsi, le nouveau regard posé sur la chanson littéraire, ou la chanson désormais québécoise, établit le transfert sémantique du terme populaire[48], par le fait même changement épistémologique, avec l'avènement massif des chansonniers dans les années 1940 à 1960, la professionnalisation du métier et l'internationalisation de l'interprète[49]. À ce moment-là, le terme prend plutôt la signification d'une chanson littéraire dont la diffusion, voire l'emploi par le peuple et les imitateurs (tel le Capitaine Nô qui imite Raymond Lévesque), est généralisée.

Ce nouveau regard, sans être aussi révélateur que celui des travaux de Lionel Groulx ou Thomas Chapais pour l'histoire canadienne, pose néanmoins un problème : comment et sur quel critère s'est-on basé pour établir la naissance de la chanson québécoise avec l'avènement de La Bolduc (pseudonyme de Mary Travers) et plus encore son institutionnalisation avec la découverte tardive de Félix Leclerc? «Mais avant Félix Leclerc, remarque Christian Larsen, si l'on excepte les chansons et la personnalité de La Bolduc, ce qui se faisait ici en chanson ressemblait étrangement à ce que chantaient en France les Tino Rossi, Rina Ketty et Maurice Chevalier[50].» Larsen a bien vu qu'il existait de nombreux chanteurs qui, dans les années 1940, faisaient des versions de chansons américaines et/ou françaises (Alys Robi, Fernand Robidoux, Jean Lalonde, etc.). Comme bien d'autres historiens de la chanson (Bruno Roy, Pascal Normand, Benoît L'Herbier, etc.), pour ne pas dire la plupart, Larsen a, quant à lui, oublié de nombreux chanteurs français venus séjourner ici suffisamment longtemps, ou qui ont eu un succès relativement important malgré leur bref séjour, pour qu'on les considère, comme Joseph Quesnel et Louis Hémon pour la littérature, partie intégrante de la chanson québécoise. Henry Cartal, Louis Vérande et Albert Larrieu sont quelques exemples d'auteurs-compositeurs alors que c'est à Emmanuel Blain de Saint-Aubin que pourrait revenir le titre de premier auteur-compositeur-interprète si l'on en croit les paroles de Damase Potvin : «Aussi, Blain de Saint-Aubin n'avait-il aucune prétention en composant et en interprétant ses chansons[51].»

Les lacunes des historiens proviennent du fait qu'ils ont établi la date de naissance de la chanson québécoise avec La Bolduc. Ils négligent ainsi un siècle de diffusion de la chanson littéraire qui mériterait d'être étudiée à partir des programmes de spectacles, des collections de disques, comme celle de Jean-Jacques Schira[52] ou d'André Vaillancourt[53], et aussi à partir des recueils de chansons, de la presse québécoise qui commence, à partir de 1830 surtout, à publier des chansons littéraires anonymes et des partitions à la fin des années 1830.

Il n'en demeure pas moins que, malgré ces lacunes, le succès obtenu par Félix Leclerc au Québec, et dans le même mouvement mais un peu plus tard, l'émergence de nombreux chansonniers à la fin des années 1950 (Gilles Vigneault, Claude Léveillée, Jean-Pierre Ferland, Claude Gauthier, etc.) suscitent de nombreux écrits sur la chanson et même particulièrement sur ces chansonniers tels les ouvrages de Monique Bernard et Christian Larsen. On publie également des monographies dans la collection «Poètes d'aujourd'hui» chez Seghers (Pauline Julien, Félix Leclerc, etc.) en plus des recueils de chansons (collection «Mon pays, mes amours») aux Éditions Leméac (Claude Gauthier, Pierre Calvé, etc.). Enfin, on commence à noter des thèses portant sur la chanson littéraire, des premières de Yvon Desrosiers et de Normand Rousseau jusqu'aux dernières de Bruno Roy et Gaston Rochon.

Renouveau de l'étude de la chanson

Depuis quelques années, il semble que la chanson d'avant La Bolduc intéresse quelques chercheurs. D'abord notons les travaux de Maurice Carrier et Monique Vachon et de Bruno Roy. De plus, soulignons quelques thèses en musique (Hélène Paul et Mireille Barrière) qui donnent de bons indices sur les pratiques culturelles entourant la chanson au XIXe siècle et au début du XXe siècle. À titre d'exemple, les ouvrages de Cécile Tremblay-Matte (*La chanson écrite au féminin*) et Marie-Thérèse Lefebvre (*La composition musicale*), publiés à quelques mois d'intervalle, comblent un manque en focalisant sur l'apport des femmes à la vie musicale du Québec, incluant la période antérieure à La Bolduc, l'un sur les parolières et l'autre sur les compositrices. Nous savons aujourd'hui que la mémoire collective a négligé la présence des femmes. Il n'en demeure pas moins qu'elles sont nombreuses si l'on se réfère à ces deux ouvrages et à l'*International Encyclopedia of Women Composers* de Aaron I. Cohen qui dénombre, dans sa section consacrée au Canada, trois compositrices au XIXe siècle dont Emma Lajeunesse dite Albani, et 78 au XXe siècle dont Albertine Caron-Legris et Albertine Morin-Labrecque. On peut donc en déduire que la naissance de la musique canadienne s'effectue au XXe siècle, du moins en ce qui a trait à la participation des femmes. La chanson littéraire qui lui est reliée germe également dans l'esprit de plusieurs poètes dont les vers sont mis en musique (Albert Lozeau, Oliva Asselin, etc.).

Enfin, le début des années 1990 marque une étape importante dans l'avancement de la recherche sur la chanson québécoise. En plus d'avoir recours à la publication régulière chez les Éditions Triptyque d'ouvrages portant sur la chanson et de projets de recherche dont les publications tardent à venir, les chercheurs pourront prochainement bénéficier de nouveaux instruments qui faciliteront leurs recherches sur les débuts de la chanson québécoise. Auparavant, ils s'étaient confinés à l'accumulation d'articles de journaux de l'époque où ils ont commencé à étudier la chanson, ce qui expliquerait en même temps leur prise de position sur les débuts de la chanson québécoise, et en multipliant les sources secondaires en ce qui a trait à la période antérieure à La Bolduc. Ainsi, il sera bientôt possible de consulter la suite des résultats de recherches du projet *Répertoire des données musicales dans la presse québécoise* (dont le premier volume paru à l'automne 1990 couvrait la période de 1764 à 1799) sous la direction de Juliette Bourassa-Trépanier et Lucien Poirier, en plus du *Dictionnaire de la musique populaire du Québec* de Robert Thérien, rédigé avec la collaboration d'Isabelle d'Amours, dont le premier tome, couvrant la période 1955-1990, est paru en 1992 à l'Institut québécois de la recherche sur la culture. De plus, il faut souligner la parution du

Guide de la chanson québécoise aux Éditions Triptyque, ouvrage destiné au grand public en même temps qu'aux chercheurs, et enfin du *Dictionnaire québécois d'aujourd'hui* dirigé par Jean-Claude Boulanger et supervisé par le lexicographe français rattaché à la maison Robert depuis la fin des années 1950, Alain Rey, lequel a introduit dans la partie des noms propres une dizaine de chanteurs québécois, surtout des chansonniers. Ces artistes consignés reflètent l'état actuel de la recherche sur la chanson au Québec, c'est-à-dire l'ignorance presque totale de l'existence de la chanson pratiquée avant La Bolduc. Cependant *Le guide de la chanson québécoise* et le *Dictionnaire de la musique populaire* témoignent du souci de produire des ouvrages de référence et de rendre accessibles ces données au grand public.

* * *

À travers cette esquisse de l'historiographie de la chanson québécoise, il nous aura été permis de découvrir le lien qui unit les événements historiques à la façon même d'étudier un genre littéraire (objet culturel). Comment, d'autre part, le véhicule de diffusion de la chanson de tradition orale s'est inversé, passant de l'oral à l'écrit et de l'écrit à l'oral, à la suite des changements au sein de la société. De plus, nous avons grossièrement périodisé les approches théoriques propres à différentes disciplines. Faire le bilan des études qui ont porté sur la chanson au Québec est un projet qui nécessiterait une réflexion plus approfondie; mais comme d'ordinaire le terrain de l'historiographie semble un lieu relativement risqué, surtout lorsque l'objet est implicitement relié à diverses disciplines, personne jusqu'à présent ne s'y est livré à fond. À défaut d'une telle recherche, nous devrions adopter une attitude fondamentaliste en favorisant l'interdisciplinarité, c'est-à-dire la collaboration des chercheurs en littérature, en musicologie, en arts et traditions populaires, en histoire et en sociologie, principales disciplines qui se sont penchées sur l'étude de la chanson. Les chercheurs bénéficieront ainsi de la mise en commun des recherches et admettront qu'ils font «preuve d'un esprit de rigueur scientifique et d'ouverture à l'égard d'objets considérés facilement comme marginaux mais où se lit le jeu que l'homme fait avec le langage[54]».

BIBLIOGRAPHIE

Willie Amtmann, *La musique au Québec (1600-1875)*, traduction de Michelle Pharand, Montréal, Les Éditions de l'Homme, 1976, 420 p.

Jacques Aubé, *Chanson et politique au Québec (1960-1980)*, Montréal, Éditions Triptyque, 1990, 135 p.

Arthur Buies, *Anglicismes et canadianismes*, Québec, C. Darveau, 1888, [s.p.].

Napoléon Caron, *Petit vocabulaire à l'usage des Canadiens français; contenant les mots dont il faut répandre l'usage et signalant les barbarismes qu'il faut éviter pour bien parler notre langue*, Trois-Rivières, [s.é.], 1880.

Maurice Carrier et Monique Vachon, *Chansons politiques du Québec, t. 1 (1765-1833); t. 2 (1834-1858)*, Montréal, Leméac, 1977, 361 p., 450 p.

Aaron I. Cohen, *International Encyclopedia of Women Composers*, foreword by Marle Montgomery, New York & London, R.R. Bowker Company, 1981, 597 p.

Jean de Bonville, *La presse québécoise de 1884 à 1914, genèse d'un média de masse*, Québec, Presses de l'Université Laval, 1988, 416 p.

Serge Gagnon, *Le Québec et ses historiens de 1840 à 1920, la Nouvelle-France de Garneau à Groulx*, coll. Les cahiers d'histoire de l'Université Laval, n° 3, Sainte-Foy, P.U.L., 1978, 471 p.

Jules-Fabien Gingras, *Manuel des expressions vicieuses et les plus fréquentes*, Outaouais, Imprimerie du Canada, 1877, iii, 77 p.

Helmut Kallmann, *A History of Music in Canada 1534-1914*, Toronto, University of Toronto Press, Foreword by Ernest MacMillan, 1981, 317 p. [édition originale 1960].

Conrad Laforte, *La chanson folklorique et les écrivains du XIXᵉ siècle (en France et au Québec)*, coll. Ethnologie québécoise : cahier II, Montréal, Éditions Hurtubise-HMH, 1973, 154 p.

Conrad Laforte, *Le catalogue de la chanson folklorique française, tome VI — chansons sur les timbres*, coll. Les archives de folklore, n° 23, Sainte-Foy, P.U.L., 1983, XIII, 649 p.

Christian Larsen, *Chansonniers du Québec*, photographies de Roland Labelle, réalisation artistique de Pierre Décary, Montréal, Beauchemin, 1964, 118 p.

Marie-Thérèse Lefebvre, *La création musicale des femmes au Québec*, Montréal, Éditions du Remue-ménage, 1991, 148 p.

Joseph-Amable Manseau, *Dictionnaire des locutions vicieuses du Canada, avec leur correction, suivi d'un dictionnaire canadien*, Québec, J.A. Langlais, libraire-éditeur, 1881, 118 p.

Léo-Pol Morin, *Papiers de musique*, décoration d'Edwin Holgate, collection Documents artistiques, Montréal, Librairie canadienne-française limitée, 1930, 228 p.

Bruno Roy, *Pouvoir chanter*, Montréal, VLB, 1991, 452 p.

Jean-Marie Shaeffer, *Qu'est-ce qu'un genre littéraire?*, publié avec le concours du Centre national des lettres, Paris, Éditions du Seuil, 1989, 185 p.

Cécile Tremblay-Matte, *La chanson écrite au féminin, de Madeleine de Verchères à Mitsou, 1730-1990*, Laval, Éditions Trois, 1990, 391 p.

Paul Zumthor, *Performances, réception, lecture*, coll. l'Univers du discours, Longueuil, Les Éditions du Préambule, 1990, 129 p.

En collaboration, *L'illustration de la chanson folklorique (...)*, introduction de Jean Trudel, Montréal, Musée des beaux-arts de Montréal, 1980, 140 p.

Sous la direction de Lucien Poirier et Juliette Bourassa-Trépanier, *Répertoire des données musicales dans la presse québécoise : tome 1 Canada*, vol. 1, 1764-1799, Sainte-Foy, P.U.L., 1990, 273 p.

Recueils de chansons

Anonyme, *La lyre canadienne, répertoire des meilleures chansons et romances du jour par un amateur*, Québec, De l'imprimerie WM Cowen et fils, 1847, 314 p., [4 f.].

Yves Alix, avec la collaboration de Pierre Fournier, *Chansons de lutte et de turlute*, notes pour la lecture des partitions de Jean-Claude Bélanger, supplément au journal *Nouvelles-CSN*, n° 158, semaine du 1er mai 1982, Montréal, CSN, 95 p.

Ernest Gagnon, *Chansons populaires du Canada*, Québec, Darveau, 1900, 350 p.

Joseph Laurin, *Le chansonnier ou nouveau recueil de chansons publiées par Jos. Laurin*, Québec, À la librairie [rue Sainte-Ursule], 1838, 180 p.

C.H. Laverdière, *Le chansonnier des collèges*, Québec, Au bureau de L'Abeille, 1850, 200 p.

Articles

Auteur inconnu, «Le premier de nos chansonniers à se faire interpréter par les nôtres d'abord», in *Télé-Radiomonde*, Montréal, 1er mai 1965, p. 4.

Marius Barbeau, «Nos chansons de terroir, leurs origines», in *Revue du Québec industriel*, Montréal, vol. 4, n° 2, publié par la Northern Electric Limited, 1939, p. 3-7.

Marius Barbeau, «Les chants populaires du Canada», in *La revue moderne*, janvier 1932, 13e année, n° 3, p. 5.

Marius Barbeau, «Le folklore canadien-français», in *Mémoires de la Société royale du Canada*, section 1, série III, mars 1916, p. 449.

Marius Barbeau, «Contes populaires canadiens», in *Journal of American Folklore*», vol. XXIX, n° CXI, janvier-mars 1916.

Philippe Buisset, «4 — Pour une sociologie de la chanson», in *Encyclopaedia Universalis, Corpus 5*, Paris, Encyclopaedia Universalis, 1989, p. 361-362.

Léon Gérin, «L'habitant de Saint-Justin, contribution à la géographie sociale du Canada», in *Mémoires de la Société royale du Canada*, Ottawa, Imprimeur : Société royale du Canada, section 1, seconde série, tome IV, 1898, p. 139-216.

Robert Giroux, «Le discours critique porté sur la chanson populaire française en 1985», in *La chanson dans tous ses états*, Montréal, Éditions Triptyque, 1983, p. 11-43.

John Hare, «Œuvres littéraires mises en musique», in Helmut Kallmann, Gilles Potvin, Kenneth Winters, *Encyclopédie de la musique au Canada*, Montréal, Fides, 1983, XXXI, 1142 p.

Jacques Julien, «Essai de typologie de la chanson populaire», in *Les aires de la chanson québécoise*, Montréal, Éditions Triptyque, 1984, p. 103-123.

Helmut Kallmann, Stephen C. Willis, «Folklore — Compositions inspirées du...», in *Encyclopédie de la musique au Canada*, Montréal, Fides, 1983, 1142 p.

Luc Lacourcière, «La transformation d'une chanson folklorique : du Moine Tremblant au Rapide blanc», in *Recherches sociographiques*, vol. 1, n° 4, octobre-décembre 1960, p. 401-434.

Conrad Laforte, «Luc Lacourcière 1910-1989», in *Mémoires de la Société royale du Canada*, cinquième série, tome IV, 1989, p. 376-380.

Conrad Laforte, «Un Canadien errant», in (sous la direction de Maurice Lemire) *Dictionnaire des œuvres littéraires du Québec, tome 1, Des origines à 1900*, Montréal, Fides, 1980, p. 714-715.

Conrad Laforte, «Le canotier», in (sous la direction de Maurice Lemire) *op. cit.*, p. 82-83.

Victor Morin, «La chanson canadienne», in *Mémoires de la Société royale du Canada*, troisième série, tome XXI, section 1, Ottawa, Imprimeur : Société royale du Canada, 1927, p. 161-206.

Bernard Mouralis, «Les littératures dites marginales ou les contre-littératures», in (sous la direction de Henri Béhar et Robert Foyelle) *L'histoire littéraire aujourd'hui*, introduction de Henri Béhar et Robert Fayelle, Paris, Armand Colin, 1990, 187 p.

Hélène Plouffe, «Un Canadien errant», in *Encyclopédie de la musique au Canada*, Montréal, Fides, 1983, XXXI, 1142 p.

Edwin John Pratt, «Marius Barbeau», in *The Star Weekly and Canadian Weekly*, Toronto, Toronto Star Limited, April 4th, 1964, p. 9.

Dépôts d'archives

Madame Louis Boyer, cahier ms., F-207, Archives de l'Université Laval.

Collection Édouard-Zotique Massicotte, Bibliothèque municipale de Montréal.

Collection Jean-Jacques Schira, Archives nationales du Québec, division de l'Estrie.

Discographie d'André Vaillancourt, Bibliothèque nationale du Québec.

Chansons

Anonyme, «The new nation anthem from later english newspaper», in *The Morning Courier for the Country*, vol. 3, n° 27, August 10th, 1837, p. 4.

Anonyme, «L'Hon. Mr. Cartier», sur l'air de «La Marseillaise», in *L'Avenir*, vol. 7, n° 9, 29 juillet 1856, p. 3.

Anonyme, «Le grand nez», chanté sur l'air de «Un Canadien errant», in *Chansonnier*, Québec, [s.é.], 1851, p. 27-28.

Félix Guérin, «La nouvelle Varsovienne», sur l'air de «La Marseillaise», in *Le Pays*, vol. IV, n° 9, 29 juillet 1856, p. 3.

Oscar Le Myre, «Au vingt-deuxième», sur l'air du «Drapeau de Carillon», in *Passe-temps*, Montréal, 22 mars 1919, n° 619, p. 106-107.

Par un jeune, «Ô Bourassa», sur l'air de «Ô Canada», [s.d.n.l.], Env. 2104, Bibliothèque municipale de Montréal.

Notes

1 «De 1764 à 1867, plus de 300 chansons ont été publiées dans des périodiques.» (John Hare, «Œuvres littéraires mises en musique», in [sous la direction de Helmut Kallmann, Gilles Potvin et Kenneth Winters], *Encyclopédie de la musique au Canada*, Fides, Montréal, 1983, p. 734.) Cette affirmation est quelque peu douteuse. Elle dépend toujours de ce que l'on entend par chanson. Car au XIXᵉ siècle, on publie souvent un poème dans la rubrique «chanson». Si l'on inclut ces textes, l'on doit compter, uniquement pour la période de 1834 à 1845, la plus prolifique puisqu'elle coïncide avec les troubles de 1837-1838, dans tous les périodiques québécois, environ cinq cent trente chansons.

2 Étienne Parent dès 1834, F.X. G.[arneau?] dès 1834, Napoléon Aubin dès 1837, Jos[eph] Lenoir (surtout des poèmes) dès 1848, Eugène L'Écuyer dès 1849, Octave Crémazie dès 1853, Adolphe Marsais, sans doute l'un des plus prolifiques des années 1860, publie dès 1855 et Emmanuel Blain de Saint-Aubin dès 1861 (1862?).

3 Par exemple, *The Morning Courier for the Country* publie, dans la rubrique «Poetry», «The New Nation Anthem from Later English Newspaper» (voir August 10th, 1837, vol. 3, n° 27, p. 4).

4 Les auteurs qui publiaient des chansons de tradition orale avant les années 1860 les appelaient «chansons de voyageurs» (voir *La lyre canadienne*, 1847). De plus, si l'on se réfère à l'ouvrage de Conrad Laforte, *La chanson folklorique et les écrivains du XIXᵉ siècle (...)*, on peut constater que quelques auteurs comme Philippe Aubert de Gaspé fils, Alphonse Poitras et Patrice Lacombe citent des fragments ou des chansons complètes dans leurs œuvres vouées à l'expression de la civilisation.

[5] Voir Conrad Laforte, *La chanson folklorique et les écrivains du XIXe siècle*, p. 32.

[6] Cependant le véritable début date du moment de sa collaboration étroite avec Marius Barbeau alors qu'ils commencent à phonographier les chansons et que les collectes bénéficient d'un intérêt plus important que ses premières tentatives au cours des années 1880 où il avait remarqué l'impossibilité de publier les nombreuses pièces.

[7] François Brassard, Marius Barbeau et Luc Lacourcière et des interprètes de folklore tels Albert Viau et Roger Filiatrault procéderont aussi au même type de cueillette.

[8] Voir Collection Édouard-Zotique Massicotte, vol. 6, «Divers», p. 286-343, salle [Philéas] Gagnon, Bibliothèque municipale de Montréal.

[9] Voir Yves Alix, avec la collaboration de Pierre Fournier, *Chansons de lutte et de turlute*, p. 77.

[10] Certaines feuilles étaient publiées sans musique. Les chansons reproduites se chantaient sur un air connu (timbre) et ressemblaient par leur contenu et leur forme à la feuille d'opinion qui caractérise la presse québécoise de l'époque (voir Jean de Bonville, *La presse québécoise de 1884 à 1914 (...)*, p. 115 et suiv.). D'autres feuilles comprenaient la partie musicale mais souvent imprimées dans un plus grand format.

[11] Voir Fonds F-207, Madame Louis Boyer, cahier ms., Archives de l'Université Laval; Conrad Laforte, *Le catalogue de la chanson folklorique française, tome 6 — chansons sur des timbres*, p. 427, 431-432.

[12] Voir Conrad Laforte, *op. cit.*, p. 514, 518.

[13] Outre le peu d'importance accordé au nom de l'auteur, on peut noter la valeur relative du titre parmi les chansons littéraires les plus connues comme en témoigne «Un Canadien errant» devenu «Un Acadien errant» dans *Encyclopédie de la musique au Canada*, p. 1010; Conrad Laforte, «Un Canadien errant» in (sous la direction de Maurice Lemire) *Dictionnaire des œuvres littéraires du Québec, tome 1, Des origines à 1900*, p. 714-715.

[14] Soit parce qu'elle fut chantée avec plusieurs mélodies et/ou sur des textes différents. Le cas de «Un Canadien errant» est exemplaire dans la mesure où elle fut d'abord chantée sur un air folklorique («Au bord d'un clair ruisseau» et «Métamorphose») et fut d'abord diffusée par l'oralité avant d'être publiée dans *Le charivari canadien* le 4 juin 1844 sous le titre «Le proscrit», deux ans après sa rédaction. De plus, quelques versions du texte, qui diffèrent du texte critique publié par Ernest Gagnon dans *Chansons populaires du Canada*, ont été collectées.

[15] Jean-Marie Shaeffer, *Qu'est-ce qu'un genre littéraire?*, p. 175.

[16] Conrad Laforte, *Le catalogue de la chanson folklorique française, tome VI — chansons sur des timbres*, p. 428-430.

[17] Conrad Laforte, *La chanson folklorique et les écrivains du XIXe siècle (...)*, p. 46; Conrad Laforte, «Le canotier» in (sous la direction de Maurice Lemire) *Dictionnaire des œuvres littéraires du Québec, tome 1, Des origines à 1900*, p. 82-83. Comme le souligne Laforte, cette chanson parut d'abord sous l'anonymat dans *Le Journal de Québec*, le 19 juin 1864, p. 1.

[18] A.[dolphe] Marsais, «Pour la Minerve, la justice de Dieu, chant guerrier sur l'air de la Marseillaise», in *La Minerve*, vol. XXVII, n° 54, p.[2], 26 janvier 1855; Félix Guérin, «La nouvelle varsovienne», sur l'air de «La Marseillaise», in *Le Pays*, vol. IV, n° 9, p.[1], 14 février 1855; [Anonyme], «L'hon. Mr. Cartier», sur l'air de «La Marseillaise», in *L'Avenir*, vol. 7, n° 9, p.[3], 29 juillet 1856.

[19] Oscar Le Myre, «Au vingt-deuxième», sur l'air du «Drapeau de Carillon», in *Le Passe-temps*, Montréal, n° 619, 22 mars 1919, p. 106-107.

[20] Par un jeune, «Ô Bourassa», sur l'air de «Ô Canada», [s.d.n.l.], Env. 2104, salle Gagnon, Bibliothèque municipale de Montréal.

[21] Anonyme, «Le grand nez», chanté sur l'air de «Un Canadien errant», in *Chansonnier*, Québec, [s.é.], 1851, p. 27-28.

[22] Jean-Marie Shaeffer, *Qu'est-ce qu'un genre littéraire?*, p. 119.

[23] Robert Giroux, «Le discours critique porté sur la chanson populaire française en 1985», in *La chanson dans tous ses états*, p. 14.

[24] Le «Ô Canada» et «Un Canadien errant», en plus d'être publiées dans de nombreux recueils de chansons imprimées, figurent parmi les 41 chansons (dont les 39 autres sont de tradition orale) sur l'album *Canada's Story in Song*, sung by Allan Mills [pseudonyme de Albert Miller], Folkway Records, FW 3000, 1960, 12 in., 33 1/3 rpm. (Voir aussi Cécile Tremblay-Matte, *La chanson écrite au féminin (...)*, p. 18.)

[25] Marius Barbeau, «Nos chansons de terroir et leurs origines», in *Revue du Québec industriel*, p. 5.

[26] Jacques Aubé, *Chanson et politique au Québec (1960-1980)*, p. 16.

[27] Helmut Kallmann, *A History of Music in Canada 1534-1914*, p. 183. Voir aussi p. 178.

[28] *L'illustration de la chanson folklorique (...)*, p. 13.

[29] Arthur Buies, *Anglicismes et canadianismes*, 1888; J.[ules-Fabien] Gingras, *Manuel des expressions vicieuses les plus fréquentes*, 1867; N.[apoléon] Caron, *Petit vocabulaire à l'usage des Canadiens français*, 1880; J.[oseph] A.[mable] Manseau, *Dictionnaire des locutions vicieuses du Canada (...)*, 1881; etc.

[30] Voir Léo-Pol Morin, *Papiers de musique*, p. 224. Voir aussi les chroniques publiées dans *Le Passe-temps*, le 27 décembre 1917 sous le titre de «Dans les coulisses des disques» et puis du 19 janvier 1920 au 14 janvier 1922 sous le titre «Discophonia».

[31] Helmut Kallmann, Stephen C. Willis, «Folklore — Compositions inspirées du...», in Helmut Kallmann et al., *Encyclopédie de la musique au Canada*, p. 368. Nous pouvons également rattacher à ce courant Oscar O'Brian, Eugène Lapierre et Hector Gratton.

[32] Victor Morin, «La chanson canadienne», in *Mémoires de la Société royale du Canada*, troisième série, tome XXI, section 1, imprimeur : Société royale du Canada, 1927, p. 161-206.

[33] Cette classification dichotomique entre chanson folklorique et chanson littéraire ne rend pas compte des nuances qu'impliquent la diffusion du texte, sa provenance, l'auteur et la date de création. C'est peut-être pour des raisons similaires que le concept de «folk society» du sociologue américain Robert Redfield cessa de désigner la société canadienne-française.

[34] Marius Barbeau, «Les chants populaires du Canada», in *La revue moderne*, Montréal, janvier 1932, 13e année, n° 3, p. 5. Plus de 8 500 chansons avaient été recueillies en 1945.

[35] Voir Marius Barbeau, *Ceinture fléchée*, Montréal, Éditions Paysana, 1945, 110 p.

[36] Cela est peut-être un facteur qui explique son intérêt pour la chanson de tradition orale si l'on considère qu'il fut, comme Lacourcière, influencé par l'anthropologie de Franz Boas, qui privilégiait l'approche déductive, empirique des peuples primitifs. Barbeau aimait d'ailleurs rapporter la question qu'avait posée Franz Boas lors du colloque de l'American Folklore Society en 1914 : «Les Canadiens ont-ils conservé leurs anciennes traditions orales?» (Voir Barbeau, «Le folklore canadien-français», in *Mémoires de la Société royale du Canada*, section 1, série III, vol. IX, mars 1916, p. 449; et «Contes populaires canadiens», in *Journal of American Folklore*, vol. XXIX, n° CSI, janvier-mars 1916.) Cette question servit en quelque sorte de rampe de lancement à l'étude du folklore canadien-français, puisque Barbeau, à ce moment-là, avait négligé de noter les contes ou chansons que les Hurons de la Jeune-Lorette lui récitaient en français.

[37] Voir Conrad Laforte, «Luc Lacourcière 1910-1989», in *Mémoires de la Société royale du Canada*, cinquième série, tome IV, 1989, 376- 380.

[38] L'Université McGill avait déjà produit quelques thèses dans ce domaine (Dorothy Mathewson, 1924); mais à Laval, il s'agissait d'une première : «La première thèse sur le folklore canadien-français présentée à la faculté des lettres de l'Université Laval a valu à son auteur, la R. sœur Marie-Ursule, de St. Paul (Minnesota), le premier titre de docteur ès lettres (...).» (D.C.N., «Première thèse sur notre folklore», in *La Patrie*, Montréal, 18 janvier 1947.

[39] Voir Marius Barbeau, «Nos chansons de terroir et leur origine», in *Revue du Québec industriel*, p. 3.

[40] *L'illustration de la chanson folklorique (...)*, p. 70-71. Les auteurs se réfèrent probablement à Léon Gérin, «L'habitant de Saint-Justin, contribution à la

géographie sociale du Canada», in *Mémoires de la Société royale du Canada*, seconde série, tome IV, section 1, 1897, p. 189-190.

[41] Elle est «désignée» par le terme «populaire» dans la mesure où elle fait référence à la chanson folklorique (de tradition orale) et exprime une réalité passée et elle est «qualifiée» de populaire dans le cas où elle est l'expression du peuple.

[42] Voir Luc Lacourcière, «La transformation d'une chanson folklorique : du Moine Tremblant au Rapide blanc», in *Recherches sociographiques*, vol. 1, n° 4, octobre-décembre 1960, Sainte-Foy, Presses de l'Université Laval, p. 401-434.

[43] «Comme il devenait de plus en plus facile de se procurer des recueils de chansons, la transmission orale tomba en désuétude, la spontanéité créatrice fut freinée et le besoin qu'on avait de ce genre de chanson s'atténua.» (Willie Amtmann, *La Musique au Québec (…)*, p. 202)

[44] Serge Gagnon, *Le Québec et ses historiens (…)*, p. 395. La collecte de chansons n'est pas automatiquement rattachée à un refus de la modernité», mais si l'on se fie au discours tenu par les premiers collecteurs, le rapprochement est justifié. De même, la chanson de tradition orale peut être interprétée avec une attitude passéiste, comme l'était l'entreprise de Charles Marchand, alors qu'en Afrique, par exemple, comme le souligne Paul Zumthor, «ce qu'ils font [les chanteurs] est moins tourné vers le passé qu'attaché à l'effet désordonné des pays noirs essayant de se trouver un langage qui leur permette de dialoguer avec le monde moderne». (Paul Zumthor, *Performances, réception, lecture*, p. 64)

[45] D'autres ouvrages ont été publiés auparavant par Léo-Pol Morin, Eugène Lapierre, etc., mais de moindre envergure et davantage reliés au mouvement de musique national, valorisant, à l'instar des romantiques, les sources folkloriques de la musique canadienne.

[46] Edwin John Pratt, «Marius Barbeau», in *The Star Weekly and Canadian Weekly*, Toronto, Toronto Star Limited, April 4th, 1964, p. 9.

[47] Philippe Buisset, «4 — Pour une sociologie de la chanson», in *Encyclopaedia Universalis*, 1989, p. 362.

[48] La situation s'est aussi complexifiée dans la mesure où l'on peut maintenant distinguer «chanson à texte», «chanson poétique» ou «chanson savante» d'avec «chanson populaire», «chanson de variétés» et «chanson folklorique», et les placer de la même façon sur l'axe intraverti-extraverti. Voir Jacques Julien, «Essai de typologie de la chanson populaire», in *Les aires de la chanson québécoise*, Montréal, Éditions Triptyque, 1984, p. 103-123.

[49] La chanson de tradition orale avait aussi bénéficié d'une diffusion relativement importante mais toujours en regard de la popularité du répertoire qu'elle véhiculait et ce, jusqu'au moment où Jacques Labrecque, le Quatuor Alouette, Allan Mills [pseudonyme de Albert Miller], etc., en fassent la promotion. La chanson littéraire, elle, valorisera l'interprète. La présence de l'auteur-

compositeur implique celle de son répertoire, mais ce n'est pas uniquement celui-ci qui est sollicité, comme dans la chanson de tradition orale.

[50] Christian Larsen, *Chansonniers du Québec*, 1964, p. 47.

[51] Damase Potvin, «Qui à Québec et à Ottawa où il a vécu, se rappelle le brillant chansonnier Blain de St-Aubin», in *La Patrie*, le dimanche 2 juillet 1950, p. 21 et 39. La Bolduc est généralement reconnue comme pionnière, d'autres ont aussi parlé de Léo LeSieur (voir «Le premier de nos chansonniers à se faire interpréter par les nôtres d'abord», in *Télé-Radiomonde*, 1er mai 1965, p. 4), oubliant Roméo Beaudry, dont les artistes de Starr-Gennett enregistrent les chansons. Voir aussi Christian Larsen, 1964, p. 4.

[52] Collection Jean-Jacques Schira (repiquage sur 240 cassettes de rouleaux de cire, cylindres et 78-tours), Archives nationales du Québec, division de l'Estrie (Sherbrooke).

[53] Collection Vaillancourt, Bibliothèque nationale du Québec. (À l'instar des Archives nationales du Canada, où monsieur Vaillancourt a aussi écoulé une partie de sa collection, les supports ne peuvent être manipulés.)

[54] Bernard Mouralis, «Les littératures dites marginales ou les "contre-littératures"», in (sous la direction de Henri Béhar et Robert Fayelle) *L'histoire littéraire aujourd'hui* , p. 40.

L'édition imprimée de la chanson québécoise (1945-1992)

Louise Lanoue et Robert Giroux

Nous entendons par «édition imprimée de la chanson québécoise» tous les livres qui concernent la chanson québécoise. Nous excluons donc les articles de périodiques (revues et journaux) de même que les partitions musicales (musique en feuilles et/ou en albums). Nous avons subdivisé les livres en trois catégories : biographies, essais/études et recueils (à noter que le «autre» qui apparaît au tableau 2 ne contient qu'un seul volume, soit une comédie musicale de Michel Tremblay). Ces subdivisions vont nous permettre de dégager, par la suite, quelques remarques sur les sous-genres publiés dans le domaine de la chanson québécoise. Mais auparavant, nous voudrions préciser chacun des termes de ces trois catégories de livres.

Biographies

Des biographies d'auteurs et/ou d'interprètes de la chanson québécoise. En revanche, des biographies comme celle de Ginette Ravel, *Je vis mon alcoolisme*, n'ont pas été retenues puisqu'elles se rapportent à la vie personnelle et intime (opposée à professionnelle) des auteurs et/ou interprètes.

Essais/Études

Cette catégorie laisse de côté les essais et les manuels à caractère pédagogique, éducatif (et même thérapeutique). Il s'agit, selon nous, d'un genre d'un tout autre ordre. Des titres comme *J'apprends le solfège* ou *La guitare sans professeur* ne sauraient être considérés comme faisant partie d'une banque d'études portant sur la chanson québécoise. Par contre, nous avons conservé les titres ayant rapport à la chanson «canadienne-française». Nous estimons, en effet, que la notion de chanson «canadienne-française» recouvre presque exclusivement celle de chanson québécoise, d'autant plus que les volumes en question renvoient, pour la plupart, à la chanson folklorique canadienne-française.

Recueils ou anthologies

Les recueils de chanson(s) québécoise(s) retenus pour notre recherche n'incluent pas ceux réservés à la jeunesse (comme chansons et comptines, par exemple). Ils se limitent à l'édition de paroles de chansons, accompagnées ou non de partitions musicales.

Le rejet de certains types d'ouvrages s'explique par notre désir de définir l'édition de la chanson québécoise dans son rapport au contexte socio-politique, culturel et économique du Québec. C'est dans cette même optique que nous avons conservé uniquement les volumes édités au Québec par des éditeurs québécois, de façon à comprendre l'évolution de l'édition de la chanson québécoise au Québec. Nous nous sommes, par exemple, posé les questions suivantes : quels éditeurs se sont consacrés ou se consacrent toujours à l'édition de la chanson québécoise? Pour quelles raisons? Dans quel but? À quelle époque? Quels genres ont-ils publiés ou publient-ils encore? Les éditeurs ont-ils des politiques éditoriales relatives à la chanson québécoise? Quelles sont-elles? Toutes ces interrogations feront ultérieurement l'objet de recherches plus approfondies.

La période choisie, soit celle qui s'étend de 1945 à 1992, nous semble particulièrement révélatrice puisqu'elle nous permet de déterminer les moments forts de l'édition de la chanson québécoise.

Démarches

Nous avons tout d'abord délimité le champ de notre étude. Puis nous avons consulté différentes sources de renseignements figurant à la toute fin de notre article. Précisons que la consultation des banques de données informatisées USHER et BADADUQ a été menée à partir des rubriques auteur/collection/éditeur/sujet et titre. Nous avons complété notre liste à l'aide de bibliographies apparaissant à la fin de quelques livres ou encore à l'aide de titres parus dans la même collection ou chez le même éditeur. Bien que nous ayons eu la plupart des titres en main, certains sont demeurés introuvables. Enfin, *Le Canadiana* et *La bibliographie du Québec* nous ont permis de faire quelques petites trouvailles.

COMMENTAIRES SUR LES LISTES ET LES GRAPHIQUES

Liste des éditeurs par ordre d'importance (en nombre de titres)

Il est difficile à ce stade-ci de notre recherche de formuler des commentaires très élaborés. On peut toutefois affirmer, en se référant à notre première liste, que la production d'ouvrages traitant de la chanson québécoise est assez mince. Seulement quatre éditeurs sur soixante-douze ont une production supérieure à dix titres.

Par exemple, les Éditions de l'Homme, fondées en 1958, ne comptent que quinze parutions en plus de trente ans d'activité, en dépit de la création d'une nouvelle collection, Paroles d'ici, en 1988. Les Éditions de l'Arc et les Nouvelles Éditions de l'Arc doivent douze de leur seize titres à un seul et même auteur, Gilles Vigneault, fondateur de la maison. Les deux tiers (45 sur 72) des éditeurs font état d'un seul titre.

Certains d'entre eux se spécialisent dans un genre (toujours dans l'édition en chanson). Ainsi, Québécor publie exclusivement des biographies de vedettes reconnues (d'où le nom de sa collection : Célébrités). Les Éditions Triptyque, elles, se consacrent à l'édition d'essais et d'études sur la chanson. Il faut dire que Robert Giroux, directeur des Éditions Triptyque et professeur à l'Université de Sherbrooke, s'intéresse depuis plusieurs années à la chanson québécoise. Les Éditions Archambault et l'Alliance des chorales du Québec, quant à elles, n'éditent que des recueils de chansons. Précisons que les Éditions Archambault n'en éditent plus, alors que l'Alliance des chorales du Québec ne publie que depuis peu.

Liste des auteurs/compilateurs/directeurs de rédaction classés selon le nombre de titres publiés (2 et plus)

Les auteurs ayant publié plus d'un titre constituent environ 14 % de notre bibliographie. Sur ces dix-huit auteurs, onze ont écrit des recueils de chansons. Ces auteurs sont également, pour la plupart, des interprètes de leurs propres chansons et se présentent, en quelque sorte, comme des pionniers dans le domaine de la chanson québécoise (on pense, entre autres, à G. Vigneault, F. Leclerc, G. Dor, R. Lévesque). Ces derniers ont aussi généralement publié dans un autre genre que la chanson (la poésie, le roman, la nouvelle et le conte, par exemple). Il s'agit donc d'écrivains polyvalents pour lesquels la chanson n'est pas le seul cheval de bataille, quoique souvent le plus important. Enfin, mentionnons que certains auteurs peuvent être considérés comme des spécialistes dans l'étude de la chanson québécoise (Bruno Roy, Robert Giroux, Benoît L'Herbier, etc.).

Production par décennie

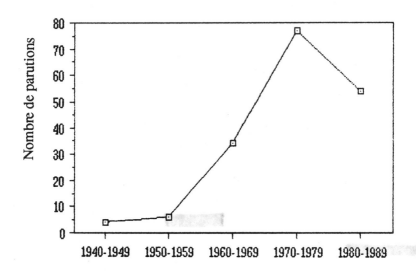

Ce graphique est très révélateur. D'abord, de 1940 à 1959, la production (pratiquement nulle) se maintient (1940-1949 : quatre titres — 1950-1959 : six titres) pour ensuite passer à trente-quatre titres pour la période 1960-1969, grimper à soixante-dix-huit titres durant la décennie 1970-1979 et redescendre à cinquante-quatre titres au cours des années 1980-1989.

Cette croissance rapide que connaît l'édition de la chanson québécoise à partir des années soixante pourrait se justifier, dans un premier temps, par l'augmentation du nombre de maisons d'édition au Québec. Mais c'est bien plus, selon nous, avec le contexte socio-culturel du Québec de l'époque que coïncide la montée fulgurante de la chanson québécoise (et de son édition).

En effet, en 1960, une nouvelle période politique s'annonce au Québec, alors que les libéraux prennent le pouvoir et amorcent la Révolution tranquille (1962-1966). C'est également l'époque de la poussée des luttes progressistes qui feront long feu. L'année 1960, c'est le point de départ de la libéralisation culturelle au Québec. Déjà, en 1961, le ministère des Affaires culturelles voit le jour. La vie littéraire, le théâtre, le cinéma connaissent tous un essor sans précédent. Côté chanson, c'est l'engouement des Québécois pour les chansonniers. De cet enthousiasme naissent les boîtes à chansons qui deviennent le lieu d'expression d'un grand nombre d'artistes.

Lorsque, en 1966, l'Union nationale reprend le pouvoir et stabilise l'évolution amorcée quelques années plus tôt, la situation économique et politique se dégrade. Paradoxalement, en même temps que se déroule l'Expo 67, les mouvements indépendantistes se renforcent. En 1967, René Lévesque fonde le Mouvement Souveraineté-Association. En 1968, le Parti québécois voit le jour en réalisant la coalition de toutes les forces indépendantistes du Québec. Plusieurs mouvements de libéralisation prennent alors forme (manifestations étudiantes, renforcement des syndicats, des comités de citoyens, etc.).

Tout ce branle-bas inquiète la bourgeoisie et l'élite politique canadiennes qui demandent à Ottawa d'y mettre un terme. Trudeau, en promulguant la Loi des mesures de guerre en 1970, envenimera du même coup la Crise d'octobre.

Pendant cette période, les Québécois expriment un refus du passé, des valeurs anciennes (fatalisme, conservatisme, catholicisme, etc.). Ils ont acquis la certitude qu'ils peuvent changer beaucoup de choses. On affirme dorénavant sa spécificité nationale. On n'est plus Canadien français mais Québécois. L'individualité du début des années soixante fait place à une prise de conscience collective nécessaire à l'affirmation du peuple québécois. Au niveau de la chanson, des événements comme les tournées de *Poèmes et chants de la résistance* (1969), *l'Osstidcho* (1968), la *Nuit de la poésie* (1970) sont tous des exemples de cette conscience collective qui anime les Québécois.

On peut donc conclure que la Révolution tranquille a favorisé la croissance de la pratique de la chanson et de l'édition de la chanson, lesquelles devenaient ainsi un instrument privilégié d'expression de la collectivité québécoise.

Notre deuxième graphique indique clairement la prédominance de l'édition de recueils de chansons sur tout autre type de livre. En effet, sur un total d'environ 200 titres, on retrouve plus de 110 recueils. Suivent les biographies avec quelque 45 titres, puis les essais/études au nombre de 35.

Nous ne saurions tirer des conclusions trop hâtives de cette constatation. Cependant, il est permis de penser que l'importance que connaît l'édition de recueils de chansons par rapport aux autres sous-genres est liée à la popularité de la chanson auprès du public, ce qui en fait un investissement économique probablement plus rentable et moins risqué qu'une étude sur la chanson, susceptible de n'intéresser qu'une minorité de lecteurs (quoique cela reste à vérifier).

Peut-on attribuer le peu de titres publiés par et sur la chanson québécoise au fait que cette dernière est, somme toute, un phénomène culturel relativement récent au Québec? La chanson ayant été considérée depuis longtemps comme un art mineur (par les historiens

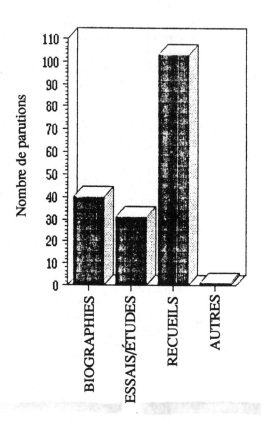

Sous-genres

Nombre de parutions

BIOGRAPHIES ESSAIS/ÉTUDES RECUEILS AUTRES

et les spécialistes de la littérature et de la musicologie), les études qui lui ont été consacrées demeurent également encore «mineures».

Relevant du domaine dit «populaire» (l'oralité par opposition à l'imprimé ou le son versus la lettre), la chanson a été, jusqu'à tout récemment, dénigrée comme perspective d'étude par les institutions universitaires. Encore aujourd'hui, les quelques efforts réalisés en ce sens ne font pas véritablement l'objet d'un consensus, mais sont plutôt le résultat d'intérêts isolés.

Mais ce qu'il ne faudrait surtout pas oublier, c'est que la chanson, québécoise ou autre, possède un support qui lui est propre : l'enregistrement ou le phonogramme. Cela explique probablement pourquoi la chanson est surtout réservée au domaine de l'édition sonore proprement dite.

Bien sûr, diverses hypothèses pourraient être émises. Mais comme nous l'avons souligné au tout début, l'apport principal de ce travail réside davantage dans la constitution d'une bibliographie. C'est à partir de cet outil de travail que nous envisageons d'orienter nos prochaines recherches dont, entre autres, la sélection de certains éditeurs représentatifs de divers axes (selon Ignace Cau), la réalisation d'entrevues avec ceux-ci, une étude comparative des différents éditeurs choisis, mais également une plus grande connaissance du lien existant entre la production de livres sur la chanson québécoise et les différents contextes socio-politiques (économiques et culturels) au Québec, selon les époques.

Bibliographie

ALLIANCE DES CHORALES DU QUÉBEC

BRASSARD, François, *Chansons populaires : 12 chansons folkloriques harmonisées pour chœur à voix mixtes*, Montréal, Alliance des chorales du Québec, 1980.

CADRIN, Paul, *Turlurettes : 17 chansons du Québec harmonisées pour chœurs à voix égales et à voix mixtes*, Montréal, Alliance des chorales du Québec, 1977.

BIBLIOTHÈQUE QUÉBÉCOISE INC.

DOR, Georges, *Poèmes et chansons d'amour et d'autre chose*, Montréal, B.Q. littérature, 1991.

BRAULT ET BOUTHILLIER

MORENCY-LÉTOURNEAU, Gabrielle, *Au jardin de mon père : 80 chansons du folklore français d'Amérique*, Montréal, Brault et Bouthillier, 1977.

CENTRE ÉDUCATIF ET CULTUREL

TREMBLAY, Roger et KOVIK, *Visages de la chanson québécoise*, Montréal, C.É.C., 1976.

CERCLE LITTÉRAIRE ÉSOTÉRIQUE

DIMITRIU, Van et Christine SAANEN, *Chansons*, Montréal, Cercle littéraire ésotérique, 1979.

DRAPEAU-DUBÉ, Marie, *Chansons au fil des ans : chansons recueillies par Marie Drapeau-Dubé et ses enfants*, Isle-Verte, M. Drapeau-Dubé, 1986.

CSN ET SMQ

Chansons de lutte et de turlute (supplément au journal *Nouvelles-CSN*, n° 158, sem. du 1ᵉʳ mai 1982).

ÉCRITS DES FORGES

FRANCŒUR, Lucien, *Exit pour nomades (1978-1988)*, Trois-Rivières, Écrits des Forges, 1991.

ÉDITIONS ARCHAMBAULT

BRIENNE, Bernard de, *Les chansons du Père Bernard*, Éditions Archambault, 1964.

FILION, Jean-Paul, *12 chansons*, Montréal, Éditions Archambault, 1958.

GAUTHIER, Conrad, *Dans tous les cantons : 82 chansons du bon vieux temps*, Montréal, Éditions Archambault, 1963.
LECLERC, Félix, *12 chansons*, Montréal, Éditions Archambault, 1958.

ÉDITIONS BEAUCHEMIN
COMITÉ DES FETES NATIONALES DE LA ST-JEAN, *Chantons la Saint-Jean*, Montréal, Librairie Beauchemin, 1971.
DARIOS, Louise, *Tous les oiseaux du monde* (histoires de chansons), Montréal, Beauchemin, 1975.
DEMERS, Pierre, *Sonnets pour Noël et le carnaval*, Montréal, Beauchemin, 1962.
LARSEN, Christian, *Chansonniers du Québec*, Montréal, Beauchemin, 1964.
MERCIER-GOUIN, Olivier, *Poèmes et chansons*, Montréal, Beauchemin, 1957.

ÉDITIONS BORÉAL
BERTIN, Jacques, *Félix Leclerc, le roi heureux*, Montréal/Paris, Les éditions Boréal/Artéa, 1988.

ÉDITIONS COSMOS
ÉKIM, *À travers toi : chansons et dessins*, Sherbrooke, Éditions Cosmos, 1978.

ÉDITIONS DE L'ARC ET
NOUVELLES ÉDITIONS DE L'ARC
GAGNÉ, Marc, *Propos de Gilles Vigneault*, Montréal, Nouvelles Éditions de l'Arc, 1974.
LELIÈVRE, Sylvain, *Chansons*, Sillery, Éditions de l'Arc, Collection L'Escarfel, 1969.
LELIÈVRE, Sylvain, *Entre écrire : poèmes et chansons 1962-1982*, Montréal, Nouvelles Éditions de l'Arc, Collection L'Escarfel, 1982.
LÉVESQUE, Raymond, *Quand les hommes vivront d'amour*, Québec, Éditions de l'Arc, 1968.
VIGNEAULT, Gilles, *Assonances*, Montréal, Nouvelles Éditions de l'Arc, Collection L'Escarfel, 1984.
VIGNEAULT, Gilles, *Autant de fois que feuille tremble au vent*, Montréal, Nouvelles Éditions de l'Arc, Collection L'Escarfel, 1982.
VIGNEAULT, Gilles, *Avec les vieux mots*, Québec, Éditions de l'Arc, 1964, Collection L'Escarfel; 1965; 1967; Montréal, Nouvelles Éditions de l'Arc, 1978.
VIGNEAULT, Gilles, *Ce que je dis c'est en passant*, Québec, Éditions de l'Arc, Collection L'Escarfel, 1970.

VIGNEAULT, Gilles, *Exergues*, Montréal, Nouvelles Éditions de l'Arc, 1971.

VIGNEAULT, Gilles, *Je vous entends rêver*, Montréal, Nouvelles Éditions de l'Arc, Collection L'Escarfel, 1974.

VIGNEAULT, Gilles, *Les gens de mon pays*, Québec, Éditions de l'Arc, Collection L'Escarfel, 1967; Montréal, Nouvelles Éditions de l'Arc, Collection L'Escarfel, 1971.

VIGNEAULT, Gilles, *Les neuf couplets*, Montréal, Nouvelles Éditions de l'Arc, 1973.

VIGNEAULT, Gilles, *Pour une soirée de chansons*, Québec, Éditions de l'Arc, Collection L'Escarfel, 1965.

VIGNEAULT, Gilles, *Quand les bateaux s'en vont*, Québec, Éditions de l'Arc, Collection L'Escarfel, 1967; Montréal, Nouvelles Éditions de l'Arc, Collection L'Escarfel, 1971.

VIGNEAULT, Gilles, *Tam di delam*, Québec, Éditions de l'Arc, Collection L'Escarfel, 1967; Montréal, Nouvelles Éditions de l'Arc, 1971.

VIGNEAULT, Gilles, *Tenir paroles*, Montréal, Nouvelles Éditions de l'Arc, 1983, tome 1: 1958 — chansons — 1967; tome 2: 1968 — chansons — 1983.

ÉDITIONS DE L'ART QUÉBÉCOIS

ANONYME, *Céline Dion : le conte de fée* (sic) *d'une super star : sa jeunesse, sa famille, ses débuts, ses secrets, ses chansons* : 15 posters couleur, Montréal, Éditions de l'Art québécois, 1983.

ÉDITIONS DE L'AURORE

DOSTIE, Bruno, *Séguin*, Montréal, Éditions de l'Aurore, Collection Les gens de mon pays, 1977.

EN COLLABORATION, *Raoul Duguay ou : le poète à la voix d'O*, Montréal, Éditions Univers (l'Aurore), 1979.

LABBÉ, Gabriel, *Les pionniers du disque folklorique québécois : 1920-1950*, Montréal, Éditions de l'Aurore, 1977.

RACICOT, Hélène, *Diane Dufresne*, Montréal, Éditions de l'Aurore, 1976.

ROY, François, *Dix ans de rock*, Montréal, Éditions de l'Aurore, 1977.

ÉDITIONS DE L'HEXAGONE

DOR, Georges, *Poèmes et chansons*, Montréal, l'Hexagone, 1968 (voir Leméac pour *Poèmes et chansons 2, 3 et 4*).

DUGUAY, Raoul, *Chansons d'O : poèmes et chansons*, Montréal, l'Hexagone, 1981.

FILION, Jean-Paul, (coédition, voir Leméac).

LANGFORD, Georges, *Le premier voyageur* (poèmes et chansons), Montréal, l'Hexagone, Coll. Voies, 1992.

LÉVESQUE, Raymond, *Quand les hommes vivront d'amour...*, Montréal, l'Hexagone, Coll. Typo, 1989.

ROBITAILLE, Aline, *Gilles Vigneault*, Montréal, l'Hexagone, 1968.

ÉDITIONS DE L'HOMME

BENOIT, Réal, *La Bolduc*, Montréal, Éditions de l'Homme, 1959.

DAIGNAULT, Pierre, *51 chansons à répondre du répertoire de Pierre Daignault*, Montréal, Éditions de l'Homme, 1963.

DAIGNAULT, Pierre, *Vive la compagnie : 50 chansons de chez nous*, Montréal, Éditions de l'Homme, 1961.

DESROCHERS, Clémence, *Le monde aime mieux...*, Montréal, Éditions de l'Homme, 1977.

DOR, Georges, *Si tu savais...*, Montréal, Éditions de l'Homme, 1977.

GODBOUT, Jacques, *Plamondon : un cœur de rocker* (textes de chansons précédés d'un documentaire), Montréal, Éditions de l'Homme, Collection Paroles d'ici, 1988.

GUÉRARD, Daniel, *Claude Léveillée, aux trapèzes des étoiles,* (chansons et poèmes), Montréal, Éditions de l'Homme, Collection Paroles d'ici, 1990.

L'HERBIER, Benoît, *Charlebois, qui es-tu?*, Montréal, Éditions de l'Homme, 1971.

L'HERBIER, Benoît, *La chanson québécoise*, Montréal, Éditions de l'Homme, 1974.

LÉVESQUE, Raymond, *Bigaouette*, Montréal, Éditions de l'Homme, 1971.

MAILLÉ, Michèle, *Blow-up des grands de la chanson au Québec,* Montréal, Éditions de l'Homme, 1969.

PEDNEAULT, Hélène, *Notre Clémence : tout l'humour du vrai monde,* (chansons et monologues précédés d'un documentaire), Montréal, Éditions de l'Homme, Collection Paroles d'ici, 1989.

RICHARD, Michèle, *Michèle Richard*, Montréal, Éditions de l'Homme, 1971.

SÉGUIN, Fernand, *Fernand Séguin rencontre Gilles Vigneault*, Montréal, Éditions de l'Homme, Éditions Ici Radio-Canada, 1968.

SYLVAIN, Jean-Paul et Andrée LECLERC, *Félix Leclerc ou mes 25 années dans l'intimité de Félix Leclerc*, Montréal, Éditions de l'Homme, 1968.

ÉDITIONS DE MORTAGNE

NOËL, Paolo, *Entre l'amour et la haine : de l'orphelinat au succès*, Boucherville, Éditions de Mortagne, 1980.

ÉDITIONS D'ORPHÉE
MYRE, Robert et Mario LECLERC, *Chansons et poèmes de la résistance*, Montréal, Éditions d'Orphée, 1969.

ÉDITIONS DU JOUR
DUGUAY, Raoul, *Lapockalipso*, Montréal, Éditions du Jour, 1971.
DUGUAY, Raoul, *Musique du Kébek*, Montréal, Éditions du Jour, 1971.
LALONDE, Michèle, *Terre des hommes*, Montréal, Éditions du Jour, 1967.
LÉGARÉ, Ovila, *Les chansons d'Ovila Légaré*, Montréal, Éditions du Jour, 1972.

ÉDITIONS DU LYS
CHAPDELAINE, Jacques, *Trans-terre : poèmes et chants*, Montréal, Éditions du Lys, 1963.

ÉDITIONS DU PLATEAU
COTÉ, Jean, *Patrick Norman : quand on est en amour*, Montréal, Éditions du Plateau, 1987.

ÉDITIONS DU PRINTEMPS
VÉZINA, Marie-Odile et Edward RÉMY, *Têtes d'affiche. Le grand livre des vedettes*, Montréal, Éd. du Printemps, 1983.

ÉDITIONS DU QUÉBEC
LANGEVIN, Gilbert, *Chansons et poèmes*, Québec, Éditions du Québec, 1973.

ÉDITIONS DU RÉSEAU «U»
BÉGIN, Denis, *La chanson québécoise : tour d'horizon, analyse de 24 chansons célèbres*, (avec la collaboration de Richard Perreault), Cap-de-la-Madeleine, Éditions du Réseau «U», 1987.

ÉDITIONS ÉTENDARD
THIVIERGE, François Roland, *Chansons ou paroles à fredonner*, Saint-Jérôme, Éditions Étendard, 1973.

ÉDITIONS FIDES
ANONYME, *Chansons du folklore pour l'école, la route et le foyer*, Montréal, Fides, 1961.
BÉRIMONT, Luc, *Félix Leclerc*, (choix de textes et de chansons, discographie, portrait), Montréal, Fides; Paris, Seghers, Collection Poètes d'aujourd'hui, 1964.

HARCOURT, Marguerite (Béclard) d', *La césure épique dans la chanson populaire*, Archives de folklore I, Publications de l'Université Laval, Montréal, Fides, 1946.

LECLERC, Félix, *Choix de textes et de chansons*, Montréal, Fides, 1964.

LECLERC, Félix, *Cent chansons : texte des chansons précédé d'une interview par Jean Dufour et suivi d'une étude par Marie-Josée Chauvin*, Montréal, Fides, Collection Bibliothèque canadienne-française, 1970. Repris dans B.Q. littérature, 1988.

LE PENNEC, Jean-Claude, *L'univers poétique de Félix Leclerc*, Montréal, Fides, 1967.

ROCHON, Claire Silvera, *Par delà le geste et le mot : chansons et poèmes mystiques*, Montréal, Fides, 1979.

SAMSON, Jean-Noël et Roland-Marie FERLAND, *Félix Leclerc*, Montréal, Fides, 1967.

ÉDITIONS GARNEAU

FRANCE, Claire, *L'oiseau mon fils a chanté*, (recueil de chansons et de poésies), Québec, Éditions Garneau, 1975.

ÉDITIONS HÉRITAGE

BROUSSEAU, Pierre, *Une étoile est née : Nicole Martin*, Montréal, Éditions Héritage, 1978.

LOUVAIN, Michel, *La chanson c'est ma vie*, (propos recueillis par André Boulanger), St-Lambert, Éditions Héritage, 1982.

ÉDITIONS JACMOND

DAIGNAULT, Pierre, *Chantons et dansons... «À la Canadienne»*, (50 chansons à répondre), Montréal, Éditions Jacmond, 1972.

ÉDITIONS LALIBERTÉ

APRIL, Régis, *Les chansons de Fleurette Labelle*, Québec, Éditions Laliberté, 1974.

ÉDITIONS LA PRESSE

DAIGNAULT, Pierre, *À la québécoise : 100 meilleures chansons de notre folklore*, Montréal, La Presse, 1973.

FOURNIER, Roger, *Gilles Vigneault, mon ami*, Montréal, La Presse, 1972.

NORMAND, Jacques, *Les nuits de Montréal*, Montréal, La Presse, 1974.

ÉDITIONS LA QUÉBÉCOISE

LIBRE, Louis, *Le Québec chante l'indépendance*, Montréal, Éditions La Québécoise, 1964.

ÉDITIONS LEMÉAC

ARSENAULT, Angèle, *Première*, Montréal, Leméac, Collection Mon pays, mes chansons, 1975.

BLANCHET, Jacques, *Tête heureuse*, Montréal, Leméac, Collection Mon pays, mes chansons, 1971.

BUTLER, Édith, *L'Acadie sans frontières*, Montréal, Leméac, Collection Mon pays, mes chansons, 1977.

CALVÉ, Pierre, *Vivre en ce pays... ou ailleurs (poèmes et chansons)*, Montréal, Leméac, Collection Mon pays, mes chansons, 1977.

CARRIER, Maurice et Monique VACHON, *Chansons politiques du Québec 1765-1833*, tome 1, Montréal, Leméac, 1977.

CARRIER, Maurice et Monique VACHON, *Chansons politiques du Québec 1834-1858*, tome 2, Montréal, Leméac, 1977.

DESCHAMPS, Yvon, *Monologues*, Montréal, Leméac, Collection Mon pays, mes chansons, 1973.

DESROCHERS, Clémence, *La grosse tête*, Montréal, Leméac, Collection Mon pays, mes chansons, 1973.

DESROCHERS, Clémence, *Sur un radeau d'enfant*, Montréal, Leméac, Collection Mon pays, mes chansons, 1969.

DOR, Georges, *Poèmes et chansons 2*, Montréal, l'Hexagone/Leméac, 1971.

DOR, Georges, *Poèmes et chansons 3*, Montréal, l'Hexagone/Leméac, 1972.

DOR, Georges, *Poèmes et chansons 4*, Montréal, l'Hexagone/Leméac, 1980.

FERLAND, Jean-Pierre, *Chansons*, Montréal, Leméac, Collection Mon pays, mes chansons, 1969.

FILION, Jean-Paul, *Chansons, poèmes et La grondeuse*, Montréal, l'Hexagone/Leméac, 1973.

GAGNON, Claude, *Robert Charlebois déchiffré*, Montréal, Leméac, Collection Mon pays, mes chansons, 1974.

GAUTHIER, Claude, *Le plus beau voyage*, Montréal, Leméac, 1975.

LEMAY, Jacqueline, *La moitié du monde est une femme (recueil de poésie et de chansons)*, Montréal, Leméac, Collection Mon pays, mes chansons, 1975.

LÉVEILLÉE, Claude, *L'étoile d'Amérique*, Montréal, Leméac, 1971.

LÉVESQUE, Raymond, *D'ailleurs et d'ici*, Montréal, Leméac, Collection Mon pays, mes chansons, 1987.

ROY, Bruno, *Et cette Amérique chante en québécois*, Montréal, Leméac, Collection Beaux-arts, 1978.

TREMBLAY, Michel, *Demain matin, Montréal m'attend*, Montréal, Leméac, 1972.

TREMBLAY, Michel, *Les héros de mon enfance*, Montréal, Leméac, 1976.

TREMBLAY, Michel, *Nelligan*, Montréal, Leméac, 1990.
VOYER, Pierre, *Le rock et le rôle*, Montréal, Leméac, 1981.

ÉDITIONS LE PRÉAMBULE
GAGNON, Claude, *Chansons de la sourde fontaine*, Longueuil, Le Préambule, 1980.

ÉDITIONS LIBRE EXPRESSION
MAHEU, René, *Pierrette Alarie, Léopold Simoneau : deux voix, un art*, Montréal, Éditions Libre Expression, 1988.

ÉDITIONS LUMEN
BARBEAU, Marius, *Alouette!*, (nouveau recueil de chansons populaires avec mélodies choisies dans le répertoire du Musée National du Canada), Montréal, Éditions Lumen, 1946.
SIDELEAU, Arthur, *Chansons de geste*, Montréal, Éditions Lumen, 1946.

ÉDITIONS MARIE-FRANCE
BOUCHARD-VERMETTE, Monique, *Vive la musique!*, Montréal-Nord, Éditions Marie-France, 1989.

ÉDITIONS MONT D'OR
LUSIGNAN, Francine, *Michel Louvain, phénomène ou artiste préfabriqué*, Saint-Hyacinthe, Éditions Mont d'Or, 1962.

ÉDITIONS NAAMAN
MARCOUX-LABRIE, Aline, *Pays et bastringue : poèmes et chansons*, Sherbrooke, Éditions Naaman, Collection Amorces, 1983.

ÉDITIONS PARTI PRIS
GRAVELINE, Pierre, *Chansons d'icitte*, Montréal, Parti pris, 1977.
LANGEVIN, Gilbert et G. DOSTIE, *Le show d'Évariste le nabord-a-bad*, Montréal, Parti pris, 1977.
RENS, Jean-Guy et Raymond LEBLANC, *Acadie-expérience : choix de textes et chansons*, Montréal, Parti pris, 1977.

ÉDITIONS PHOENIX
MORIN, Guy-Claude, *Je chante : parolier de 580 refrains et chansons connus : Noël, fêtes, folklore, hymnes nationaux, populaire, rétro, à répondre, comique, country, français, anglais*, Saint-Georges (Beauce), Éditions Phoenix, 1986.

ÉDITIONS POPULAIRES
ROBIDOUX, Fernand, *Si ma chanson*, Montréal, Éd. populaires, 1974.

ÉDITIONS PUBLIOPTION
LABERGE, Diane, *Willie Lamothe (trente ans de show-business)*, Montréal, Publioption, 1975.

ÉDITIONS QUÉBEC/AMÉRIQUE
SMITH, Donald, *Gilles Vigneault, conteur et poète*, Montréal, Québec/Amérique, 1984.

ÉDITIONS QUÉBÉCOISES — ÉDITIONS VERT BLANC ROUGE
LANGEVIN, Gilbert, *Chansons et poèmes 1*, Éditions québécoises/Éditions Vert Blanc Rouge, 1973.
LANGEVIN, Gilbert, *Chansons et poèmes 2*, Éditions québécoises/Éditions Vert Blanc Rouge, 1974.
LANGFORD, Georges, *Arrangez-vous pour qu'il fasse beau*, (recueil de chansons et poèmes), Montréal, Éditions québécoises/Éditions Vert Blanc Rouge, 1972.

ÉDITIONS QUÉBÉCOR
BACHAND, Danielle, *René et Nathalie Simard : les enfants chéris du showbizz*, Montréal, Québécor, Collection Célébrités, 1983.
CHATELLE, Marc, *Céline Dion : la naissance d'une étoile*, Montréal, Québécor, Collection Célébrités, 1983.
EN COLLABORATION, *Un jour à la fois*, Montréal, Québécor, Collection Témoignage, 1987.
LEMAY, Jérôme, *Les Jérolas*, Montréal, Québécor, Collection Célébrités, 1983.
RACINE, Gaétan, *Diane Dufresne*, Montréal, Québécor, Collection Célébrités, 1984.
RENO, Ginette, *Ginette Reno : l'histoire d'une super star : sa biographie illustrée*, Montréal, Québécor, Collection Célébrités, 1984.
ROBI, Alys, *Alys Robi, ma carrière et ma vie*, Montréal, Québécor, Collection Témoignage, 1980.
ROGER, Jen, *Showtime pour le meilleur et pour le pire*, Montréal, Québécor, Collection Célébrités, 1984.

ÉDITIONS REBELLES
LATRAVERSE, Plume, *Cris et écrits (dits et inédits)*, Montréal, Éd. Rebelles, 1983.

ÉDITIONS SPECTACULAIRES
THIBAULT, Gérard et Chantal HÉBERT, *Chez Gérard : la petite scène des grandes vedettes (1938-1978)*, Québec, Éd. Spectaculaires, 1988.

ÉDITIONS TRIPTYQUE
AUBÉ, Jacques, *Chanson et politique au Québec*, Montréal, Triptyque, 1990.
BAILLARGEON Richard et Christian CÔTÉ, *Destination ragou. Une histoire de la musique populaire du Québec*, Montréal, Triptyque, 1991.
COTÉ, Gérald, *Les 101 blues du Québec*, Montréal, Triptyque, 1992.
GIROUX, Robert, Constance HAVARD et Rock LAPALME, *Le guide de la chanson québécoise*, en coédition avec Syros/Alternatives, Montréal et Paris, Triptyque, 1991.
Sous la dir. de Robert Giroux, *Les aires de la chanson québécoise*, Montréal, Triptyque, 1984.
Sous la dir. de Robert Giroux, *La chanson en question(s)*, Montréal, Triptyque, 1985.
Sous la dir. de Robert Giroux, *La chanson dans tous ses états*, Montréal, Triptyque, 1987.
Sous la dir. de Robert Giroux, *La chanson prend ses airs*, Montréal, Triptyque, 1993.
JULIEN, Jacques, *Robert Charlebois, l'enjeu d'«Ordinaire»*, Montréal, Triptyque, 1987.
JULIEN, Jacques, *La turlute amoureuse. Érotisme et chanson traditionnelle*, Montréal, Triptyque, 1990.
MONETTE, Pierre, *Macadam tango*, Montréal, Triptyque, 1991.
MONETTE, Pierre, *Le guide du tango*, en coédition avec Syros/Alternatives, Montréal et Paris, Triptyque, 1992.
SAVARD, Marie, *Poèmes et chansons (1965-1985)*, Montréal, Triptyque, 1992.

ÉDITIONS TROIS
DESROCHERS, Clémence, *J'haï écrire*, Laval, Éditions Trois, 1986.
DUGAS, Germaine, *Germaine Dugas chante...*, Laval, Éditions Trois, 1991.
TREMBLAY-MATTE, Cécile, *La chanson écrite au féminin (1730-1990)*, Laval, Éditions Trois, 1990.
TREMBLAY, Sylvie, *Un fil de lumière...*, Laval, Éditions Trois, 1992.

ÉDITIONS VIENT DE LA MER
BARRA, Gemma, *Mon cahier de chansons...*, Québec, Éditions Vient de la mer, 1987.

ÉDUCO-MÉDIA
TREMBLAY, Jean-Pierre, *Bibliographie québécoise : roman, théâtre, poésie, chanson*, (inventaire des Écrits du Canada français), Cap-Rouge (Québec), Éduco-Média, 1973.

ENTREPRISES CULTURELLES
BEAULIEU, Joseph, *Chantez : petits et grands*, La Prairie, Entreprises culturelles, 1983.

DESPATIE, Diane, *C'est le printemps que mon cœur chante*, La Prairie, Entreprises culturelles, 1987.

GADBOIS, Charles-Émile, *La bonne chanson (10 volumes)*, La Prairie, Entreprises culturelles, 1946.

GONNEVILLE, Robert, *Les 100 plus belles chansons*, La Prairie, Entreprises culturelles, 1979.

LEFORT, Christian, *Je chante*, La Prairie, Entreprises culturelles, 1965.

MASSICOTTE, Edmond-Joseph, *Les Canadiens d'autrefois : 23 grandes compositions*, La Prairie, Entreprises culturelles, 1981.

ÉVELINE BOSSÉ ÉD.
BOSSÉ, Éveline, *Les grandes heures du Capitole. La vie artistique et culturelle de la ville de Québec dans son théâtre le plus prestigieux*, Québec, Éveline Bossé Éd., 1991.

GAUDREAU
GAUDREAU, Micheline, *Une guitare, une chanson...*, Templeton, M. Gaudreau, 1978.

GAUTHIER
GAUTHIER, Lise, *Paroles et musique : entente ou divorce*, Longueuil, L. Gauthier, 1980.

HURTUBISE HMH
LAFORTE, Conrad, *La chanson folklorique et les écrivains du XIXe siècle en France et au Québec*, Montréal, Éditions Hurtubise HMH, (Les Cahiers du Québec. Ethnologie québécoise), 1973.

INÉDI
DESCHAMPS, Yvon, *Six ans d'monologues : 1974-1980*, Longueuil, Inédi, Collection Les Fins mots, 1981.

IQRC
THÉRIEN, Robert et Isabelle D'AMOURS, *Dictionnaire de la musique populaire au Québec 1955-1992*, Québec, IQRC, 1992.

ISAAC-DION ÉDITEUR
LONERGAN, David, *La Bolduc, la vie de Mary Travers (1894-1941)*, Le Bic, Isaac-Dion Éditeur, 1992.

LES AUTEURS RÉUNIS
POULIN, André, *Chansons : comme un murmure inachevé*, Sherbrooke, Les Auteurs réunis, 1971.

LES PRESSES LAURENTIENNES
ANONYME, *Les adieux du Québec à Félix Leclerc*, Charlesbourg, Les Presses Laurentiennes, 1989.
LECLERC, Félix, *Le choix de Félix Leclerc dans l'œuvre de Félix Leclerc*, Notre-Dame-des-Laurentides, Les Presses Laurentiennes, 1983.

LES PUBLICATIONS PROTEAU
LAFRAMBOISE, Phil (recueillies et annotées par), *350 chansons d'hier et d'aujourd'hui*, Montréal, Les Publications Proteau, 1992.

MC LENNAN LIBRARY
QUESTION, Louis-Joseph, *Quelques poèmes et chansons selon les manuscrits dans la collection Lande*, Montréal, Mc Lennan Library, 1970.

OFFICE DIOCÉSAIN DES TECHNIQUES DE DIFFUSION
JACOB, Frère Évariste-C., *La chanson et les réunions*, Chicoutimi, Office diocésain des techniques de diffusion, 1965.

OLIVIER
OLIVIER, Estelle, *Visage d'émail/paroles et musique*, Sherbrooke, E. Olivier, 1971.

OLIVIER
OLIVIER, Georges, *Les anciennes chansons que mon père chantait dans son jeune âge*, Réjean Olivier, Joliette, 1983.

PRESSES DE L'UNIVERSITÉ LAVAL
BÉLAND, Madeleine, *Chansons de voyageurs, coureurs de bois et forestiers*, Québec, PUL, 1982.
GAGNÉ, Marc et Monique POULIN, *Chantons la chanson : enregistrements, transcriptions et commentaires de chansons et de pièces instrumentales*, Québec, PUL, 1985.
HARCOURT, Marguerite (Béclard) d', *Chansons folkloriques françaises au Canada*, Québec, PUL, 1956.
LAFORTE, Conrad, *Chansons en laisse*, Québec, PUL, 1977.
LAFORTE, Conrad, *Chansons folkloriques à sujet religieux* (Ethnologie de l'Amérique française), Québec, PUL, 1988.

LAFORTE, Conrad, *Le catalogue de la chanson folklorique française*, Archives de folklore, Québec, PUL, 1977.

LAFORTE, Conrad, *Poétiques de la chanson traditionnelle française* (ou Classification de la chanson folklorique française), Archives de folklore, Québec, PUL, 1976.

LAFORTE, Conrad, *Survivances médiévales dans la chanson folklorique* (Ethnologie de l'Amérique française), Québec, PUL, 1981.

ROY, Raoul, *Le chant de l'alouette : cinquante chansons folkloriques canadiennes*, Québec, PUL et Éditions Ici Radio-Canada, 1969.

YOUNG, Russell Scott, *Vieilles chansons de Nouvelle-France*, Québec, PUL, 1956.

PRESSES DU COLLÈGE DE DRUMMONDVILLE

GAMACHE, Richard, *Être le feu : poèmes; suivis de chansons*, Drummondville, Presses du Collège de Drummondville, 1981.

PRESSES LIBRES

HÉTU, Mimi, *Mimi Hétu : récit autobiographique*, Montréal, Presses Libres, 1984.

SALVAILLE

SALVAILLE, Jean, *Chansons folkloriques de Saint-Polycarpe*, Valleyfield, J. Salvaille, 1977.

SÉGUIN

SÉGUIN, Omer, *40 poèmes inédits et deux chansons*, St-Urbain, Séguin, 1975.

TALBOT

TALBOT, Michel, *Par la nature I : recueil de poèmes et chansons*, Saint-Pie de Bagot, M. Talbot, 1986.

VLB ÉDITEUR

DAY, Pierre, *Une histoire de La Bolduc, Légendes et turlutes*, Montréal, VLB éd., 1991.

DESJARDINS, Richard, *Paroles de chansons*, Montréal, VLB éd., 1991.

FRANCŒUR, Lucien, *Rock-désir*, Montréal, VLB éd., 1984.

LAFRAMBOISE, Phil (édition préparée et présentée par), *La Bolduc, 72 chansons populaires*, Montréal, VLB éd., 1992.

LATRAVERSE, Plume, *Chansons pour toutes sortes de monde*, Montréal, VLB éd., 1990.

LÉVESQUE, Raymond, *P'tit Québec de mon cœur*, VLB éd., 1990.

ROY, Bruno, *Pouvoir chanter*, Montréal, VLB éd., 1985.

SABOURIN, Marcel, *Chansons*, Montréal, VLB éd., 1979.

LISTE DES ÉDITEURS

Alliance des chorales du Québec
Brault et Bouthillier
Centre éducatif et culturel
Cercle littéraire ésotérique
CSN et SMQ
Écrits des Forges
Éditions Archambault
Éditions Beauchemin
Éditions Boréal
Éditions Cosmos
Éditions de l'Arc et Nouvelles Éditions de l'Arc
Éditions de l'Art québécois
Éditions de l'Aurore
Éditions de l'Hexagone
Éditions de l'Homme
Éditions de Mortagne
Éditions d'Orphée
Éditions du Jour
Éditions du Lys
Éditions du Plateau
Éditions du Printemps
Éditions du Québec
Éditions du Réseau «U»
Éditions Étendard
Éditions Fides
Éditions Garneau
Éditions Héritage
Éditions Jacmond
Éditions Laliberté
Éditions La Presse
Éditions La Québécoise
Éditions Leméac
Éditions Le Préambule
Éditions Libre Expression
Éditions Lumen
Éditions Marie-France
Éditions Mont d'Or
Éditions Naaman
Éditions Parti pris
Éditions Phoenix
Éditions Populaires
Éditions Publioption
Éditions Québec/Amérique

Éditions québécoises — Éditions Vert Blanc Rouge
Éditions Québécor
Éditions Spectaculaires
Éditions Triptyque
Éditions Trois
Éditions Vient de la mer
Éduco-Média
Entreprises culturelles
Éveline Bossé Éd.
Gaudreau
Gauthier
Hurtubise HMH
Inédi
IQRC
Isaac-Dion Éditeur
Les Auteurs réunis
Les Presses Laurentiennes
Les Publications Proteau
Mc Lennan Library
Office diocésain des techniques de diffusion
Olivier
Olivier
Presses de l'Université Laval
Presses du Collège de Drummondville
Presses Libres
Salvaille
Séguin
Talbot
VLB éditeur

Liste des éditeurs par ordre d'importance   (en nombre de titres)

Éditions Leméac	23
Éditions de l'Arc et Nouvelles Éditions de l'Arc	16
Éditions de l'Homme	15
Éditions Triptyque	12
Presses de l'Université Laval	10
Éditions Fides	8
Éditions Québécor	8
VLB éditeur	8
Éditions de l'Hexagone	6
Entreprises culturelles	6
Éditions Beauchemin	5

Éditions de l'Aurore	5
Éditions Archambault	4
Éditions du Jour	4
Éditions Trois	4
Éditions La Presse	3
Éditions Parti pris	3
Éditions québécoises — Éditions Vert Blanc Rouge	3
Alliance des chorales du Québec	2
Éditions Héritage	2
Éditions Lumen	2
Presses Laurentiennes	2

Liste des auteurs/compilateurs/directeurs de rédaction
classés selon le nombre de titres publiés
(deux titres et plus)

VIGNEAULT, Gilles (auteur)	12
DOR, Georges (auteur)	6
LAFORTE, Conrad (compilateur et directeur de rédaction)	6
GIROUX, Robert (auteur, compilateur et dir. de rédaction)	5
LÉVESQUE, Raymond (auteur)	5
DAIGNAULT, Pierre (compilateur)	4
DESROCHERS, Clémence (auteure)	4
LANGEVIN, Gilbert (auteur)	4
LECLERC, Félix (auteur)	4
DUGUAY, Raoul (auteur)	3
ROY, Bruno (auteur et compilateur)	3
TREMBLAY, Michel (auteur)	3
CARRIER, Maurice et Monique VACHON (compilateurs)	2
DESCHAMPS, Yvon (auteur)	2
FILION, Jean-Paul (auteur)	2
GAGNON, Claude (auteur)	2
HARCOURT, Marguerite (Béclard) d' (auteur)	2
LANGFORD, Georges (auteur)	2
L'HERBIER, Benoît (auteur)	2
LELIÈVRE, Sylvain (auteur)	2

RÉFÉRENCES

BRAULT, Jean-Rémi, *Bibliographie des Éditions Fides 1937-1987*, Montréal, Fides, 1987.

CAU, Ignace, *L'édition au Québec de 1960 à 1977*, Montréal, ministère des Affaires culturelles, 1981.

EN COLLABORATION, *Bibliographie du Québec 1968-1989*, Montréal, Bibliothèque nationale du Québec, ministère des Affaires culturelles.

EN COLLABORATION, *Dictionnaire des auteurs de langue française en Amérique du Nord*, Montréal, Fides, 1989.

EN COLLABORATION, *Dictionnaire des œuvres littéraires du Québec,* tome III (1940-1959), Montréal, Fides, 1982.

EN COLLABORATION, *Dictionnaire des œuvres littéraires du Québec,* tome IV (1960-1969), Montréal, Fides, 1984.

EN COLLABORATION, *Dictionnaire des œuvres littéraires du Québec,* tome V (1970-1975), Montréal, Fides, 1987.

JANELLE, Claude, *Les Éditions du Jour (une génération d'écrivains)*, Montréal, Hurtubise HMH, Cahiers du Québec, Collection Littérature, 1983.

MINISTÈRE DES AFFAIRES CULTURELLES, *L'Hexagone, Rétrospective 1953-1978*, Montréal, BNQ, 1979.

AUTRES SOURCES

BADADUQ : banque de données informatisées des Universités du Québec (consultée à la bibliothèque générale de l'Université du Québec à Montréal).

USHER : banque de données informatisées de l'Université de Sherbrooke.

La production de disques au Québec
(1920-1990)

Danielle Tremblay

HISTORIQUE

L'industrie de la musique et du spectacle au Québec s'est développée en relation étroite avec ses contreparties étrangères (surtout anglo-saxonnes). Toute l'histoire de notre production et de notre consommation de musique est liée aux mouvements de notre histoire politique, économique et culturelle en Amérique du Nord. L'activité culturelle québécoise maintient un équilibre délicat entre deux pôles : tantôt l'assimilation à des intérêts économiques et culturels étrangers, tantôt la résistance, douce ou radicale. Entre ces deux pôles, ceux qui gèrent et qui font évoluer le divertissement musical au Québec cherchent dans leur travail une relative autonomie, parfois au prix d'énormes remises en question.

Les artisans de l'industrie doivent souvent faire preuve d'une grande capacité d'adaptation : ils doivent se pencher sur de nombreux facteurs pouvant influencer nos habitudes culturelles, en l'occurrence nos habitudes d'écoute. Encourager la chanson d'expression française au Québec revient à plonger dans le problème de nos rapports intimes à la langue et au rythme, qui conditionnent toutes nos activités et notre place dans le monde. Ce travail se donne pour objectif de reconnaître à leur juste valeur les efforts de plusieurs producteurs, gérants d'artistes et compagnies de disques qui ont laissé, et laissent encore, leur marque dans l'histoire de la production et de la diffusion de notre chanson populaire.

Les années 1900-1929

Il convient d'abord de rappeler les principaux événements qui ont marqué le monde de l'édition sonore et de la production musicale au Québec depuis le début du siècle. La fin du XIXe siècle et les années 1910-1920 sont le théâtre d'une activité économique intense en Amérique comme en Europe : c'est à cette époque qu'on retrace les premières innovations technologiques en fait d'enregistrement de paroles et musiques. L'édition sonore commerciale est considérée comme le prolongement des divertissements de la scène, médium omniprésent. La première compagnie d'édition sonore à s'installer à Montréal (1900-1901) appartient à Emile Berliner, concepteur allemand du premier gramophone tel qu'on le connaît : un appareil servant exclusivement à reproduire une musique déjà enregistrée. Victor (associée à Berliner), Edison et Columbia (situées aux États-Unis) sont des compagnies importantes qui prospectent tout le marché nord-américain. Dès le début du siècle, ces compagnies enregistrent (sur cylindre ou sur disque gravé à la cire) des artistes québécois.

L'enregistrement électrique à partir de 1925 renouvelle et élargit les catalogues. Plusieurs sonorités de voix — les voix féminines — et d'instruments — par exemple les violons — sont plus avantagées par les nouvelles techniques. Ceci constitue un tournant dans la carrière sur disque d'un grand nombre d'artistes, pour le meilleur ou pour le pire. Jusqu'au début des années 30, plus de deux mille enregistrements de chansons sont produits, en français comme en anglais. Les musiciens traditionnels et les musiciens-chanteurs populaires associés au nouveau «music-hall québécois» : théâtre burlesque, revues, etc., sont ceux qui profitent le plus de ces éditions de disques 78 tours jusqu'à la Crise de 1929. N'oublions pas pour autant les adaptations de romances américaines et françaises connues d'abord à la radio et au cinéma. Les compagnies étrangères se disputent les droits de reproduction, sans grands égards pour les musiciens eux-mêmes qui passent d'un contrat à l'autre. L'enregistrement, plus encore que la scène, crée une compétition très forte à cause des coûts de production et de distribution.

Il existe pourtant une belle solidarité entre musiciens qui va même au-delà des classes «ethnique», «populaire» ou «comique» définies par les grandes maisons de disques. Durant les années 20, surtout la deuxième moitié, les «Veillées du bon vieux temps», les premiers festivals de chanson du Canadien Pacifique, les nombreuses revues populaires dans les théâtres et salles communautaires constituent de grands rassemblements de musiciens et amuseurs de toutes tendances. Une compagnie située à Lachine, la Compo, créatrice des étiquettes Starr-Gennett, associée dès 1925 à Columbia pour des pressages américains, fait beaucoup pour promouvoir des artistes populaires du Québec en concurrençant les autres compagnies nord-américaines comme la compagnie Victor. Roméo Beaudry, directeur artistique chez Starr vers 1927, lui-même auteur-compositeur et traducteur de romances populaires, a encouragé La Bolduc et lui a fait graver plusieurs disques. Alfred Montmarquette, Isidore Soucy, Ovila Légaré comptent aussi parmi ses artistes vendeurs; ils ont déjà l'expérience de plusieurs enregistrements pour d'autres compagnies, par exemple Victor et RCA.

Les années 1930-1945

Dans toutes les couches de la société, la radio et le cinéma parlant français et américain (souvent couplé au théâtre) sont très populaires. En fait, les effets de la Crise économique sur les habitudes de loisirs des gens consacrent deux supports pour la musique et la chanson : la scène et la radio. Mauvaises nouvelles pour le disque! Les compagnies de théâtre burlesque (qui engagent souvent des musiciens, chanteurs et danseurs) sont toujours actives, elles résistent vaillamment aux temps de crise et montent de nombreux spectacles à prix très bas. On observe la croissance d'une autre activité musicale autour de la radio privée (CHLP et CKAC) et d'État (Radio-Canada). CHLP et CKAC investissent d'abord dans la diffusion de plusieurs types de chansons populaires : en 1933, l'émission *Living Room Furniture* à CKAC invite l'incontournable Madame Bolduc, autant que Fernand Perron ou Jacques Aubert, propagateurs de la nouvelle culture des ballades à la française. Autre exemple : l'émission *Les Vive-la-Joie*, animée par l'auteur-compositeur et folkloriste Conrad Gauthier.

C'est aussi le début de la belle époque des radio-théâtres montés par la Société Radio-Canada, fondée en 1936. L'adaptation de plusieurs produits culturels aux formats et aux exigences techniques de la radio crée de nouveaux bassins d'artistes et de producteurs. Les émissions majeures de variétés radiophoniques sont presque toujours commanditées par CPR ou CNR. La ballade française d'avant-guerre tout comme le blues ou le country américains font de plus en plus partie d'un cadre de références qui comprend les bandes sonores des films parlants et musicaux. La cote d'amour du public s'étendra des chansons de films elles-mêmes à leurs interprètes, synonymes d'évasion romantique. Georges Beauchemin, Fernand Perron «le Merle rouge» et son successeur Jean Lalonde chantent beaucoup de romances traduites de l'anglais. Roméo Beaudry, quant à lui, tente de créer des adaptations intéressantes de chansons à succès.

Les émissions de radio à la mode favorisent un bassin d'auteurs-compositeurs, d'interprètes et de promoteurs d'une plus large culture francophone. Le premier Trio lyrique (Lionel Daunais, Anna Malenfant, Ludovic Huot) représente bien cette tendance. Cette culture francophone plus savante diffusée par la radio se sépare cependant de plus en plus de toutes les racines folkloriques et populaires urbaines jugées «vulgaires». Petit à petit, se forment deux réseaux de variétés parallèles. Le Festival de chansons, danses et métiers organisé par la

CPR devient de plus en plus élitiste : en 1930, il prime la chanson «Dans tous les cantons», composée par Ernest McMillan qui la préserve de tout écart de langage. Ces tendances ne changeront pas avec la guerre. Dans un autre ordre de valeurs musicales, ce qui ne l'empêche pas de se conformer aux «bonnes mœurs», Roland Lebrun chante des chroniques mélancoliques de la vie militaire. Même complètement dépendante du climat de guerre, la figure du Soldat Lebrun se rapproche de celle de La Bolduc dans l'imaginaire populaire.

Pour les producteurs de disques, la menace représentée par la diffusion massive de la radio est bien réelle, mais elle n'est pas la seule. Du début des années 1930 presque jusqu'à la fin de la Deuxième Guerre mondiale, l'industrie du disque connaît des bouleversements dans la structure de production et de travail. Une évolution accélérée des techniques d'enregistrement exige trop de frais en équipements et en formation. Les compagnies de disques qui subsistent végètent en attendant des jours meilleurs, comme Compo-Starr, ou passent par des transformations majeures : Victor rachetée par RCA. Elles enregistrent relativement peu de disques mais choisissent de rééditer des pièces très populaires du catalogue «canadien-français» aux deux tiers du prix normal. Un bon exemple de ces séries économiques est la Bluebird, lancée par RCA-Victor, où enregistrent plusieurs artistes déjà connus du grand public.

Les années 1945-1960

Après la guerre, le dynamisme de la radio porte ses fruits. Non seulement la radio communique-t-elle le goût d'une autre culture française aux Québécois, mais aussi elle stimule de plus en plus la création d'une chanson «autochtone». On assiste aux premières tentatives de monter un Concours de la chanson canadienne qui présentent Fernand Robidoux et Robert L'Herbier comme de nouveaux défenseurs de la chanson d'ici. À partir des premiers succès véritables de leur concours, en 1956, ils se lient à une maison d'édition pionnière dans le champ de la notation musicale, la maison Archambault. Celle-ci s'impliquera dans la distribution et même la production de disques plus tard dans les années 50. Les cabarets progressent et trouvent leurs ambassadeurs à la radio (Jacques Normand à CKVL, par exemple). De fructueux échanges s'engagent entre impresarios et artistes français et québécois dans le domaine de la chanson et de la comédie musicale. Les grands cabarets comme le Faisan doré à Montréal et Chez Gérard à Québec en sont les lieux de prédilection. La culture française de Paris, présentée ici comme un idéal du «progrès», attire paradoxalement plusieurs auteurs-compositeurs-interprètes québécois originaux, négligés par le public malgré la persistance d'un Fernand Robidoux sur les ondes radio.

Ces hommes et ces femmes effectuent plusieurs voyages à Paris. Ces retours aux sources intellectuelles et artistiques portent l'espoir d'acquérir de l'expérience de scène et même (qui sait?) un contrat de disque. Ces «pèlerinages» de ceux et celles qu'on identifiera au mouvement «chansonnier» se retracent dès le début des années 40. Pour bien des gens cependant, la «véritable histoire» de la chanson québécoise commence en 1950 avec une prospection spectaculaire de Jacques Canetti, directeur artistique et impresario chez Polydor. Au Faisan doré de Montréal, il entend parler pour la première fois de Félix Leclerc, écrivain, conteur et auteur-compositeur prolifique mais méconnu. Il insiste pour le rencontrer et écouter ses chansons : c'est le coup de foudre. Il emmène Félix à Paris après lui avoir fait enregistrer dans les studios de CKVL assez de chansons pour remplir les matrices de six 78 tours. Deux salles de spectacle à la mode de Paris, les Trois Baudets et l'ABC, présentent Félix Leclerc, «le Canadien»; la presse et le public français imposent presque cette «nouvelle» grande figure aux médias et au public québécois des grands centres.

Les années 1950 voient l'apparition d'alliances entre édition sonore québécoise et française, misant beaucoup sur la chanson québécoise originale. Les étiquettes françaises Pathé-Marconi, Barclay et Polydor prennent des ententes avec plusieurs artistes d'ici, chansonniers épris d'idées libertaires : Jean-Pierre Ferland, Claude Léveillée, Clémence DesRochers, Raymond Lévesque. Des compagnies anglo-saxonnes installées au Canada comme London et Capitol courtisent le Québec. En 1959, la maison Archambault crée sa propre branche de production de disques : Sélect. Rosaire Archambault s'intéresse entre autres à plusieurs lauréats du Concours de la chanson canadienne : Jacques Blanchet, Hervé Brousseau, Pierre Pétel, Jean-Pierre Ferland, Raymond Lévesque. Il négocie avec ces artistes des contrats d'édition de paroles et musiques en feuilles ainsi que des contrats de disques. Il produit les premiers «albums» québécois (78 tours et microsillons) de Félix même s'il n'est pas l'éditeur principal de ses chansons.

D'autre part, la restructuration de l'industrie et l'entrée des nouveaux marchés d'après-guerre profitent à des compagnies indépendantes comme les disques Starr, qui font des affaires d'or à partir de 1946-1947. On y présente d'autres artistes populaires influencés par la «petite vie», du folklore au monologue burlesque. On y présente même un de nos premiers chanteurs «western», influencé par la ballade «country» américaine autant que par notre folklore : Marcel Martel. RCA-Victor édite à prix normal une collection entièrement québécoise, du music-hall (Alys Robi) au western (Willie Lamothe). L'implantation du microsillon aux États-Unis par Columbia en 1948 et celle du disque 45 tours par RCA en 1949 contribuent à stimuler le développement des divertissements populaires dans des voies distinctes. Ces inventions sont elles-mêmes les produits du grand brassage démographique, économique et culturel dont les contrecoups se feront sentir jusqu'aux années 60, reines de la culture pop d'une nouvelle génération plus prospère et instruite : les baby-boomers.

Vers 1957-1958 sont diffusés les premiers 45 tours de la culture «pop» québécoise — baptisée «yé-yé» en 1964 — calquée sur la musique populaire américaine. Il s'agit surtout du nouveau et marquant phénomène du rock'n'roll, fusion de certains rythmes de la culture afro-américaine et de la culture européenne anglo-saxonne. Les disques yé-yé présentent des chanteurs interprètes de romances pour adolescents, traduites ou adaptées de l'anglais, et des fantaisistes. Les plus brillants exemples : Michel Louvain, Les Jérolas (Jean Lapointe et Jérôme Lemay) et la toute jeune Ginette Reno font leurs débuts sur la scène du Casa Loma, grand cabaret de Montréal. Quelques compagnies de production québécoises s'impliquent dès le début de la décennie 60 pour produire ces nouvelles variétés musicales. Yvan Dufresne, directeur de la maison indépendante Jupiter, a «découvert» Michel Louvain. La compagnie Franco-Disques de Guy L'Écuyer et la compagnie Trans-Canada de Jean-Paul Rickter sont toutes deux rattachées au groupe éditorial Franco de Tony Caticchio, auteur-compositeur à succès dans la veine légère. Au milieu des années 60, la télévision s'associe à certains cabarets pour présenter les premiers groupes influencés par la vague rock'n'roll britannique des Beatles et des Rolling Stones. L'approche télévisuelle, celle des stations Radio-Canada CBMT et Télé-Métropole, offre très vite une concurrence serrée à toutes les autres formes du spectacle.

Archambault-Sélect devient bientôt une des plus importantes maisons de production et de distribution de disques au pays. À partir de la fin des années 50, son mandat s'élargit pour couvrir la nouvelle chanson à texte des chansonniers aussi bien que les variétés musicales pop, à la faveur des courants de prospérité et d'autonomie culturelle des années 60. La maison Trans-Canada s'impliquera aussi à tous les niveaux de la chanson québécoise : pour la distribution, elle deviendra le partenaire le plus important de la fameuse entreprise Kébec-Spec/Kébec-Disc, fondée grâce à la collaboration de Guy Latraverse et Gilles Talbot dès la fin des années 60.

Les années 1960-1970

Suite à la prise en charge économique et culturelle du Québec par le gouvernement de la Révolution tranquille, on retrouve un climat favorable aux entrepreneurships dans le domaine culturel. C'est dans les années 60 que fleuriront les maisons de production, de gestion et de distribution musicale entièrement indépendantes des «majors» de l'Europe et des États-Unis. Parmi les maisons québécoises les plus prospères, on compte Sélect et Trans-Canada, à la perspective plus globale, ainsi que Jupiter et Franco, plus spécialisées dans les productions yé-yé. Soulignons tout de même que tous les investisseurs entendent mettre la main à la pâte. En 1964, le bilan des maisons de disques étrangères actives au Québec — Capitol, Columbia (CBS), RCA-Victor et London — comprend plusieurs secteurs orientés vers la prise en charge des productions québécoises par des Québécois.

Il faut se rappeler que pendant la première moitié de la décennie 60, la chanson québécoise est partagée en deux clans presque fermés l'un à l'autre. Les chansonniers et leurs producteurs privilégient le statut complet d'auteur-compositeur-interprète et donnent la priorité aux textes. Ils préfèrent l'ambiance intimiste des «boîtes à chansons» : le Patriote, le Chat noir, la Butte-à-Mathieu, dans la foulée de Chez Bozo en 1959. Ils utilisent surtout des instruments acoustiques. Dès 1960, le 78 tours est définitivement remplacé sur le marché par le 33 tours, ou microsillon, qui permet de monter de véritables albums de chansons : cela favorise du même coup le public des chansonniers. Le clan des artistes et producteurs yé-yé privilégie la division des tâches : un auteur, un compositeur, un interprète. Ils recherchent le succès populaire immédiat, écrivent, jouent ou chantent sur le modèle du «show-business» américain. Les guitares électriques et autres instruments de la culture rock'n'roll sont omniprésents. Les revues musicales sont légion : le plus sûr moyen de diffusion pour un créateur de chansons comme Pierre Nolès et pour ses interprètes — Jenny Rock, Donald Lautrec, Mimi Hétu, etc. — est la tournée systématique relancée par des chansons «hits». Le modèle de production et de diffusion adopté est le disque 45 tours, parfaitement adapté à la création de «machines à succès».

La mobilisation de nombreux artistes pour l'Exposition universelle de Montréal en 1967 dépasse ces divisions culturelles, sociales et économiques. L'organisation d'Expo 67 révèle un nombre suffisant de modèles québécois dans les domaines économique, scientifique, artistique et culturel pour satisfaire la fierté nationale. Les effets bénéfiques de cette fierté se font sentir sur la population et sur tous les participants à l'Expo : on choisit la chanson yé-yé de Stéphane Venne : «Un jour, un jour» comme thème et symbole de ce nouvel éveil du Québec au monde entier. Stéphane Venne, dès 1967, en rejoignant Yvan Dufresne de la maison Jupiter en tant que «conseiller musical», propose une nouvelle définition de la variété légère qui sort des imitations propres aux yé-yé de 1963-1964. La carrière de Renée Claude, jusque-là liée à l'interprétation des poètes et chansonniers, prend des allures pop avec la collaboration de Stéphane Venne aux paroles et musiques : «C'est le début d'un temps nouveau».

Dans un climat politique particulièrement propice, Guy Latraverse, étudiant en administration devenu, presque par hasard, impresario de Claude Léveillée, jette les bases de Kébec-Spec. Cette entreprise de production de spectacles recherche des lieux privilégiés pour une génération d'auteurs-compositeurs-interprètes qui entendent profiter de leur nouveau prestige et consolider leurs succès. Plus largement, Kébec-Spec veut créer de nouvelles scènes de transition adaptées au plan de carrière de chaque artiste, entre les boîtes à chansons et la nouvelle Place des Arts. Même les artistes de la plus jeune aile contestataire «pop» des chansonniers se verront offrir le «traitement royal» de Latraverse.

En 1968, les nouveaux artisans de la synthèse québécoise entre art chansonnier et rock'n'roll, Robert Charlebois et Louise Forestier en tête, font un joyeux tapage. Le scandale de *l'Osstidcho* cède assez vite la place à une admiration grandissante des plus jeunes publics et des milieux artistiques en expansion. Une jeune maison de disques, Gamma, créée vers 1964-1965, récupère toutes ces énergies sur microsillon (*Charlebois-Forestier*) et les lance dans la course des années 70. Gamma «actualise» également les discours et les musiques de chansonniers plus traditionnels : Jean-Paul Filion, Pierre Calvé, Georges Dor. Il est difficile de retracer tous les producteurs de disques indépendants qui ont œuvré durant l'une ou l'autre partie de la décennie : l'auteur-compositeur Jacques Michel, par exemple, enregistre ses premiers microsillons sous l'étiquette Rusticana de Roger Miron.

Les années 1970-1980

Arrivent les années 1970. On se souviendra de la Superfranco-fête de 1974, manifestation culturelle de grande envergure en pleine fièvre nationaliste. On se souviendra de la Crise d'octobre 70, de l'activisme des syndicats et autres groupes militants, de l'engagement des artistes dans des causes sociales et politiques controversées : *Québékiss* en 1970-1971, la Campagne contre le développement de la Baie James en 1973, l'Année de la femme en 1975. On se rappellera aussi les positions radicales de plusieurs artistes populaires face à la croissance de la «music business», selon eux trop hiérarchisée et fermée aux idées nouvelles. Une manifestation pour un Syndicat des musiciens québécois indépendant de la Guild of Musicians aura lieu en 1978. Cette décennie témoigne à la fois des ambitions et de la fragilité de la «music business» au Québec : la Chant'août de 1975, grand rassemblement des gens de l'industrie, contient autant de vitalité que d'étalage politique. Se forme alors l'AQPD, l'Association québécoise des producteurs de disques, qui deviendra l'ADISQ, Artisans du disque et de l'industrie du spectacle québécois, à la fin de la décennie. On assiste aussi à une multiplication et à une plus grande spécialisation des maisons de disques sous l'influence du showbiz nord-américain tout entier.

Toutes les maisons de disques sous l'influence de «majors» français ou américains font de bonnes affaires avec les artistes québécois, surtout les nouvelles valeurs sûres : Diane Dufresne, Claude Dubois, Michel Pagliaro, Les Séguin et CANO (Coopérative des artistes du Nouvel Ontario). Polydor, Barclay, Pathé, Warner (plus tard WEA), London, Capitol, CBS (Columbia) et A&M engagent et forment de jeunes acheteurs, agents de promotion, directeurs de production et/ou conseillers artistiques, dont on retrouvera les noms en première ligne de la production musicale des années 80 : Nicholas Carbone, Pierre Tremblay, Réjean Rancourt. La maison canadienne MCA distribue des compilations québécoises anciennes dans sa série «Coral» : des auteurs-compositeurs-interprètes populaires et western (La Bolduc, Marcel Martel, etc.). La maison Gamma augmente régulièrement sa «famille», surtout avec des nouveaux artistes gravitant autour de la Butte-à-Mathieu : Tex Lecor, Georges Langford. Les maisons Sélect (Archambault) et Trans-Canada conservent leurs positions. Elles sont associées à la distribution d'une kyrielle de nouvelles maisons de production indépendantes.

Solo, Beaubec-Acappella, Disques Bleus, Telson ou Apex sont gérées, dans la plupart des cas, par des amoureux de la chanson qui privilégient les «happenings» et laissent tomber une recherche trop évidente de succès commercial. Plusieurs étiquettes sont associées en tout ou en partie à un seul artiste, parfois propriétaire : Gilles Vigneault pour Nordet, Georges Dor pour Sillons. La plus importante des nouvelles maisons de production est sans aucun doute Kébec-Disc/Diskade, avec à sa tête Gilles Talbot. On lui doit de nombreux enregistrements de qualité avec des artistes comme Diane Dufresne, Robert Charlebois, Fabienne Thibeault, Louise Portal, Louise Forestier, Jean Lapointe. On lui doit aussi plusieurs albums de l'opéra-rock *Starmania*, coproduction de Luc Plamondon (Québec) et Michel Berger (France). *Starmania* a servi de tremplin à de nombreux artistes de la chanson, dès sa première création en 1978-1979. La maison Solo, fondée par Stéphane Venne, Frank Furtado et Michel Le Rouzes, se spécialise dans les variétés légères, en produisant entre autres les disques d'Emmanuelle et de Dominique Michel. Comme Kébec-Disc, elle s'associe à Trans-Canada pour la distribution de ses disques.

Aux deux extrémités de la gamme des conventions musicales, on retrouve d'une part les premières traditions de musiques populaires (country/western et folklore) et d'autre part la musique de recherche, baptisée tour à tour «underground» et «actuelle». La musique country/western conserve ses traditions sous des étiquettes comme Bonanza, qui produit les chansons d'artistes québécois, franco-canadiens et franco-américains. Une musique trempée dans une nouvelle approche des musiques traditionnelles du Québec se retrouve sous l'étiquette Tamanoir, fondée en 1971. Cette petite maison de disques rassemble en fait plusieurs groupes de nouveaux folkloristes : Beausoleil-Broussard, La Bottine souriante, Le Rêve du diable, Alain Lamontagne, ainsi que le poète-chansonnier Michel Garneau et un groupe de «vrais musiciens actuels» répondant au nom de Conventum. Les principaux membres de ce groupe : André Duchesne, Jean-Pierre Bouchard et René Lussier se retrouveront dans diverses formations (et sous d'autres étiquettes) tout au long des années 80. Ils sont liés, tout comme le poète et auteur-compositeur Raoul Duguay, à la montée d'une «avant-garde» de la musique populaire : leurs recherches puisent aux créations iconoclastes des artistes pop et rock de la fin des années 70 aux États-Unis et en Europe.

Dans un contexte de politisation de plus en plus forte des artistes, il est impossible de ne pas reparler du producteur de spectacles Guy Latraverse. Œuvrant dans le milieu de la musique québécoise depuis le début des années 60, il se retrouve à la fois admiré et contesté dans le difficile mûrissement de la fin des années 70. 1975 sonne l'heure de gloire pour son entreprise Kébec-Spec : il ouvre le Jardin des étoiles, sur le site de l'Expo de Montréal, pour y présenter les spectacles des artistes les plus forts de la nouvelle chanson populaire : le groupe Offenbach, Lucien Francœur ou Toubabou. Sans oublier les spectacles qu'il produit en d'autres lieux, par exemple Louise Forestier au théâtre Saint-Denis. De plus en plus associé aux excès du «glamour», Guy Latraverse poursuit ses activités jusqu'en 1983, année de grandes difficultés économiques pour la production de chansons au Québec.

Installées dans l'euphorie économique et politique avec le Parti québécois au pouvoir en 1976, largement dépendantes de subventions mais divisées, les industries culturelles sont mal équipées pour faire face à un éventuel creux de vague. L'industrie du disque et du spectacle québécois, malgré toutes ses promesses, n'est pas encore consolidée. Disparaissent progressivement les petites et moyennes scènes, liées aux premières générations de «chansonniers», au profit des grands théâtres et des «cirques» en plein air, plus payants. Les médias sont saturés et les producteurs s'épuisent en «découvertes» et en «festivals» dans la deuxième moitié de la décennie.

Les années 1980-1990

Au début des années 80, une récession vécue partout en Amérique du Nord touche durement le Québec, appauvrit sa population jeune, bouleverse certains acquis sociaux et culturels de la décennie précédente. De plus, les espoirs politiques de nombreux citoyens tombent dans le vide avec l'échec du référendum de mai 1980. Il est difficile de renouveler les enjeux de la culture québécoise dans un tel contexte de pessimisme. La nécessité de «gérer la crise» fait perdre énormément d'initiative aux producteurs culturels. L'apparition sur le marché de nouveaux supports de communication (ordinateur, vidéo) au milieu de la décennie 80 transforme les industries existantes ou en crée de nouvelles. Le monde du travail et des loisirs risque d'être profondément modifié. Les Québécois essaient de s'inventer de nouveaux modèles de gestion, conciliant rentabilité et qualité de vie. Les problèmes les plus graves viennent des malentendus entre les visions de plusieurs groupes sur la santé économique : patronat, technocrates, travailleurs, chômeurs, étudiants, groupes communautaires, groupes culturels et ethniques, etc.

La jeunesse, meurtrie par le chômage et le manque de formation, mais lucide, relativise les rêves de ses aînés, surtout l'indépendance politique. Les jeunes Québécois adoptent des objectifs plus réalistes, liés à leur avenir social et économique immédiat. Ils adhèrent aussi à des valeurs à caractère international et s'occupent de problèmes qu'ils qualifient d'universels : guerre, famine, environnement. La culture qu'ils absorbent est un «melting-pot» de discours et de musiques venant des quatre coins du globe, avec l'anglais comme langue principale. Cette question de la langue donne lieu à des débats brûlants. Les jeunes sont les principales victimes de crises profondes dans le système d'éducation et au cœur de la vie familiale. Les idéaux de justice entre les classes, les races et les sexes se heurtent à de violents replis de toutes les forces conservatrices de la société. Jeunes femmes et jeunes hommes se cherchent d'autres voies d'affirmation sociale, en vivant un conformisme ou une marginalité peut-être plus intenses.

Les artistes en musique populaire empruntent un temps les voies du fatalisme, du retour sur soi, de la prudence. Certains recherchent désespérément de nouvelles expressions et de nouvelles formes de solidarité. D'autres s'assagissent au plan personnel et professionnel, devenant des «valeurs sûres» selon leurs bagages respectifs pour leurs publics respectifs. On constate cependant, au tournant des années 90, l'éveil collectif des artistes de tous les métiers au potentiel non seulement social, mais économique, de leurs réalisations. Leurs arguments auprès de l'État et des autres investisseurs se font de plus en plus pressants et difficiles à contourner. Durant les années 80, les luttes pour les droits d'auteur deviennent virulentes autour de la propriété intellectuelle et artistique. D'un autre côté, la circulation des valeurs culturelles, complexe et changeante, pose sans cesse de nouveaux défis aux droits des créateurs, surtout en musique populaire. Ils doivent affronter et apprivoiser les nouvelles techniques et recherches sonores, les nouvelles obligations de production et de mise en marché de leurs œuvres. Comment s'y retrouver au milieu des nouveaux instruments électroniques et au milieu des images culturelles de toutes sortes, uniformisées par les médias anglo-saxons? Comment comprendre selon les spécificités de notre culture les nouveaux moyens de production et de diffusion d'une œuvre musicale : vidéoclip et disque compact?

L'industrie de la musique populaire occidentale tout entière vit des soubresauts économiques et technologiques depuis la fin des années 70. Parlons du disque compact, créé conjointement par la compagnie hollandaise Philips et la compagnie japonaise Sony. Cette technologie est distribuée en Amérique du Nord pour la première fois en 1984 pour la musique classique et en 1985 pour toute la musique pop. Cette invention change du tout au tout les conditions qui prévalaient depuis vingt ans, au niveau de la production, de la circulation et de l'écoute de la musique. Conçu dans un matériau extrêmement durable, contenant jusqu'à 72 minutes de musique, le disque compact exige des critères de minutie et d'hygiène sans précédent pour la transmission des données musicales, la fabrication et l'entretien. En retour, il reproduit la musique à un degré de précision et de finesse difficile à imaginer, basé sur le système numérique. Après un certain temps de résistance, jusqu'en 1986 environ, les maisons de disques nord-américaines adoptent ce nouveau format pour leurs réalisations musicales.

Le vidéoclip est un remarquable outil de mise en marché d'une image publique associée à une chanson et à son interprète ou auteur-compositeur-interprète. Le vidéoclip est né aux États-Unis, royaume de la «pop culture» occidentale. Petit film tourné selon des techniques particulières, il peut utiliser toutes les ressources de l'animation en un temps record (maximum 3 min 30 à 4 min). Ses moyens de persuasion empruntent à la publicité. Un artiste comme Michael Jackson a envahi les écrans partout sur la planète de 1984 à 1988, grâce à une vaste opération «tape-à-l'œil» utilisant ses dons pour la musique et la danse. Déjà minée par la concurrence féroce de la câblodiffusion, la télévision vit une relation pour le moins problématique avec le vidéoclip. De toutes nouvelles chaînes de télédiffusion de clips 24 heures sur 24 fragmentent encore davantage les publics. Offrant en plus des commentaires sur les artistes et les variétés en général, les chaînes MuchMusic (Toronto) et MusiquePlus (Montréal) happent l'intérêt des 15-35 ans à partir de 1985-1986.

Une réorganisation des capitaux et du matériel entraîne de nombreuses fusions de compagnies européennes, américaines et canadiennes qu'il serait difficile d'énumérer ici. Pour renouveler leurs catalogues, les plus importantes maisons de disques rachètent les maisons indépendantes les plus dynamiques à prix avantageux. Les petites maisons y trouvent le confort d'une distribution plus large, tout en gardant une indépendance, parfois très relative. Un certain fossé s'est creusé entre les producteurs de disques québécois et les médias. Durant les années 80, les administrateurs de la radio et de la télévision possèdent moins de contacts avec les milieux culturels qu'auparavant. À moins d'être soutenue en tout ou en partie par des investisseurs privés, la gestion des projets culturels ne fait plus partie des priorités des diffuseurs. Pour se tenir au-dessus de la mêlée, les maisons de disques contemporaines doivent se bâtir une marge de contrôle à l'intérieur de plusieurs volets du milieu artistique : éditions écrite et sonore, scènes, radio et télévision, cinéma et vidéo. Qu'est-ce que tout cela signifie pour les unités de production de disques en place au Québec?

Le décès de Gilles Talbot, président-directeur général de Kébec-Disc, en 1981, clôt un chapitre : celui des «années folles» de la production musicale québécoise. Des «majors» comme WEA, anciennement Warner Brothers, n'investissent plus du tout dans les artistes québécois jusqu'en 1988 environ. D'autres «majors» comme A&M, label du groupe Offenbach et des récents disques de Plume Latraverse, et MCA, de par ses ententes avec Trafic, gardent des attaches durables avec la production québécoise même au plus fort de la crise. CBS semble la compagnie la plus active dans la création d'un «patrimoine» musical populaire québécois : une équipe de direction artistique entièrement québécoise s'implique encore au rythme de deux productions de gros calibre par année. CBS distribue aussi les disques de maisons en pleine croissance comme Isba et Unidisc.

Les plus fortes maisons indépendantes ont développé et maintenu une certaine polyvalence au niveau des moyens de production et de diffusion, et ceci pour des artistes triés sur le volet. Le cas presque exemplaire d'Audiogram, qui regroupe les intérêts d'Archambault-Sélect (distribution et importation), de Spectra-Scène (production de disques et spectacles) et de Spectel-Vidéo (production télévisuelle) sera étudié plus loin plus en profondeur. Plus traditionnelle, la maison Gamma tient toujours vaillamment la route dans la même sphère du rock québécois, avec à son catalogue les mêmes artistes (peu ou prou) que durant les années 70. La maison Trans-Canada se retranche dans la distribution, notamment pour Gamma, et dans l'importation d'étiquettes françaises et autres. Un bon nombre de compagnies de petite et moyenne envergure reprennent en main le secteur des variétés depuis le début des années 80. De bons piliers comme les productions Guy Cloutier (18 ans) côtoient la toute jeune Isba (5 ans) qui lance de nouvelles idoles pop maniant l'humour au deuxième degré (Mitsou, les B.B., les Taches). Fidèle à sa réputation, la maison Sélect distribue un large spectre de productions musicales québécoises : les disques de Johanne Blouin, de Nathalie et René Simard (Productions Guy Cloutier) et de Roch Voisine (Disques Star) côtoient ceux de Paul Piché, Laurence Jalbert et Pierre Flynn (Disques Audiogram).

Un nombre important de compagnies indépendantes de production et de gestion d'artistes sont entièrement anglophones. Ce phénomène a toujours existé, mais son ampleur et son élaboration au cours des années 80 appellent quelques explications. L'expression musicale des années 80 au Québec baigne dans une mer d'influences étrangères qu'elle n'a pas encore tout à fait assimilées. De plus, la «music business» s'est hiérarchisée, divisée en multiples groupes réunis chacun autour d'exigences spécifiques. Cette spécialisation représente une aspiration sociale, artistique, commerciale, ou tout cela à la fois. Par exemple, les groupes producteurs des derniers courants nord-américains du rock (Cargo Records) ou de la musique de danse (Hotsoul Records) sont dépendants d'une tradition unilingue anglophone, comme les premiers artistes de théâtre populaire et de «music-hall» des années 20 ou les premiers artistes yé-yé des années 60. Ils n'ont pas développé le réflexe de traduire en français une expérience musicale qui les a profondément marqués dans une autre langue.

Il faut soulever le cas de plusieurs groupes de musiciens qui choisissent de ne jouer et chanter qu'en anglais, autant pour l'attrait des ventes que pour la reconnaissance d'un milieu musical identifié directement aux États-Unis. Ces artistes se sont formés à l'époque des «vaches maigres» de 1979 à 1983 et se sentent donc moins concernés par le problème de l'identité québécoise. La compagnie Alert Records correspond bien à ce créneau, avec les groupes Looking for Mark, The Box et Blue Oil. Bien sûr, un certain nombre de ces compagnies de disques sont tenues par des Anglo-Québécois, qui s'affirment de plus en plus dans les années 80 comme membres à part entière de la société québécoise. Aquarius Records est un exemple de maison solidement implantée dans la communauté anglophone, qui gère depuis une vingtaine d'années les carrières d'artistes de rock contemporain comme April Wine. Aujourd'hui, elle se paye le luxe d'engager des artistes bilingues, comme l'auteure-compositeure-interprète Sass Jordan qui s'exprime gracieusement en français pour les médias.

Un nom à retenir : Trafic. Cette maison est identifiée surtout au groupe de production M.L.R.F. et a été associée à MCA, puis à CBS, pour la distribution de ses disques. Elle est fondée en 1978 par des gens sensibles aux besoins des auteurs-compositeurs-interprètes francophones qui souhaitent réussir sans trop se compromettre dans un *star-system* sclérosé. L'auteur-compositeur-interprète Daniel Lavoie et son gérant-producteur Réjean Rancourt forment l'équipe-pivot de la compagnie : ils en sont les initiateurs à partir des expériences de studio de *Tension attention* en 1983, un des rares albums québécois originaux primés au gala de l'ADISQ de cette année-là. Les activités de l'équipe coordonnée par Lavoie et Rancourt ont mis en valeur Marie Philippe en 1986 et Luc de Larochellière en 1988, qui se sont chacun mérité des prix pour leur travail. Le cas de Trafic sera étudié plus longuement. Un autre nom à retenir : Justin Time. Cette maison de production bilingue, consacrée au jazz, a soutenu ces dernières années des auteurs-compositeurs francophones par diverses ententes de post-production ou distribution. Quelques bénéficiaires : Alain Lamontagne, Michel Lalonde anciennement de Garolou, Michel Robert et, récemment, Richard Desjardins. Justin Time favorise aujourd'hui un bel éclectisme entre jazz, musique instrumentale et chanson. Justin Time et son pendant distributeur, Fusion III Inc., existent depuis 1983.

Un bon nombre de petites maisons n'ont soutenu qu'un ou deux artistes à ce jour et il semble difficile de prévoir leur influence sur le monde de l'enregistrement. Signalons tout de même les Disques Rec-Art qui produisent depuis deux ans des femmes auteures-compositeures-interprètes exclusivement. Sylvie Jasmin et (Marie-)Claude de Chevigny s'y sont fait remarquer. Les Disques Palmiers produisent le premier album de Joe Bocan, auteure-compositeure-interprète transfuge du théâtre. Ginette Reno, interprète aimée et respectée de plusieurs publics, fonde ses propres productions Melon Miel. Vieux de cinq ans, les Disques Hello, associés pour la distribution à Trans-Canada, ont lancé le groupe rock Madame qui se construit un bel avenir auprès du public et de la critique francophones. Les Disques Hello ont obtenu récemment des droits de distribution pour plusieurs disques d'artistes francophones d'outre-mer, par exemple l'auteur-compositeur belge Philippe Lafontaine. Les Disques noirs servent de lieu d'auto-production pour plusieurs groupes rock francophones influencés par les courants «new wave» : les French B en émergent vraiment au début de 1990. Le duo signera plus tard un contrat chez Audiogram pour son premier disque compact.

D'autres créneaux de musique sont de mieux en mieux servis par une meilleure maîtrise des moyens de production et de distribution, le plus souvent aux mains des musiciens eux-mêmes et à la faveur d'échanges culturels internationaux. C'est vrai pour la musique «actuelle», avec les Disques Victo et Ambiances magnétiques; pour la musique du «nouvel âge», avec Chacra et Karma; et pour la chanson destinée aux enfants, avec Jouvence. Ces genres musicaux explorés depuis peu au Québec, dix ans au maximum, peuvent être le berceau d'une autonomie nouvelle pour les artistes. Peut-être y trouvera-t-on les germes d'autres évolutions importantes pour la musique populaire québécoise? On retrouve aussi un grand nombre de producteurs de spectacles indépendants, pour répondre à un besoin pressant des jeunes artistes : se trouver des scènes et façonner leur public, tâche plus complexe qu'il y a vingt ans.

Les grandes stations de radio se font tirer l'oreille pour la recherche d'une relève artistique. Radio-Canada donne l'exemple avec le concours Rock-Envol. CKOI et Radio-Mutuel, avec leurs concours (L'Empire des futures stars) sur la scène du Club Soda ou ailleurs, tentent de combler un vide entre les lieux consacrés (Place des Arts, théâtre Saint-Denis) et les bars à l'ambiance difficilement favorable aux créateurs de chansons, sauf exception. Face à ce «no man's land», comédiens, musiciens, auteurs-compositeurs-interprètes, danseurs et amuseurs publics se retrouvent souvent représentés par les mêmes agences de spectacles : l'union fait la force! De plus en plus, les deux mots d'ordre contradictoires de l'industrie des arts et spectacles au Québec sont : polyvalence et spécialisation. Polyvalence des moyens de communication et des relations de travail, sur-définition des rôles et des critères spécifiques à chaque production musicale. Les producteurs et les réalisateurs de disques, gérants d'artistes et gens des médias interrogés à ce sujet semblent préférer une répartition flexible des tâches et un perfectionnement des compétences pour chaque tâche, de l'arrangement musical aux dernières retouches de la pochette promotionnelle.

Tous ces gens du milieu ont fait l'expérience d'un chevauchement de plusieurs rôles dans toutes les étapes de réalisation d'un disque, d'un spectacle, d'un événement culturel. Cette situation semble exploitée aujourd'hui de façon plus «rationnelle» mais le tout garde une certaine souplesse. Production, promotion et distribution d'un disque seront assumées ensemble, soit par un même groupe de personnes compétentes, soit par de petites équipes autonomes en liaison très étroite. Plusieurs lectures de la presse amènent à comprendre l'originalité profonde de cette structure de travail, très différente de celle qui prévaut en France par exemple. Les producteurs ont tendance à faire appel à des artistes de grande expérience, responsables du contenu et de la forme de leur «produit». La recherche de qualité entraîne malheureusement le réflexe dangereux du «cercle d'initiés» qui empêche la formation collective d'une relève.

Pour soutenir ces propos, nous nous servons d'analyses plus détaillées du travail de plusieurs compagnies représentant les différents courants de la musique populaire d'aujourd'hui. Certaines sont présentes depuis plus de dix ans, et même plus de vingt ans. Nous avons pu rejoindre des personnes impliquées à plusieurs niveaux chez Audiogram, CBS, Isba, Productions Guy Cloutier, Disques Star, Trafic, Disques Double, Justin Time et Ambiances magnétiques. L'examen des dossiers de presse élaborés par les compagnies elles-mêmes, ainsi que plusieurs entretiens, permettent de tirer des conclusions intéressantes sur la place qu'occupe chaque compagnie sur l'échiquier de l'industrie de la musique et du spectacle.

PROFILS DE COMPAGNIES

1 - CBS ou le «grand frère»

CBS Canada (ex-Columbia) s'est donné pour mandat, dès la fin des années 50, d'encourager l'autonomie relative de la production nationale de l'ordre de 20 à 35 %, ce qui était rare pour une compagnie de ce calibre. CBS international privilégiait un système de planification artistique et commerciale décentralisé, à un point tel qu'elle a dû constituer dans les années 70 une équipe complète pour la réalisation de produits typiquement canadiens. Le gérant de produits, le directeur artistique et l'agent de promotion travaillent main dans la main au «parrainage» de plusieurs artistes, de la pré-production à la promotion. Ces artistes sont choisis en vertu de la commercialisation possible de leurs talents autant que pour la qualité de leur démarche à long terme. Pour une compagnie multinationale, la commercialisation signifie l'exportation la plus large possible. L'idéal recherché est une démarche artistique bien identifiée et bien établie à l'échelle nationale, mais adaptable dans la musique comme dans la langue aux différents marchés nord-américains et européens. À partir de là, tout dépend de la stratégie adoptée par l'artiste (auteur-compositeur et/ou interprète), sa gérance et ses autres conseillers artistiques.

La chanteuse Céline Dion est, pour CBS, un des modèles les plus forts de l'artiste québécois exportable. Elle a gagné d'abord très jeune la sympathie du public québécois, grâce au développement de son répertoire lyrique et à ses incursions sur scène, minutieusement préparées avec la complicité de son gérant René Angélil depuis 1981. Ses ambitions avouées de conquérir la scène internationale et la «maturation» de son image publique sur scène et sur vidéo, à partir de 1986-1987, ont convaincu la haute direction canadienne de la compagnie d'investir en elle, plus qu'en aucun autre artiste québécois au cours de son histoire. Le plan de carrière que s'est imposé Céline Dion depuis quelques années a augmenté sa popularité de façon spectaculaire : que l'on pense à sa chanson «Ne partez pas sans moi», primée au concours Eurovision en 1987, ou à sa prestation aux Juno Awards de 1989-1990.

En 1988, Céline Dion s'entoure d'une équipe d'auteurs-composi-teurs, musiciens et producteurs renommés au Québec et en France pour *Incognito* : son premier album au répertoire sentimental «adulte». Elle s'entoure d'une équipe aussi prestigieuse aux États-Unis pour la réalisation de son premier album de chansons en anglais, *Unison*, lancé au coût de 300 000 $ par CBS lors d'un spectacle au bar Métropolis de Montréal le 3 avril 1990. L'art vocal et théâtral de l'interprète s'avère assez souple pour s'adapter aux variétés françaises à la Eddie Marnay comme aux variétés américaines à la David Foster, dans l'ambiance sonore comme dans le style. C'est ce qui rend l'artiste si susceptible d'embrasser une carrière internationale et si intéressante pour les stratégies d'exploitation d'un «major». C'est surtout son perfectionnisme sur scène et la solidarité de son équipe de musiciens chevronnés qui «vendent» le mieux ce personnage de chanteuse proche de ses racines mais capable de tout interpréter : la ballade comme le rock, la comédie musicale comme les airs connus d'opéra.

Céline Dion fait partie d'une génération qui maîtrise bien différents héritages musicaux assimilés par notre culture populaire. Au Festival d'été de Québec de 1989, elle a chanté des extraits du plus populaire des opéras, *Carmen*, accompagnée par l'Orchestre symphonique résidant. La chanteuse choisit toujours d'interpréter des chansons québécoises représentatives des vingt dernières années lors de ses spectacles au Québec. Souvent apparentée à son aînée Ginette Reno, Céline Dione cultive d'abord sa réputation d'artiste nationale «bien de chez nous», tout en orientant son ambition vers les marchés internationaux. Voilà encore une fois la recette idéale pour gagner l'appui d'un «major».

CBS demeure l'une des seules compagnies de disques multinationales à investir beaucoup d'énergie dans plus de deux artistes en deux ans. L'auteure-compositeure-interprète Francine Raymond a eu droit à un traitement de plus de 60 000 $ pour son album de chansons nostalgiques *Souvenirs retrouvés*, rempli de recherches sonores en clins d'œil aux années 70. Mario Lefebvre, agent de promotion chez CBS depuis quelques années, décrit le concept de l'album comme extrêmement bien défini, personnel et très à propos dans le contexte social actuel, même si cet «à-propos» n'était pas prémédité. «Cela a pris deux bonnes années pour imposer aux médias cet album [composé en six mois en 1987][1].»

La diversité des implications de CBS dans la culture musicale québécoise est visible sur d'autres plans. Son catalogue actuel comprend, outre Céline Dion (production, distribution) et Francine Raymond (pré-production, production, distribution), la distribution d'artistes de différentes maisons : Isba (Nuance, Mitsou, les B.B.), Trafic (Larochellière). L'inventaire des autres artistes québécois enregistrés ou distribués par CBS à travers ses trente années d'activité officielle serait fastidieux. Rappelons cependant les premiers enregistrements de Richard et Marie-Claire Séguin en 1973, la collaboration avec Spectra-Scène pour les disques du groupe rock Offenbach, à la fin des années 70, et surtout la plupart des enregistrements populaires d'André Gagnon, compositeur-interprète qui s'exporte d'autant mieux qu'il ne chante pas!

Toujours selon Mario Lefebvre : «CBS n'a jamais cessé de s'impliquer, mais nous prenons notre temps pour considérer la qualité de ce que nous vendons. Dans les années 70, on délirait d'enthousiasme pour tout ce qui s'annonçait comme produit québécois. Un bon nombre de compagnies en venaient à signer n'importe qui et n'importe quoi, et cela a fait du tort à la musique québécoise[2].» CBS division internationale et CBS U.S.A. appartiennent depuis 1987 à la multinationale Sony. Ce bassin économique multiplie les chances de distribution des disques d'un artiste à travers le monde, mais rend plus sévère le tri effectué parmi les artistes «nationaux» pour répondre aux critères des différents marchés culturels en Amérique et en Europe. La créativité personnelle et collective de notre chanson populaire peut perdre des plumes dans un tel contexte.

2 - TRAFIC ou «le laboratoire des auteurs-compositeurs»

Fondés en 1978, les Disques Trafic comprennent trois branches indépendantes. La gestion administrative des carrières et des réalisations des artistes est assumée par l'étiquette Trafic. La production de disques et spectacles est prise en charge depuis 1979 par Musique Lavoie Rancourt et fils. L'édition de paroles et musiques est assumée depuis 1980 par Seconde décade ltée, créée à partir de Janvier musique, elle-même fondée en 1970. Daniel Lavoie, auteur-compositeur-interprète, et Réjean Rancourt, gérant d'artistes et producteur, forts de vingt ans de collaboration, décident de consacrer aux auteurs-compositeurs-interprètes non encore établis une maison de disques à leur mesure.

Chez Trafic, on mise plutôt sur le long terme. On favorise une patiente alchimie en studio pour produire des albums de chansons qui valent pour leur totalité, et pas seulement pour telle chanson «hit» calculée en vue de la circulation dans les médias. Trafic se distingue aussi par la persévérance du travail de promotion par le spectacle : l'organisation de tournées conjointes à chaque album est nécessaire pour proposer l'intégralité de l'album au public. Les palmarès ne sont pas dédaignés pour autant, mais la cohérence de l'album passe avant tout impératif commercial direct. Par exemple, nous n'avons pas entendu parler chez Trafic de remixage d'une pièce musicale «après coup» pour l'intégrer au «son des radios».

La sensibilité du personnel de Trafic aux problèmes de la «relève» commande l'établissement d'un climat de confiance et d'échanges constants entre l'artiste et toute son équipe de production, promotion, etc. «Avant la pré-production, tout se discute, toutes les questions se posent», déclare l'agente de promotion Lucette Mercier. Elle enchaîne : «Le travail sur la qualité sonore prend beaucoup d'importance pour les gens de Trafic. On veut monter une image sonore différente pour chaque artiste, mais toujours impeccable[3]», c'est-à-dire au service des différents aspects de la chanson et des différentes circonstances d'écoute (chaîne stéréo, radio, scène).

L'impact commercial et l'intégrité du «message» de l'artiste doivent être recherchés et préservés ensemble dès la pré-production. Le studio-laboratoire monté par Daniel Lavoie depuis le travail sur son album-phare *Tension attention* (gagnant de trois prix Félix en 1984) a sans doute influencé grandement cette politique. D'ailleurs, le premier album entièrement réalisé par l'artiste dans son studio personnel, *Long-courrier*, a vu le jour en 1990. L'album est distribué en France par WEA.

Réjean Rancourt est chargé des décisions au niveau du matériel musical. Lucette Mercier prend en charge la présentation visuelle de l'artiste et de ses chansons à tous les niveaux. Elle a confié à Gabriel Pelletier, réalisateur très en demande, le montage de plusieurs vidéo-clips pour Luc de Larochellière («Amère América», «La route est longue») et Marie Philippe («Je rêve encore»). La mobilisation de musiciens et d'artistes visuels expérimentés exige beaucoup de coordination de la part de compagnies en pleine croissance qui s'échangent souvent le même personnel, comme Trafic et Audiogram (deux millions de chiffre d'affaires chacune). Au moment de ma rencontre avec eux, Trafic se remettait d'une période fébrile : la sortie de cinq disques de nouveaux artistes en deux ans. Ce travail essoufflant prend l'allure d'une vocation pour ces amoureux de la chanson. Leurs préférences quant à la nouvelle chanson sont très larges : les ballades et les danses fortement teintées de rhythm'n'blues de Marie Philippe (production), le folk-rock de Luc de Larochellière (production), l'électro-pop de Paparazzi (production), le blues urbain de Gaston Mandeville (production) et le swing vocal du groupe Hart Rouge (promotion/distribution).

Depuis ses débuts, Trafic vise bien haut l'exportation et les échanges sur différents marchés francophones : France, Belgique, Suisse, Canada. Réjean Rancourt voyage à Paris régulièrement, en moyenne deux fois par mois, pour promouvoir des disques et des spectacles à tous les échelons de la radio, de la télévision et du music-hall. Le catalogue comprend la représentation d'au moins une dizaine d'artistes solistes et de groupes français, dont Jacques Haurogné, Indochine et Niagara. Exclusivement pour Daniel Lavoie, des ouvertures ont été ménagées sur les marchés anglophones au début des années 80. Ces ouvertures ont abouti à une entente avec EMI international pour la production et la distribution de l'album *Daniel Lavoie-Tips*, en 1986. Daniel Lavoie demeure la «figure de proue» de la compagnie avec ses prix récoltés en 1986 et 1987 : Wallonie-Québec pour *Vue sur la mer*, Renonciat-chanson francophone de l'année pour «Je voudrais voir New York», Victoire pour *Vue sur la mer*, et sa tournée européenne qui passait par l'Olympia en septembre 1987. La biographie humoristique «biodégradable» qui accompagne la présentation du dernier album *Long-courrier* témoigne d'une personnalité musicale et médiatique qui n'a plus rien à prouver, et qui provoque la sympathie par son côté «anti-star».

Cependant, la réussite la plus tangible de Trafic au niveau de la création d'une «relève» des auteurs-compositeurs est sans aucun doute Luc de Larochellière. Ce dernier s'est produit pour la première fois sur une scène digne de ce nom lors de l'événement Cégeps en spectacle, en 1985. Il a ensuite remporté trois prix au Festival de la chanson de Granby de 1986 : prix de l'auteur-compositeur-interprète, prix de la chanson primée et prix critique de la presse. Vers 1987, il rencontre Marc Pérusse qui devient son chef d'orchestre et arrangeur et qui lui permet de dénicher quelques contrats, ce qui aboutit à l'entrée du jeune «chansonnier» chez Trafic un an et demi après sa victoire à Granby. Fort de ses premières tournées et de son deuxième album *Sauvez mon âme*, il se trouve à l'aise avec l'équipe de Trafic, qui refuse les recettes et la facilité d'un projet à l'autre. Larochellière déclare d'ailleurs à Rachel Lussier dans *La Tribune* de Sherbrooke qu'il aime «jouer avec les paradoxes. Mon message, c'est qu'une image ne veut rien dire, sauf si elle fait partie de la création[4].» L'entourage de Larochellière a commencé à bâtir avec lui une carrière à multiples facettes (relations à l'écriture, au son, à l'image et à la scène) tout en respectant l'intelligence et le sens critique de l'auteur-compositeur. Le choix courageux de la chanson «Amère America» pour le montage d'un vidéo fulgurant en est l'illustration typique. De même que la préparation de longue haleine d'une tournée de spectacles énergiques susceptibles de mettre en valeur l'humour et la simplicité du chanteur sur scène. Toutes ces attitudes ont sûrement quelque chose à voir avec les expériences des fondateurs... Le chanteur quittera toutefois Trafic en 1993 et fondera avec ses comparses Marc et François Pérusse sa propre maison de disques.

Il n'est pas étonnant non plus de retrouver Marie Philippe dans la «famille» de Trafic. Autre artiste perfectionniste, elle possède un petit laboratoire sonore chez elle, laboratoire qu'elle a monté de haute lutte. Elle a pris le temps d'approfondir ses contacts avec le milieu musical (dix ans depuis la Chant'août) en travaillant dans l'ombre d'autres artistes, comme compositrice ou choriste. Femme qui connaît la valeur des outils de studio et du travail en équipe, comme d'ailleurs la plupart des artistes et du personnel de chez Trafic, Marie Philippe a vu ses efforts récompensés par un succès populaire inattendu avec trois chansons de son premier album. L'obtention du prix Raymond-Lévesque, décerné par CIEL-MF en avril 1989, parachève le tout. Fait intéressant, son apprentissage de la scène comporte certaines audaces : elle assurait la première partie de Daniel Lavoie à l'Olympia cinq soirs d'affilée en 1987.

3 - AUDIOGRAM ou «l'apprentissage d'une génération»

Le premier compère, Michel Bélanger, vice-président de l'ADISQ depuis 1987, a accumulé quinze ans d'expérience en tant que producteur et directeur artistique auprès de Daniel Lavoie, Richard Séguin et Paul Piché, entre autres artistes. Le deuxième compère, Rosaire Archambault jr, est à la tête d'Archambault/Sélect, vénérable maison d'édition de paroles et musiques et de distribution de disques québécois et étrangers. Le troisième compère, Alain Simard, représentant de Spectra-Scène/Spectel-Vidéo, travaille dans la gérance d'artistes et l'organisation de spectacles depuis plus de dix ans. L'organisation du Festival de jazz de Montréal, des FrancoFolies de Montréal, la production de disques et de variétés télévisées, autant de cordes à son arc depuis 1977. Ces trois compères fondent la maison de disques Audiogram en 1984. Audiogram se mérite le trophée Félix pour la maison de disques de l'année aux deux galas consécutifs de l'ADISQ de 1987 et 1988. Cette «success story» contribue à un regain de confiance du public et des artisans dans l'industrie du disque au Québec.

Selon les producteurs, la recette tient en trois phases : pré-conception décisive, science du marketing visuel (de la pochette au vidéoclip), contact direct avec les détaillants de disques. L'organisation interne d'Audiogram exploite au maximum les méthodes adoptées par plusieurs compagnies aguerries par la crise au début de la décennie. Les revenus de la compagnie ont triplé en trois ans : un chiffre d'affaires de l'ordre de deux millions de dollars. L'approche artistique et commerciale a d'abord rejoint des auteurs-compositeurs-interprètes actifs depuis dix ou quinze ans : Paul Piché, Richard Séguin, Michel Rivard, Louise Forestier, Pierre Flynn. Ce n'est pas un hasard. Dès ses débuts, Audiogram adopte une politique qui vise à rendre compétitive la production musicale québécoise dans tous les lieux du succès populaire, face à l'envahissement des produits culturels étrangers, surtout anglais, américains et français. Mais en même temps la compagnie tient à prôner des valeurs culturelles spécifiquement québécoises à l'intérieur de produits artistiques mûrs et puissants : le travail d'artistes déjà établis dans le public et la critique offre certaines garanties tentantes.

Le contrôle de tous les aspects d'un produit artistique populaire — comme la chanson — doit tenir compte à la fois des nouveaux moyens techniques, de la manipulation des médias, de l'autonomie d'une démarche créatrice et des attentes culturelles du public. Apparemment, tous ces mandats ne peuvent être remplis que par des créatrices et des créateurs ayant de longues années de métier derrière eux. Plus simplement, le rassemblement de ressources autour de la maison Audiogram répond aux aspirations d'un groupe de personnes qui ont fait plus ou moins ensemble leurs premières armes dans l'industrie culturelle, au sein des «majors» (CBS) ou des indépendants (Kébec-Spec/Kébec-Disc). En tant que gérant, producteur de spectacles, publiciste, musicien-arrangeur, technicien du son, auteur-compositeur, ces personnes ont grandi dans le même héritage musical québécois et nord-américain, ainsi que dans les mêmes idéaux de gestion sociale et culturelle. Elles se retrouvent souvent dans la même tranche d'âge, les 35-45 ans. Les succès et les échecs essuyés ensemble en dix ou quinze ans ciment les liens personnels et professionnels : on entretient un climat d'urgence face aux dividendes que peut apporter un capital artistique bien exploité.

Michel Bélanger, président d'Audiogram, s'implique dans la production de plus de la moitié des disques d'artistes qu'il connaît bien. Plusieurs disques primés à l'ADISQ ces trois dernières années portent sa griffe, ainsi que celle du réalisateur Paul Pagé qui travaillait déjà avec Paul Piché en 1977. La plupart des musiciens impliqués sur chaque album se reconnaissent comme des piliers des productions des années 70 : un ancien membre de Beau Dommage : Réal Desrosiers; deux ex-Octobre : Mario Légaré et Pierre Hébert; et du groupe de Paul Piché : le violoniste Daniel Jean. Cependant les disques Audiogram n'ont rien d'une entreprise basée sur la nostalgie. Leur option conjointe de rentabilité et de qualité dans un contexte contemporain se remarque à chaque production ou événement entourant leurs artistes. D'ailleurs, plusieurs de ces artistes se perçoi-vent eux-mêmes comme des «PME» et investissent dans leur carrière sur deux plans : le contact avec le public — par des «chansons-hits» et des «images-punch» — et la cohérence du «message» ou de l'«œuvre».

Cette réalité peut paraître contradictoire. Elle semble pourtant bien acceptée par des auteurs-compositeurs-interprètes comme Pierre Flynn et Paul Piché. Tous deux coréalisent leurs albums et leurs spectacles avec leur propre équipe de musiciens, et s'impliquent dans une certaine stratégie de vente non rigide, adaptée à ce que chacun veut projeter de lui-même et de sa création. D'une part, la conception de spectacles solo par et pour Pierre Flynn fait partie d'un travail stratégique poursuivi depuis quatre ou cinq ans, mais issu d'une impulsion spontanée du musicien. Ces spectacles tentent de donner une image autre que celle retenue dans les années 70 : l'auteur-compositeur a appris à communiquer son engagement poétique de manière plus accessible et plus enthousiaste devant une salle. L'implication de Flynn dans la production de vidéos à partir de ses chansons plus «légères» («Sur la route» et «Catalina») fait partie de la même approche. D'autre part, la réputation de l'artiste à plus long terme est soulignée, dans la promotion d'événements à caractère «historique», comme la réunion du groupe Octobre, ancien groupe de

Pierre Flynn, dans un contexte de rappel des qualités, des motivations et de l'évolution de Pierre Flynn l'auteur-compositeur.

Pour les animateurs d'Audiogram, l'image complète d'une carrière d'artiste populaire doit comprendre plusieurs atouts qui se renforcent mutuellement sans se nuire. Des albums de chansons solides d'un bout à l'autre n'empêchent pas de choisir des chansons isolées dont la structure supporte un travail supplémentaire (remixage) pour les palmarès radio : citons les exemples de «Double vie» de Richard Séguin (1985), retouchée trois fois, et du «Château de sable» de Paul Piché (1988), retouchée une fois dans l'orchestration. Ces manipulations révèlent des compromis avec le star-system impensables il y a vingt ans pour des auteurs-compositeurs-interprètes. Les atouts de la personnalité scénique de l'artiste sont explorés autant que les atouts musicaux. À cet égard, les dossiers de presse sont éloquents : remplis de communiqués imagés et d'informations concises et pertinentes, ils orientent la perspective des gens des médias, toujours sollicités comme intermédiaires avec le public. Les expériences du très éclectique Jim Corcoran avec des scènes diverses : théâtre, télévision, radio et vidéo renforcent son personnage sympathique et indépendant et aident à vendre son approche du spectacle qui, en retour, fait connaître ses disques. Le groupe d'humoristes Rock et Belles Oreilles occupe une place à part à cause de sa capacité d'investir tous les domaines de communication. L'équipe de recherchistes, de coordonnateurs et de réalisateurs télé employée par RBO s'est affirmée comme la voix d'une génération élevée dans le «vertige» des informations visuelles et de la culture vite consommée (y compris la musique), avec une vision critique à l'avenant.

Tous ces hommes et ces femmes en pleine possession de leurs moyens créateurs ne craignent pas (ou plus) d'actualiser le «son» de leurs disques. On injecte tous les éléments qui peuvent rivaliser avec les productions américaines et européennes. On maîtrise les claviers électroniques, si possible comme compléments des instruments de base pour la composition (piano, guitare). On insiste sur les arrangements propres à cette fusion pop-rock familière aux musiciens comme aux auditeurs. On ne néglige pas d'autres ouvertures culturelles auxquelles les artistes sont sensibles aujourd'hui. Par exemple, on constate sur *Journée d'Amérique* l'intérêt de Richard Séguin pour les mélodies, rythmes et sonorités de formes musicales sud-américaines. Il n'empêche que les productions d'Audiogram, au pire, souffrent d'uniformité à force de rechercher l'équilibre idéal entre toutes les visées artistiques et commerciales. Les cheminements de carrière cahoteux de Maude, Mario Pelchat ou Michel Lemieux révèlent les possibilités et les limites de critères trop parfaits.

Étrangement, la génération de producteurs et d'artistes à laquelle appartient «l'écurie Audiogram» renie un bon nombre de traits qui ont fait partie de leurs premiers contacts avec la culture et la chanson québécoises. Cette situation est d'ailleurs partagée par d'autres producteurs dans plusieurs champs de la musique populaire. Toutes les différences linguistiques marquées, toutes les références aux orchestrations des années 60 et 70, toutes les allusions au verbe des chansons (le «trip» chansonnier) se font très discrètes, pour ne pas dire réduites. La névrose du «son québécois passe-partout» peut ainsi nuire aux artistes les plus prometteurs. Un exemple troublant à cet égard est celui de Richard Desjardins (Prix de la Chanson francophone en 1990) qui s'est heurté à des portes fermées chez toutes nos compagnies établies, jusqu'à ce qu'il produise lui-même ses premiers disques.

La coopération constante avec les radios et les distributeurs n'est pas tout : Audiogram (ou plutôt, Spectra-Scène) gère les intérêts du Spectrum, outil de diffusion créé pour les besoins de la cause en 1982. Salle adaptable à différents types de spectacles, excellente étant donné la proximité des artistes et du public, le Spectrum a vu défiler sur sa scène tous les «protégés» de la compagnie, y compris de plus jeunes qui avaient une longue expérience d'autres scènes : l'auteure et chanteuse Laurence Jalbert et le rocker Jean Leloup. La présence systématique des dirigeants et du personnel de la boîte dans l'organisation du gala de l'ADISQ et sur divers concours depuis quelques années, renforce encore l'exposition de ses artistes et de ses projets. Grâce à une politique d'exportation particulièrement agressive vers les marchés francophones, Audiogram a implanté un système de sous-licences en France pour les disques de Rivard, Forestier, Flynn, Séguin et Ginette Reno, en spectacle avec Michel Legrand. Audiogram détient les droits d'exploitation pour les artistes français suivants : Alain Bashung, Jackie Quartz, Paolo Conte et Yves Duteil.

Dans le catalogue des titres parus, mentionnons donc :

Double vie de Richard Séguin (juin 1985), 2 Félix 86 : microsillon de l'année et meilleure réalisation de disque.

Nouvelles d'Europe de Paul Piché (septembre 1984), 2 Félix 85 : microsillon de l'année-rock et auteur-compositeur de l'année.

The Disque de Rock et Belles Oreilles (août 1986), Félix du microsillon de l'année-humour.

Miss Kalabash de Jim Corcoran (septembre 1986).

Starmania-3e version (février 1987).

La Passion selon Louise de Louise Forestier (février 1987).

Un trou dans les nuages de Michel Rivard (avril 1987), disque platine, Grand Prix international du disque Paul Gibson (Académie Charles-Cros) 88, 2 Félix 87 : microsillon de l'année-pop et auteur-compositeur de l'année.

The Spectacle de Rock et Belles Oreilles (octobre 1987), Félix 88 du microsillon de l'année-humour.

Le parfum du hasard de Pierre Flynn (novembre 1987), 2 Félix 88 : microsillon de l'année-rock et meilleurs arrangements.

Journée d'Amérique de Richard Séguin (avril 1988), Félix 88 du microsillon de l'année-rock.

Menteur de Jean Leloup (juin 1989).

Sur le chemin des incendies de Paul Piché (novembre 1988).

Rebelle dans l'âme de Maude (août 1989).

Laurence Jalbert de Laurence Jalbert (mars 1990).

Corcoran de Jim Corcoran (septembre 1990).

L'amour est sans pitié de Jean Leloup/La sale affaire (septembre 1990).

4 - *Les «valeurs sûres» des variétés d'aujourd'hui : découpages, récupérations, mixages de nos cultures populaires, de Guy Cloutier à Nicholas Carbone*

Que les critiques le veuillent ou non, les variétés populaires résistent à toutes les crises économiques, politiques et culturelles. Inspirée tour à tour du folklore, de la romance ou du country, la ballade ainsi que le pop adolescent enraciné dans le mouvement yé-yé ont toujours eu leur place, non sans efforts de la part de leurs principaux promoteurs. En l'espace de vingt ans, des cabarets à la télévision en passant par le Théâtre des Variétés, ces musiques populaires se sont adaptées aux différentes évolutions de la chanson québécoise, tout en gardant des formules très prisées de leur public. Quelles sont ces formules? Des textes et des formes musicales facilement accessibles au plus grand nombre, des personnages sympathiques identifiables sous toutes leurs facettes, une intégration de la chanson à de grands ralliements populaires autour des médias : comédies musicales, spectacles-bénéfice et célébrations d'événements culturels, sportifs, religieux.

Le courant actuel des idoles vient de cet ensemble de critères, accommodés avec le plus de talent possible par tous les acteurs concernés : artistes, gérants, producteurs de disques, de spectacles, de radio et de télévision, publicitaires et promoteurs d'événements en tout genre. La même quantité de travail se retrouve derrière le «passage à l'âge adulte» de René et Nathalie et les personnages candides et provocants joués par Mitsou. Même au nom de grandes œuvres sociales, ces variétés pop cultivent sans aucune gêne le «glamour». Dans beaucoup de cas, les fins mercantiles y sont reconnues sans vergogne, en même temps qu'y perdure une certaine candeur qui puise aux souches populaires. Des gens comme Guy Cloutier, gérant des Simard depuis 18 ans, ont utilisé les difficiles années 1980 comme tremplin pour orchestrer un «cirque de variétés» complet autour d'artistes appréciés d'un très grand public.

Ces producteurs de disques et de spectacles chevronnés choisissent la télévision comme outil indispensable à la durabilité de carrières dans lesquelles ils croient et investissent. Parmi les jalons importants des Productions Guy Cloutier depuis le début des années 1980, on compte les premières émissions spéciales animées par la toute jeune Nathalie Simard, par exemple les spéciaux de Noël, qui font évoluer la star et son public familial jusqu'au *Village de Nathalie* sur les ondes de Télé-Métropole de 1985 à 1988. Son frère René Simard a poursuivi, depuis le milieu des années 70 au Canada comme aux États-Unis, des expériences d'animateur de variétés conjointes à sa carrière de jeune chanteur prodige. Ces contacts multiples avec le public font du travail des deux artistes une locomotive puissante pour leur maison de production qui développe les projets télévisuels en priorité. Émissions de palmarès musical comme *R.S.V.P.* en 1984-85, *Laser 33/45* (100 % francophone) en 1988; émissions thématiques comme *Escale à Memphis* (hommage à Elvis) en 1987; participation à des téléthons au profit d'œuvres sociales reconnues.

Les productions Guy Cloutier s'appuient tout de même sur la vente d'au moins sept millions de disques au Québec pour justifier leurs initiatives, qui représentent toute la gamme du show-business répartie sur trois générations. Du concours de jeunes talents (*Les mini-stars de Nathalie*) au «revival» hebdomadaire des vedettes pop des années 60 (*Jeunesse d'hier à aujourd'hui*), tous les téléspectateurs sont conviés dans la constance d'une culture d'abord divertissante et émouvante. Plusieurs jugent cette politique incompatible avec la «vraie chanson». En examinant les dossiers des artistes, on retrouve pourtant des entreprises artistiques au contenu très «crédible». Avec le concours de la directrice de production Danielle Bernard, les Productions Guy Cloutier soutiennent le retour sur disque d'artistes comme Danielle Oddera (sœur de Clairette) et Roberto Medile, qui se sont fait connaître en interprétant de la chanson d'auteur : Brel, Sylvain Lelièvre et Pierre Létourneau, Michel Rivard et Jacques Blanchet traduits en italien. Les romances pour adultes qui constituent le répertoire de ce couple sont intelligemment produites pour refléter, autant que possible, la vie amoureuse contemporaine.

Les Productions Guy Cloutier montrent également plusieurs exemples de transitions de carrière chez de très jeunes artistes. L'album de «maturité» de René et Nathalie Simard, conçu en 1987 et 1988, a bénéficié des valeurs de production retrouvées dans les palmarès européens. Des structures de chanson souples, entre la ballade et le «dance music», des paroles recherchées en français international, des sonorités légères d'instruments électroniques rehaussées par des cuivres ou des vents. De même Martine St-Clair qui s'est adjoint une «famille musicale» québécoise et française pour son album *Caribou*. Rappelons que cette chanteuse a connu son plein épanouissement dans la production *Starmania* de Plamondon-Berger, alors qu'elle était encore adolescente. Le passage par la comédie musicale fait intimement partie du cycle des variétés auquel s'intéressent des producteurs comme Guy Cloutier.

Il faut enfin parler de Johanne Blouin, autre «enfant prodige» de la scène qui chantait dans les cabarets dès l'âge de 16 ans. Vedette elle aussi de l'opéra-rock de Plamondon-Berger en 1980, elle prend l'initiative d'un projet casse-cou en 1988 : l'adaptation de chansons de Félix Leclerc avec des arrangements contemporains inspirés du blues, de la ballade pop et même du rock. Dans la petite histoire de la production de cet album, on fait grand cas de la sympathie de Félix lui-même pour ce projet. La sortie de l'album *Merci Félix* coïncide étrangement avec le décès du «père» de la chanson québécoise moderne. L'immense succès du disque consacre alors l'une des rares occasions où une maison de disques de «variétés légères» appuyait une entreprise basée sur le patrimoine chansonnier. Ce phénomène est sans doute le signe d'une nouvelle définition des variétés à l'aube des années 90.

Comme bien d'autres maisons de production et de gérance d'artistes, les Productions Guy Cloutier travaillent avec acharnement à rendre visibles leurs protégés en Europe francophone, surtout pour les faire entrer dans le capricieux marché français du 45 tours : le Top 50. La compagnie a aussi signé une entente importante avec la société Tréma pour la représentation d'auteurs-compositeurs aussi différents que Michel Sardou, Catherine Lara et Charles Aznavour. Guy Cloutier semble un des seuls à posséder le capital et les ressources techniques pour diffuser à la grandeur du Québec sa conception personnelle des variétés haut de gamme. Le 7 décembre 1989, le producteur-gérant s'est porté acquéreur d'une grande part des Productions de la Capitale inc., afin de promouvoir des spectacles et des productions télévisuelles de son cru à Québec. La rénovation de l'ancien théâtre Capitole de la Place d'Youville, pour environ huit millions de dollars, compte parmi les plus grandes réalisations de sa carrière. Guy Cloutier a reçu en 1988 le Félix du producteur de l'année.

Les Disques Star sont une autre entreprise où les plans de carrière dessinés par et pour les artistes ne dédaignent ni les courses au palmarès, ni l'implication dans la publicité, ni les passages fréquents à la télévision ou dans les journaux populaires. André Di Cesare, déjà président de l'ADISQ de mars 1987 à mars 1989, a fondé sa société en 1980. Les microsillons produits par Star forment une collection plus variée qu'il n'y paraît. Encore là, on retrouve au catalogue des traditions musicales qui appartiennent aux premières variétés québécoises : ballades, country/western, folklore urbain. Trente ou quarante ans plus tard, ces styles sont curieusement réconciliés sous le vernis de la production pop : *Pier Béland chante l'amour* (50 000 exemplaires), *C'est mon histoire* de Renée Martel (50 000 exemplaires), *Fernand Gignac et le Ballroom Orchestra* (60 000 exemplaires), les trois albums d'Édith Butler *Le party d'Édith* (80 000 exemplaires chacun), et surtout *Quand on est en amour* de Patrick Norman (250 000 exemplaires).

Star a produit les premiers albums de Martine St-Clair, vendus respectivement à 85 000 exemplaires (*Il y a de l'amour dans l'air*) et 75 000 exemplaires (*Ce soir l'amour est dans tes yeux*). La chanteuse a reçu ses premiers trophées Félix pour ces deux albums : ses relations de travail avec les Disques Star ont culminé dans une tournée de 150 spectacles, organisée en 1985. Les Disques Star se retrouvent sous trois étiquettes : Star, ADM et Vamp, qui produisent nombre de compilations de leurs artistes. À partir de 1987-1988, ils ont senti le besoin de revitaliser leur production dans le but de rejoindre un public dans la vingtaine, sensible à de nouvelles images et à de nouvelles exigences culturelles. La signature d'un contrat en 1988 avec Marie-Denise Pelletier, jeune auteure-compositeure-interprète «pop et éclairée», représente un pas en dehors des variétés plus conservatrices. 30 000 cassettes de l'album *Survivre* ont été distribuées chez des dépanneurs : la chanteuse n'est pas du tout choquée d'imaginer ses chansons sur l'environnement, l'amour et la guerre vendues dans les centres commerciaux. Elle déclare dans le magazine *Chansons d'aujourd'hui* d'avril 1990 : «Après avoir vendu 75 000 copies [de son 2ᵉ album *À l'état pur*] [...] cinq compagnies de disques se sont montrées intéressées. J'ai choisi [...] celle avec qui je m'entendais le mieux. [...] Le monde apprécie que je sois accessible. Je ne veux pas de barrière[5].»

1988 et 1989 sont des années décisives pour les Disques Star : l'arrivée de Roch Voisine dans leur galerie d'artistes bouleverse les cartes. Nouvelle coqueluche des adolescentes, auteur de chansons et comédien, Voisine est poussé dans la course par un gérant entreprenant, Paul Vincent, ancien disc-jockey de CJMS durant les années 70. Sa chanson «Hélène», tirée du microsillon du même nom, lancée avec un vidéoclip-support, fait vendre 275 000 albums au Canada. Un contrat de distribution signé entre les Disques Star et l'éditeur de chansons Georges Mary, pour BMG-Paris, fait vendre 500 000 albums en France et au-delà, et porte à un million le nombre de 45 tours vendus de la chanson «Hélène». Dans la musique et la personnalité de Roch Voisine sont présents à la fois les traits de l'idole pop : le physique et la voix de charme, et les traits du chansonnier : la composition des paroles et de la musique, la guitare comme instrument principal. Quel que soit son succès à long terme, le cheminement de Voisine offre l'exemple d'une chanson québécoise de variétés qui a contourné habilement l'étiquette «quétaine». Les Disques Star se sont mérité le titre de Producteurs de l'année 1989 au Gala de l'ADISQ.

Comme on l'a vu, dans les variétés musicales les plus populaires se côtoient plusieurs visions, plusieurs publics. Il existe des variétés plus «sages» et d'autres plus «turbulentes», qui manient un certain sens de l'humour et de l'anarchie.

Parmi les modèles de comportements offerts aux jeunes générations depuis trente ans, à l'image romantique s'oppose l'image rock, plus rebelle et impertinente. Inspirés de certaines références et de certaines images des premiers groupes rock'n'roll, plusieurs jeunes musiciens québécois francophones ont trouvé au milieu des années 80 un lieu de production privilégié : la maison de disques Isba, et une oreille privilégiée : Nicholas Carbone. Ce dernier est aujourd'hui président-directeur général de sa propre entreprise en tant que conseiller artistique. Ses expériences de formation les plus marquantes s'étalent entre 1978 et 1982. Il s'occupe de la gestion artistique du chanteur Peter Pringle en 1978. En 1980, il devient représentant de promotion des produits anglophones et francophones chez A&M Records : il entre alors en contact avec des artistes canadiens et étrangers de gros calibre : The Police, Joan Armatrading, Bryan Adams. Il joint la compagnie WEA en 1982 en tant qu'agent de promotion pour l'Est du Canada, travaillant avec des artistes rock comme Peter Gabriel et Phil Collins et s'impliquant dans la représentation de plusieurs autres produits européens populaires au Québec.

Nick Carbone développe ainsi une connaissance des différentes tendances et des nouveaux marchés en musique populaire contemporaine. Au début de 1985, il s'associe à l'administrateur Maurice Velonosi pour fonder Isba. Il prend en charge la direction artistique de plusieurs projets indépendants qui concordent avec sa vision de «nouvelles idoles», et qui collent davantage aux préoccupations et à la mentalité des jeunes de moins de trente ans. Pour Nicholas Carbone, le travail avec tous ces nouveaux artistes a tenu de l'échange beaucoup plus que de la fabrication. À part les chansons accessibles et les personnages accrocheurs (traits qu'on retrouve dans toutes les variétés), ce que des artistes ou des groupes d'artistes comme Mitsou, les B.B., Nuance et les Taches ont en commun, c'est une série d'attitudes. Plaisir, sensualité, lucidité et moquerie, ces caractéristiques qui ressortent dans la musique et la présentation visuelle de ces artistes pourraient illustrer l'adolescence des années 80. Nicholas Carbone insiste sur l'intuition et la séduction que lui inspiraient tous les artistes qu'il a retenus chez Isba.

Le groupe rock Nuance, originaire de la Gatineau, entre en contact en 1985 avec N. Carbone grâce au chanteur Robert Leroux, une connaissance de la même région. Premier groupe produit par Isba, Nuance décroche trois Félix en 1986 : groupe francophone de l'année, premier album le plus vendu dans l'année (75 000 copies) et meilleur 45 tours avec la chanson «Vivre dans la nuit». Cette ballade simple et directe sur fond rock traite de la difficulté de choisir, pour une jeune femme, entre son travail et ses amours. La chanteuse Sandra Dorion suit un peu les traces de la rockeuse Marjo à travers des chansons-confessions personnelles. Le groupe a voulu prouver sa filiation au rock québécois en reprenant des chansons de la petite histoire du rock : Corbeau, Offenbach et Diane Dufresne, sur un album «live» en 1987.

En 1988, Mitsou et son gérant Pierre Gendron proposent à Nick Carbone un concept tout réfléchi. Ils n'entendent faire aucune concession, ni dans le choix musical ni dans l'image publique de la chanteuse. De son propre aveu, le directeur artistique s'est engagé avec enthousiasme à polir le projet, grâce à son expérience et à son intuition du marché culturel de la jeunesse. «La promotion faite autour des chansons et des images de Mitsou visait à la présenter plus comme un grand phénomène populaire que comme une nouvelle artiste[6].» Pour N. Carbone, il existe plusieurs jeunes publics, chacun cultivant ses habitudes de langage, de musique, d'esthétique. Les artistes qu'il a aimés et encouragés représentent tous des niveaux différents de communication avec le public : «Notre politique chez Isba était de créer une atmosphère de coopération pour le succès et non pas de compétition entre les artistes. Personne ne nuisait au succès de l'autre parce que chaque artiste ou groupe avait son public bien à lui[7].» Ainsi, les B.B. se sont fait reconnaître en 1989 comme les «charmeurs du rock», alors que les Taches tendent à ressembler aux étudiants moqueurs qui jouent de la musique country au second degré.

Aujourd'hui, N. Carbone offre son expérience aux artistes populaires plus «mûrs» qui cherchent de meilleures orientations de carrière, à court et à moyen terme. Depuis 1989, il s'attache aux problèmes de plusieurs artistes reconnus qui ont vécu des éclipses importantes sur disque. En tant que conseiller artistique, il a vu sa première réalisation concrète dans le nouvel album éponyme d'Édith Butler. Cet album a été porté à l'attention du public par la chanson «Drôle d'hiver» et son vidéoclip réalisé par Michel Lemieux. Ce disque est le fruit de plusieurs collaborations savamment orchestrées pour chaque pièce, avec des musiciens, arrangeurs et techniciens de studio de plusieurs horizons. Édith Butler, sa gérante et parolière Lise Aubut, et N. Carbone ont coordonné cette transition musicale. Toute la démarche autour du disque reprend les thèmes et les «patterns» mélodiques et harmoniques chers à l'artiste elle-même, pour les adapter aux codes contemporains de la musique pop-rock, dans la projection vocale et les couleurs instrumentales. À partir de ses différentes expériences, Nick Carbone se dit prêt à rassembler des énergies dans plusieurs milieux de la production musicale en vue de projets de grande envergure.

5 - *De Paul Dupont-Hébert à Pierre Tremblay : des histoires de «producteurs délinquants»*

Beaucoup de producteurs de musique populaire disent vivre avec les artistes qu'ils soutiennent une histoire «d'émotion et d'instinct». Certains producteurs et promoteurs prétendent même ne pas tenir compte des règles habituelles du commerce des disques et des spectacles. Comment les croire tout à fait, dans un univers où toute valeur culturelle, même contestataire, est intégrée au circuit des marchandises? Un producteur de disques peut-il se déclarer complètement indépendant sans faire sourire les artistes et le public? En fait, le terme «indépendant» concerne davantage certaines facettes de la dynamique commerciale, par exemple les attitudes envers les diffuseurs et les distributeurs, ou encore les critères de travail autour de la production des disques.

Un producteur comme Pierre Tremblay se considère plus libre que la moyenne face au palmarès. Il refuse d'exercer des pressions sur les artistes pour alimenter les radios en disques simples qui porteraient des «hits». «Je ne suis pas capable de sentir ou de fabriquer un "hit". Je suis un gars d'album. Quand un album me satisfait, je suis prêt à le vendre au complet[8].» Les premières expériences de l'agent de promotion Pierre Tremblay remontent à son travail pour la compagnie London en 1978. En 1981-1982, il devient agent de promotion indépendant auprès de Kébec-Disc pour plusieurs artistes québécois et français. En 1986, il participe à la fusion des catalogues de Kébec-Disc et de Trans-Canada, qui «donne accès à un très gros tableau de la production musicale francophone[9]». En octobre de la même année, Pierre Tremblay fonde son propre label, les Disques Double. Il compte ainsi mieux promouvoir la chanson québécoise la plus créative, tout en donnant libre cours à ses coups de cœur.

Les premières activités de la compagnie, au début de 1987, comprennent des ententes avec des artistes français, dont Herbert Léonard, Linda De Suza et Michèle Torr, et l'acquisition du volumineux catalogue de Charles Tallart. Les premières réalisations complètes de disques datent de 1988-1989, avec Marie Carmen, Marc Drouin et Gerry Boulet (*Rendez-vous doux*). Le rock est sans doute le langage musical préféré de Pierre Tremblay, ce qui ne l'empêche pas de respecter tous les artistes qu'il juge solides et déterminés. Dans ses productions, la mélodie et le texte sont souvent mis en valeur par des arrangements sobres, que les musiciens peuvent transformer à tout instant sur scène. Les Productions Pierre Tremblay organisent à l'automne 1990 les premières tournées de spectacles de Marie Carmen. On a déjà surnommé Marie Carmen «la Piaf du rock» d'après une chanson écrite pour elle par Luc Plamondon : «Piaf chanterait du rock».

Le cheminement de Pierre Tremblay ressemble à celui d'autres passionnés de musique québécoise, qui ont travaillé surtout à la gérance d'artistes ou à la production de spectacles avant d'en venir au disque. Soulignons l'exemple de Paul Dupont-Hébert, qui œuvrait comme producteur de scène et gérant d'artistes durant les années 70 puis qui s'est impliqué dans les Productions Beaubec jusqu'au milieu des années 80. En plus d'avoir fait ses premières armes dans la production de disques chez CBS durant deux ans, Paul Dupont-Hébert a cultivé des relations personnelles et professionnelles pendant quinze ans avec des artistes comme Les Séguin, Carole Laure et Lewis Furey, Geneviève Paris, Serge Fiori, Francis Cabrel, Bertrand Gosselin, pour en nommer quelques-uns. Toutes ces activités visaient à «redonner de l'importance à l'art de plusieurs auteurs-compositeurs-interprètes du Québec et d'Europe, ce qui n'était pas conforme au climat de vide politique et culturel existant au début des années 80[10]». À la fin des années 80, Paul Dupont-Hébert s'est «recyclé» dans la production théâtrale et télévisuelle, notamment en occupant quelque temps le poste de directeur artistique du Festival de Lanaudière.

6 - AMBIANCES MAGNÉTIQUES et JUSTIN TIME : des producteurs spécialisés?

Les producteurs de musique qui doivent travailler à rendre leurs passions viables et porteuses de succès ont encore plus d'efforts à fournir dans le champ des musiques dites (à tort ou à raison) «spécialisées». Pour des raisons d'histoire culturelle, sociale et économique, ces musiques se retrouvent en marge des habitudes d'écoute de la musique populaire, et surtout en marge des activités des médias. Ces mêmes musiques sont revitalisées dans le temps par différents événements scéniques et discographiques, qui cherchent à atteindre une qualité et des publics «hors normes» et «au-delà des modes». Par exemple, dans le vaste domaine du jazz comme dans le domaine des musiques de recherche (maintenant dites «actuelles»), les artistes de la métropole, de la capitale et des différentes régions du Québec survivent en se dotant de solides alliances internationales pour la circulation des disques et des spectacles.

Les musiques actuelles sont considérées, parfois très injustement, comme des musiques trop intellectuelles et impossibles à apprécier par les profanes. En fait, ces musiques s'inspirent tour à tour de plusieurs formes musicales traditionnelles, savantes ou populaires, tout en brisant des conventions de mélodie et d'harmonie connues ou apprises. Une grande partie des œuvres musicales «actuelles» sont des compositions instrumentales, avec des apports de voix et de textes qui se distinguent des usages pop. On peut rapprocher ces critères de ceux qui président aux musiques de films (sources de revenus pour plusieurs compositeurs), à certains volets des folklores, de la musique savante «classique» ou des musiques rock sophistiquées des années 70, qualifiées de «progressives». Au Québec, les auteurs-compositeurs et les producteurs autonomes de ces musiques accumulent plus de dix ans d'expérience dans des conditions précaires d'enregistrement, de jeu de scène, de distribution et de gestion de projets artistiques en général.

Afin de regrouper différentes démarches musicales autogérées dans une distribution plus solidaire, et afin d'assurer un meilleur contrôle global de la production de spectacles et de disques de «musiques actuelles», l'étiquette Ambiances magnétiques est fondée vers 1986. Au cœur de ce regroupement se retrouvent deux anciens membres du groupe Conventum : André Duchesne et René Lussier. Le groupe Conventum joignait en 1977 la compagnie de disques de Bertrand Gauthier et Réal Tremblay, Le Tamanoir, qui misait sur les tendances nationalistes dans la culture populaire avec des musiciens folkloristes comme Le Rêve du diable. Conventum proposait alors une musique qui relisait les structures et les rituels du folklore, du rock et du jazz, dans un esprit à la fois politiquement engagé et ironique. Ces mêmes musiciens et auteurs-compositeurs-interprètes se faisaient remarquer, au milieu des années 70, par leurs attitudes anticonformistes face au showbiz québécois en pleine croissance. Jugeant les scènes des variétés musicales de plus en plus étroites et trop chères, ils ont participé entre autres à la création d'un syndicat qui lutterait — sans succès — contre la Guilde des musiciens de Montréal.

Selon André Duchesne, les deux microsillons du groupe Conventum ont chacun bénéficié d'investissements personnels de la part des musiciens, de l'ordre de 7 000 $. Les profits des 7 000 copies vendues du premier microsillon, À l'affût d'un complot, se sont avérés plutôt maigres pour ces musiciens. Plusieurs faillites de distributeurs et des problèmes internes dans le fonctionnement même du Tamanoir leur ont prouvé la nécessité de compter d'abord sur eux-mêmes. André Duchesne affirme qu'au milieu des années 70, l'industrie du disque et du spectacle s'organisait déjà dans l'exclusion d'une bonne partie de la créativité musicale et dans la négation des conditions vécues par plusieurs musiciens. «La "relève" artistique était une idée artificielle, qui masquait les difficultés que rencontraient plusieurs musiciens à produire des œuvres autonomes et à les distribuer décemment sur le marché[11].»

Le temps des bombes est le premier disque auto-produit de musique et de chansons d'André Duchesne après l'aventure de Conventum. Pour la conception de l'album, entre mai et septembre 1983, l'artiste a loué un studio 8 pistes à l'Université du Québec à Montréal pour environ 10 000 $. Les différentes sessions d'enregistrement ont nécessité quatre mois de travail dans d'autres studios, loués à Montréal entre juillet et novembre 1984, surtout le vénérable studio Victor. André Duchesne produit ensuite en 1985 le premier disque du groupe de musiciennes Wondeur Brass : *Ravir*. Trois de ses membres, Joanne Hétu, Diane Labrosse et Danielle P. Roger, forment assez tôt les Productions Super-Mémé. Elles convainquent les autres musiciens avec qui elles collaborent, Duchesne, Lussier et Jean Derome, de se regrouper pour unir leurs énergies et leurs capitaux dans des initiatives de production et de diffusion conjointes de leurs disques et spectacles. En 1990, le catalogue d'Ambiances magnétiques contient presque une vingtaine de titres, dont le dernier disque de la nouvelle formation de Wondeur Brass (rebaptisée Justine) et les trois disques des instrumentistes touche-à-tout Jean Derome et René Lussier, surnommés Les Granules.

Les contacts les plus déterminants pour la constitution d'un réseau de distribution efficace des «musiques actuelles» sont venus d'Europe, grâce à l'implication de Chris Cutler. Ce musicien anglais «marginal» a fondé Recommended Records en 1980. L'étiquette s'attache à diffuser des œuvres contemporaines de musiciens peu connus ou reconnus : les disques sont choisis selon des critères artistiques exigeants, sans frontières de genre musical, de culture ou de nationalité. Des cercles de musiciens, formés à l'époque de l'ébullition culturelle mondiale des années 70, gravitent autour de Recommended Records à partir de l'Angleterre, de l'Allemagne, du Canada, de la France, des États-Unis et du Japon. De plus, le milieu des années 80 au Québec a vu naître, après bien des efforts, une série de scènes alternatives pour les auteurs-compositeurs et musiciens qui se sentaient déclassés par rapport au reste de la production pop, rock ou de chanson traditionnelle.

Le bar-spectacle Les Foufounes électriques est un brillant exemple de nouveaux brassages sociaux et culturels sur lesquels se branche une certaine jeunesse. Des rassemblements sporadiques, autour d'autres conventions d'esthétique, de mode et de communication, sont devenus des phénomènes de plus en plus marquants à l'aube des années 90. Les lieux d'échange et d'intégration créés par plusieurs groupes ethniques et socio-culturels se multiplient depuis les années 70, faisant éclater de nouveaux courants musicaux à Montréal. Enfin, l'évolution de nouvelles branches de musique populaire ou savante est facilitée par la tenue du Festival international de musique actuelle de Victoriaville. Nées en 1982, les Productions Plateforme dirigées par Michel Levasseur suscitent des ambiances innovatrices de concerts-échanges entre musiciens des quatre coins du globe. Ces entreprises se concrétisent davantage sur disque avec l'étiquette des Disques Victo (pour Victoriaville), qui fait connaître plusieurs musiciens du Québec, souvent en collaboration avec des créateurs américains, européens, asiatiques, etc.

La compagnie Justin Time concrétise aussi une passion musicale, défendue et rentabilisée contre vents et marées. Fort d'une expérience de dix ans comme acheteur chez Sam The Record Man et d'une expérience comme gérant du groupe rock Mahogany Rush, Jim West rachète en 1983 la compagnie de distribution Almada de Montréal, spécialisée en jazz, pour en faire Distribution Fusion III. La même année, il entend jouer le pianiste Oliver Jones au Club Biddle's Jazz & Ribs, lieu de rencontre privilégié de plusieurs musiciens de jazz à Montréal. Le bassiste Charlie Biddle en est le propriétaire. Jim West décide spontanément de faire signer un contrat de trois disques au trio Jones-Biddle-Primeau. Le premier disque est enregistré par Morris Applebaum dans l'atmosphère du Club et crée tout un émoi dans le public amateur de jazz et dans les milieux de l'industrie musicale en général.

Les huit microsillons d'Oliver Jones, le plus gros vendeur de l'étiquette Justin Time, sont vendus chacun à au moins 7 000 copies à travers le monde, grâce à une politique de distribution soignée dans une dizaine de pays. Après quarante-cinq ans de métier, Oliver Jones se mérite en 1986 le trophée Juno de l'album de jazz pour *Lights of Burgundy*. Tout comme certains compositeurs et producteurs de «musiques actuelles», le producteur Jim West minimise les coûts avec des méthodes d'enregistrement direct qui exigent très peu de retouches. Au moins la moitié des titres du catalogue Justin Time sont enregistrés en concert. Depuis 1987, une vingtaine de ces disques sont édités en format disque compact, dont la plupart des enregistrements d'Oliver Jones. La variété du catalogue québécois et canadien des musiques produites et éditées sous licence par Justin Time est une des caractéristiques les plus originales de la compagnie. Ce répertoire comprend aussi bien le piano semi-classique de Marie-Andrée Ostiguy que la parodie musicale du trio Bowser & Blue et les aventures du duo Karen Young/Michel Donato entre différents courants jazz et pop.

Depuis 1987-1988, Justin Time s'oriente davantage du côté des auteurs-compositeurs de chanson et musique populaires francophones. Plusieurs artistes et producteurs indépendants bénéficient de ces ententes pour le pressage, la gravure et la distribution : en 1990, les chansons de l'album *Tu m'aimes-tu* de Richard Desjardins ont remporté les honneurs de plusieurs festivals et les hommages chaleureux du public. Un plus jeune auteur-compositeur, Michel Robert, a bénéficié d'ententes de post-production pour son premier disque et d'une promotion particulière, à l'aide d'un vidéo pour sa chanson aux accents rock «Dans la jungle des villes». Caroline Lagueux a participé à la mise en marché de cet album : «Malgré les difficultés, le jeu en valait la chandelle. Il était important de miser sur le long terme et d'offrir en même temps un produit artistique compétitif sur le marché de la chanson. À partir de maintenant nous comptons accumuler de l'expérience en pré-production[12].»

Le diagramme très élaboré de la distribution des produits Justin Time est intéressant à cause d'ententes mutuelles sous licence avec des compagnies européennes. Distribution Fusion III prend en charge plusieurs étiquettes québécoises : Justin Time, Tandem, ainsi qu'une cinquantaine d'étiquettes canadiennes et étrangères : Soul Note, Charly, Owl, OMD, Ace, New Albion et Wergo. Fusion III est la seule compagnie canadienne importatrice de jazz située en dehors de Toronto. Sa politique d'importation recouvre plusieurs sources musicales : folk, bluegrass, jazz, gospel et blues, rock, comédie musicale et musiques de films, musique classique contemporaine et musiques internationales. En retour, plusieurs artistes montréalais, grâce à Justin Time, profitent d'ententes multiples pour la fabrication de leurs disques en France (Young/Donato sur Bleu Citron), en Allemagne (Montreal Gospel Jubilation Choir sur Blues Bacon), au Portugal (Bowser & Blue) ou en Nouvelle-Zélande (Oliver Jones).

Oliver Jones, l'artiste «locomotive» de la maison de production, bénéficie d'un travail soutenu au niveau de l'organisation des tournées et de la circulation des disques. Jim West passe six semaines en moyenne par année auprès des médias et des distributeurs européens. Tous les disques touchés par les ententes de Justin Time sont écoulés par Distribution Fusion III à travers le Canada et l'Amérique du Nord, avec l'appui de l'étiquette North Country aux États-Unis. Un projet important, entamé en 1990, concerne le montage et la distribution d'un catalogue des compagnies de production indépendantes pour tout le Canada. On compte plusieurs partenaires internationaux dont OMD en France, Harmonia Mundi en Grande-Bretagne, Polygram/IMS au Bénélux, BMG en Allemagne, IRD en Italie, JVC au Japon et Planisphar en Suisse.

* * *

Il est évident que plusieurs entreprises et plusieurs genres de production musicale manquent encore à l'appel dans ce portrait. Éclairées par une perspective historique et approfondies par une analyse de l'industrie culturelle de la chanson, ces quelques vignettes descriptives tentent d'illustrer les mouvements les plus importants de la production musicale québécoise des dix dernières années. D'autres recherches plus poussées pourront tenir compte, par exemple, des producteurs de disques et de spectacles en région, ou bien d'autres volets spécifiques : la musique country/western, la musique et la chanson traditionnelles, la musique du «nouvel âge».

En attendant, remercions tous ceux et celles qui, par leurs témoignages et réflexions, ont contribué à ce tableau historique et critique :

Nicholas Carbone (Isba et Productions Nicholas Carbone), André Duchesne (Ambiances magnétiques), Paul Dupont-Hébert, Caroline Lagueux et Jim West (Justin Time), Mario Lefebvre (CBS), Lucette Mercier (Trafic) et Pierre Tremblay (Disques Double). Remercions également Josée Bélanger des Disques Audiogram, Réjean Brazeau des Disques Star, Nathalie Calvé des Productions Guy Cloutier, Caroline Lagueux de Justin Time et Nicole de Trafic pour les dossiers de presse et les autres documents qui m'ont été gracieusement fournis.

Notes

[1] Entretien avec Mario Lefebvre, 1er décembre 1989.

[2] *Idem.*

[3] Entretien avec Lucette Mercier, 10 décembre 1989.

[4] Rachel Lussier, «Se démarquer sans se laisser marquer — Luc de Larochellière aime bien s'amuser à détruire son "personnage"», in *La Tribune*, 24 mars 1990.

[5] François Blain, «Marie-Denise Pelletier : la variété vraie», in *Chansons d'aujourd'hui*, vol. 13, n° 1, avril 1990, p. 9.

[6] Entretien avec Nicholas Carbone, 10 mai 1990.

[7] *Idem.*

[8] Entretien avec Pierre Tremblay, 8 mai 1990.

[9] *Idem.*

[10] Entretien avec Paul Dupont-Hébert, 18 juin 1990.

[11] Entretien avec André Duchesne, 5 juin 1990.

[12] Entretien avec Caroline Lagueux, 16 mai 1990.

La chanson au Québec : un discours élitiste pour une pratique populaire!
(1950-1975)

Bruno Roy

En privilégiant, par choix idéologique, un Québec «moderne» plutôt qu'un Québec «ancien», la chanson québécoise fut l'objet d'un débat qui n'a pas toujours bien mesuré les effets d'une nostalgie des «origines perdues». Cette valorisation du «produit québécois» se serait-elle effectuée au prix d'une censure du «goût populaire», au détriment d'une chanson de variétés qui se manifestait de plus en plus à la radio et à la télévision?

Convenons que la chanson populaire trouve très peu de place dans la recherche[1]. Notre perception de cette chanson s'en trouve sous-évaluée; d'où, évidemment, son caractère non exportable, contrairement à la chanson poétique qui, ainsi que l'écrit Jacques Julien, se donnait, durant les années soixante, comme «la totalité de la production québécoise». L'autre chanson, la western, la dansante, la sentimentale, souffre, encore de nos jours, d'un «préjugé institutionnel».

En fait, nous avons longtemps été devant une présence simul-tanée de deux formes de chansons. La première, la chanson tradi-tionnelle intégrée dans la vague du néo-folklore[2], à laquelle au plan idéologique on avait accordé plus d'importance, fut celle des premiers chansonniers. La deuxième, la chanson de variétés, a produit des vedettes locales sur le double modèle de la chansonnette française et de la chanson anglaise ou américaine.

M'inspirant de Jacques Julien, ce que j'entends par chanson populaire, c'est une création nouvelle, active et signée. Sans corpus fermé, comprenant tous les styles, toutes les époques, elle s'appuie sur un texte et sur une musique dont l'actualisation est la performance publique. En cela, elle découle directement de la chanson de variétés qui renvoie, précise Julien, au théâtre du même nom.

La variété se ramène aux paillettes du music-hall ou aux roulades des crooners. Mise en parallèle avec la chanson à texte qui prend de l'influence, la chanson de variétés sera la chanson populaire[3].

Or, au début des années soixante, la chanson de variétés était connue sous l'étiquette de chanson commerciale, de chanson yé-yé ou chanson à gogo. Faite pour faire danser les jeunes sur des rythmes accessibles, cette chanson populaire était faite pour la «consommation immédiate et massive, rendue possible par l'action des médias[4]». La chanson populaire appartient, en effet, à un marché monopolisé par le système de vedettariat soutenu par un réseau de production de masse. La chanson populaire apparaît alors comme une forme de communication élargie. Les chansons deviennent des entités rythmiques ou romantiques qui ont la qualité de rejoindre le plus grand nombre.

Dans leur livre consacré à la chanson populaire au Québec, *Destination ragou*, Christian Côté et Richard Baillargeon définissent celle-ci comme une «chanson commerciale de composition locale». «En veillant su'l'perron» en est une belle illustration. Durant les années cinquante, la musique populaire est une musique autochtone : le folklore, la chanson canadienne (d'expression française), le western, la chanson de rythme, la chanson de variétés, etc. Pourtant, notent les auteurs de *Destination ragou*, «l'ensemble de la production musicale populaire québécoise semble incapable de se faire reconnaître comme production culturelle[5]». Renée-Berthe Drapeau propose cette explication, à propos du phénomène yé-yé, qui peut s'appliquer à la chanson populaire :

La révolution (pas toujours) tranquille naît de la fatigue d'un nationalisme infériorisant. En cela, le phénomène yé-yé en constitue le reflet ou le révélateur. [...] Le phénomène du yé-yé paraît important car il souligne le fait que la société québécoise, en réalité, ne s'aime pas toujours également[6].

Tout est-il si clair? Cette non-reconnaissance est-elle un des reflets de ce «nationalisme infériorisant»? Pour sa part, Jacques Julien signale que, au moment où la chanson à texte est privilégiée, la chanson de variétés est alors appelée chanson populaire, commerciale ou quétaine.

Le discours sur la chanson populaire est encore incomplet et peu cohérent. [...] Seule une vision dédaigneuse a pu juger inconvenante cette promiscuité des styles. [...] Seules des préférences idéologiques traduites par des choix esthétiques ont relégué les variétés dans l'ombre et leur ont substitué ces formes de production plus restreinte[7].

Le fléchissement de l'influence française et le fort regain de l'influence américaine (par l'élargissement des nouveaux moyens de communication) sont déterminants dans l'évolution de cette chanson qui, comme le Québec, prendra la forme libre de la danse ou du rythme ou l'allure métaphorique du «pays à nommer, donc à naître»; tout cela dans la joie de vivre, dans le «good time» des jeunes et des groupes yé-yé. Dans son remarquable essai sur le phénomène des baby-boomers, François Ricard situe bien cette époque marquée par la «rupture des tendances» et dont me semble témoigner joyeusement la chanson populaire au Québec. Appartenir à la «génération lyrique», analyse Ricard, c'est venir au monde dans la joie :

> C'étaient plutôt des sortes de fêtes, des manifestations, justement, où les jeunes étalaient au grand jour le simple fait de leur existence et de leur masse, l'ivresse que cette existence et cette masse leur procuraient[8].
>
> Dans la conscience sociale, sinon dans la réalité, c'est comme si l'histoire du Québec, tout à coup, se cassait en deux et que, sur un monde ancien, épuisé d'avoir si longtemps survécu, s'en élevait subitement un autre, éclatant de fraîcheur et d'énergie, neuf, moderne, miraculeux[9].

L'évolution de la chanson populaire accompagne ce contexte social dont parle Ricard; elle en témoigne fortement et sa contribution à l'ensemble de la culture québécoise est plus significative que ne le laisse entendre l'absence d'intérêt à son égard de la part des intellectuels. Voilà ce que je voudrais démontrer en rappelant ce qui s'est passé.

La chanson de rythme

Durant les années quarante et cinquante, qu'elle soit d'inspiration française, anglaise ou américaine, la chanson populaire était dominée par la forme mélodique que constitue la ballade. C'est elle, par exemple, qui a inspiré la forme dominante des chansons présentées et sélectionnées au Concours de la chanson canadienne, puis celles qui ont identifié les rythmes plutôt berceurs des chansonniers. C'est d'ailleurs dans le cadre de ce concours, où dominait la notion de chanson de qualité, que l'interprète populaire Jen Roger a créé une chanson de René Tournier qui connut beaucoup de succès : «Non, je ne peux pas croire». Déjà, auteurs de chansons et interprètes populaires se côtoyaient et cela bien avant l'apparition du mouvement chansonnier. Ainsi, une chanson qui a été très populaire durant les années cinquante, «Yakety Yak», interprétée par les Jérolas (et vendue en 1959 à 70 000 copies), a été composée par un auteur que l'on associait davantage à la «chanson canadienne» qu'à la chanson commerciale, Pierre Pétel. Quant à Jen Roger, c'est lui qui amena Germaine Dugas chez RCA où Marcel Leblanc lui fit enregistrer un premier disque avec «Deux enfants du même âge». C'est aussi avec la collaboration de Jacques Blanchet que le même Jen Roger écrivit quelques adaptations de chansons américaines. Fait intéressant à noter, les années cinquante et le Concours de la chanson canadienne endossaient la division culturelle qui sera l'objet d'un débat en proclamant les deux premiers prix : «Le ciel se marie avec la mer» (chanson à texte) et «En veillant su'l'perron» (chanson populaire).

D'ailleurs, précédant le mouvement chansonnier, un Fernand Robidoux ou un Robert L'Herbier, voire un Fernand Gignac ou un Pierre Pétel, une Lucille Dumont ou une Monique Leyrac ont toujours été d'ardents défenseurs d'une chanson commerciale de qualité, et surtout canadienne, comme on le disait dans le temps. Celle-ci, toutefois, souffrait d'un préjugé réel. Certaines institutions comme la télévision de Radio-Canada (laquelle, en 1960, boudait toujours Fernand Gignac) ou le journal *Le Devoir* ne s'intéressaient pas, par exemple, à ces chanteurs de charme qui défendaient «leurs» chansons françaises à la manière de crooners américains. Ces institutions n'appréciaient guère également ces artistes de cabaret et leur discrimination était notoire, rappelle Benoît Gignac :

> C'est dans ce contexte qu'en 1957 mon père observe dans un calme relatif, l'évolution du show-business québécois. Le Concours de la chanson canadienne vient d'être créé. Certains artistes de variétés comme Lucille Dumont, Rollande Désormeaux, Marc Gélinas (qui est aussi auteur-compositeur) font de la chanson populaire d'excellente qualité. D'autres, comme Roger Miron et Willie Lamothe, s'emploient de façon tout aussi importante à donner une crédibilité commerciale à la chanson et au spectacle made in Canada[10].

On le voit, cette chanson de qualité réunissait dans l'harmonie, à cette époque, créateurs de chansons et interprètes populaires. Ainsi, en 1956, Paolo Noël et Félix Leclerc participent à la prestigieuse émission *Music-hall* animée alors par Michelle Tisseyre. À l'Olympia de Paris, en 1966, non seulement Jérôme Lemay imite Vigneault, il est du même spectacle que Claude Gauthier. Renée Claude et Jean-Pierre Ferland sont dans la salle. «Un journaliste de l'ORTF avait pu écrire : "Après Félix Leclerc, il y a les Jérolas"[11].»

Les vogues combinées de la danse et des auteurs-compositeurs-interprètes élargissent donc le marché. Le Québec chante et danse. Il y avait là, encore, une exigence des jeunes. Sentir la musique, non plus la suivre. Le changement, il était là. Musique et chansons recoupaient un même univers : le rythme et ses dérivés. Face aux jeunes, elles affirmaient à la fois leur individualité et leur appartenance. C'étaient donc les formes de chanter qui changeaient.

> La musique populaire, on le sait, connaît alors une explosion sans précédent, favorisée à la fois par la montée en force de la jeunesse, qui a toujours été sa clientèle principale, et par les innovations technologiques (disques 33 et 45 tours, transistor, cassette, etc.). Mais surtout, elle se transforme complètement dans ses formes et ses contenus avec l'arrivée du rock qui sera le son caractéristique de cette époque et de la nouvelle jeunesse qui l'envahit[12].

Naturellement, l'arrivée massive des baby-boomers aura révélé une domination inédite de la jeunesse dans la société. Tel est donc le facteur-clé, sans lequel l'évolution de la chanson populaire au Québec et ailleurs n'aurait pu se manifester sous diverses formes (rythmiques ou poétiques, par exemple) et avec autant de succès et autant de hâte. Les jeunes dansent sur des rythmes rajeunis. La chanson de rythme est certes un fait de culture mais aussi un fait de sociologie. La chanson de l'heure, point de ralliement de la jeunesse en général, se renouvelle par périodes relativement courtes. La chanson de rythme est en continuelle mutation et a les caractéristiques d'une mode passagère. En plus d'être un phénomène sociologique, la chanson de rythme est liée à une industrie commerciale des plus efficaces.

Plus de 33 000 disques vendus chaque semaine à Québec, un niveau jamais atteint. Impossible de fermer les yeux sur le phénomène yé-yé, dire que ça ne vaut pas la peine d'en tenir compte puisque, effectivement, il existe et est implanté solidement auprès des jeunes du Québec et du monde entier[13].

Cette musique, telle une vague, n'a épargné que très peu de pays. Au Québec, comment les groupes yé-yé avec leurs aspects visuels, voire leurs aspects télévisuels se sont-ils comportés face à l'impérialisme culturel américain? Ils se sont comportés en jeunes, ce qu'ils étaient d'ailleurs. Chanson «pop» et chanson «romantique» composaient l'essentiel du répertoire de ces groupes. Or, la logique de la culture de masse, ici la musique populaire anglo-américaine, veut que le fait vécu par la majorité devienne une valeur.

Le phénomène du yé-yé ne reçoit son nom véritable qu'autour de 1962. Le mot résume en fait toute la production des chansons commerciales durant les années 60. Il provient du «yeah» parfois redoublé ou triplé qui accompagne la narration dans la chanson américaine. [...] C'est par ce mot que la chanson rythmée des pays francophones s'identifie[14].

S'identifiant à une chanson de rythme, la jeunesse est particulièrement disponible aux groupes pop américains ou anglais. La prolifération des groupes yé-yé aux costumes excentriques constituait au Québec la réplique des Beatles aux allures de «moppes ambulantes». Un groupe de filles s'est d'ailleurs appelé les Beatlelettes. Évidemment, la récupération des versions favorisait les artistes locaux[15]: les Classels, César et ses Romains, les Hou-Lops, les Excentriques, les Baronets, les Bel-Air, les Coquettes, les Miladies, etc. Mais ce sont les Sultans qui dominèrent le marché des groupes yé-yé. Plus francophones, leur succès se limitait évidemment au Québec. Les versions françaises sont visiblement bien inspirées.

Les yé-yé n'inventent rien. Ils copient. Ils suivent un maître étranger. Cependant, sans les chanteurs de versions, nous ne croyons pas que les Charlebois, Dufresne et Dubois aient été possibles[16]. Les petits rockeurs maladroits et proprets ont permis l'association du rythme et de la langue française[17].

L'amorce d'un rock'n'roll à saveur locale se fit à l'automne 62 avec la sortie du premier microsillon d'un groupe de Québec, les Mégatones. Outre quelques compositions réellement originales («Rideau SVP», «Diane», «Monsieur solitaire», «Mégatwist») ce combo instrumental laissait sa marque en répandant dans tout le Québec la sonorité si particulière de la guitare (Fender généralement) où l'emploi de l'écho est poussé à son maximum[18].

Les Jaguars, les Hou-Lops, les Bel-Canto, les Sultans et bien d'autres groupes instrumentaux de l'époque utiliseront cette «sonorité» des Mégatones.

Influencés par les Beatles et les Rolling Stones, mais d'une manière non servile, les Sultans ont produit, entre 1964 et 1968, une musique de même niveau que leurs célèbres confrères anglais, et ce n'est pas un mince compliment. Outre sa bonne humeur contagieuse, on peut remercier le mouvement yé-yé de nous avoir donné les Sultans[19].

Mais ce qui s'impose davantage est d'inspiration américaine et l'on voit se multiplier les versions qui porteront différentes appellations: rock'n'roll, yé-yé, gogo, twist, etc. Par elles, l'envahissement de l'étranger est plus subtil. La chanson populaire est soudainement traversée par «les modes rythmiques des Amériques», justifiant son internationalité mais révélant, également, son manque d'inspiration.

L'arrivée d'un grand nombre de nouveaux artistes engendre rapidement des problèmes de répertoire. Les chansonniers, pratiquement seuls à composer du matériel original québécois, n'ont aucun contact avec les artistes «populaires». Pour combler ses besoins, l'industrie se tourne vers l'étranger[20].

L'ex-Baronet Pierre Labelle explique ce qui, au début des années soixante, a marqué le phénomène : «Les versions n'étaient pas compliquées. C'était assez simple mais ça permettait de mettre des mots sur de la musique rythmée. Ce qui n'était pas vraiment arrivé ici. Ça a été vraiment la naissance de la chanson rythmée au Québec[21].» Il s'agissait aussi de toucher les masses. La chanson populaire va donc dans le sens musical et idéologique de l'Amérique entière, de sa jeunesse dorée surtout. Chez elle, l'importance du texte est négligeable; d'où le caractère peu «national» ou local de cette chanson, à l'inverse de la chanson poétique.

Au milieu des années soixante, le phénomène yé-yé est largement répandu. La seule année de 1967 dénombre des centaines de groupes yé-yé. En province, les jeunes écoutent la radio, fréquentent les salles de danse où les groupes populaires se produisent. S'y rassemble une jeunesse avide de rythmes. La télévision en province (CHLT, *TV-Rythmes*) donne un gros coup de main aux orchestres. À Montréal, elle emboîte le pas : *Le club des autographes*, *Jeunesse oblige*, *Jeunesse d'aujourd'hui*, etc. Jérôme Lemay a cette remarque fort instructive : «Dans le temps, le domaine des variétés fonctionnait beaucoup mieux qu'aujourd'hui. Je pense que l'une des raisons c'est que la télévision n'hésitait pas à présenter, à une même émission, des artistes de genres différents[22].» Une musique rythmée va progressivement constituer une expression musicale adaptée aux goûts des jeunes. Il reste que la notion de rythme, voire de chanson rythmée, apparut avec les groupes populaires aux déguisements excentriques. Ils étaient sans originalité musicale mais ils annonçaient déjà une chanson au «beat» plus puissant et une démarcation des publics. C'est pourquoi à cette époque l'émission type du samedi soir, «pour la jeunesse dans le vent», demeure *Jeunesse d'aujourd'hui*[23] (CFTM), l'heure privilégiée de la «musique qui bouge» pour reprendre le slogan de l'époque.

Christian Côté et Richard Baillargeon ont identifié quelques chansons rock québécoises qui s'entendaient durant les années cinquante dans les cabarets ou qui ont été enregistrées : «Rocket rock'n'roll» (Denise Filiatrault), «Chanteur de pomme» (Paulette de Courval), «Méo Penché» (les Jérolas). Toutefois, ce qui semble être le premier rock'n'roll québécois, c'est une chanson d'André Lejeune enregistrée en 1956, «Qu'est-ce que le rock'n'roll?». Ces chansons populaires et les duos rythmés (les Jérolas, Lionel et Pierre, les Satellites, les Rythmos) annonceront l'événement Charlebois, lequel deviendra le premier chansonnier à être considéré comme une vedette populaire.

> Robert Charlebois est généralement reconnu comme le créateur du rock québécois et nous abondons dans ce sens. Il nous apparaît cependant important de reconnaître à leur juste valeur les réalisations de ses devanciers qui vont d'André Lejeune (1956) aux groupes yé-yé dont le déclin coïncide avec le succès fracassant de l'Osstidcho (1968)[24].

D'ailleurs, alors que Pierre Bertrand reprenait le vieux succès des Jérolas, «Méo Penché», il aimait présenter Jérôme Lemay comme «le doyen du rock québécois». À l'époque, fait rarissime, «Méo Penché» avait été enregistrée en France par Marcel Amont et éditée par Michel Legrand. Elle fut également traduite en anglais pour le marché américain. «Peu de Québécois, s'étonne encore Jérôme Lemay, ont eu la chance de voir les portes des États-Unis et de la France s'ouvrir devant eux en même temps[25].»

Le creuset des cabarets

Le premier environnement musical des groupes rock au Québec, ce sont les cabarets de province des années cinquante qui l'ont offert. La manifestation de la musique populaire, c'est là qu'elle s'est probablement révélée pour la première fois. Le phénomène des groupes n'est pas l'apanage des années soixante-dix; déjà durant la décennie soixante, certains parmi eux faisaient des ventes très importantes. Alors que le rock'n'roll américain propulsait Elvis Presley, un groupe québécois, les Beaux-Marks, avec «Clap Your Hands» (#45 au *Billboard* en 1960), atteignit, bien que de courte durée, une renommée internationale. Le circuit des cabarets de province, avec ses difficiles conditions de travail, a laissé dans l'oubli bien des groupes dont le talent égalait la diversité des genres, mais sans espoir de carrière véritable.

Toutefois, avec l'arrivée des Beatles (1964), le circuit des cabarets est vite devenu un creuset pour les groupes yé-yé. L'on y a recruté les Classels, les Habits jaunes, César et ses Romains[26], les Excentriques, etc. Les musiciens qui formaient ces groupes, en raison de leur âge souvent, pouvaient difficilement s'identifier au phénomène des Beatles même si leur succès constituait la réponse québécoise à la mode des Beatles. D'autres, plus jeunes, y arrivaient : les Baronets, les Hou-Lops ou Têtes blanches, les Bel-Air, les Lutins[27], les Jaguars[28], les Gants blancs (lequel groupe, avec Gerry Boulet, avait même sa propre émission à CHLT de Sherbrooke : *Ça claque avec les Gants blancs*). Il est d'ailleurs amusant de rappeler que Walter Boudreau, anciennement de l'Infonie, a fait ses débuts dans un orchestre de rock'n'roll, avec l'ex-Sultan Bruce Huard.

Les premiers groupes se promenaient de salle de danse en salle de danse et chantaient dans les bars et les cabarets de province. Ils animaient les noces, les «showers», jouaient des quadrilles et des «paul jones» ou, pour répondre à la demande, interprétaient des versions de succès américains. En effet, beaucoup de praticiens de la musique, à la fin des années cinquante et au début des années soixante, travaillaient comme musiciens accompagnateurs de chanteurs populaires. C'est probablement ce qui a fait dire à Gerry Boulet qu'il ne se passait rien à Montréal : «C'est en province que les groupes fonctionnent[29].» Lui-même est d'ailleurs probablement le rocker québécois, avec Pagliaro, dont la démarche illustre le mieux l'évolution de la musique populaire au Québec.

Dans cet univers réduit des cabarets, la télévision n'existait pas. Le spectacle était le divertissement de l'époque. Le spectacle sur scène était une dimension de la relation avec le public. Lieux de prestige, les cabarets présentaient des spectacles de variétés. Ils étaient donc les lieux par excellence où le public allait rencontrer ses vedettes.

Il n'est pas inutile de rappeler le phénomène des discothèques qui accueillaient également toutes les catégories de personnes : étudiants, vendeurs, secrétaires, patrons, ouvriers, professionnels, artistes, intellectuels, etc. La clientèle type, sauf pour l'âge, n'existe pas. La discothèque s'adresse naturellement aux mineurs, comme presque toute la chanson populaire et la musique de danse d'aujourd'hui. «En somme, c'est la boîte à chansons des centres de loisirs, alcool en plus

[... là] où il n'est pas rare d'entendre Sha-la-la d'une oreille et un dialogue subversif de l'autre[30].»

La discothèque est une idée qui vient d'Europe, mais elle a été popularisée par les Américains (encore!) et a constitué, au milieu des années soixante, un débouché supplémentaire à l'industrie du disque. Elle est associée aux amateurs de chansons rythmées et aux autres (danseurs au repos) qui préfèrent des chansons sentimentales et lentes. En misant sur le succès immédiat, la formule «discothèque» a donné à plusieurs cabarets en perte de vitesse un second souffle. Le déclin du théâtre burlesque (formule reprise par Télé-Métropole) combiné à l'essor et au développement des cabarets (durant les années cinquante) créa donc des conditions de croissance du music-hall et de la chanson populaire qui ont permis l'apparition d'interprètes populaires importants : Ginette Reno, Jen Roger, Michel Louvain, et bien d'autres. Subtilement s'installe une chanson populaire alimentée de versions mises au goût du jour par les vedettes locales.

Au chanteur de charme et à la diseuse classique va s'ajouter un nombre croissant de groupes-chanteurs identifiés au phénomène yéyé. La diffusion du disque populaire au Québec, reposant sur l'attrait amplifié des vedettes, va par ailleurs passer par une double pression : la radio et les journaux consacrés aux vedettes de l'heure comme *Échos-vedettes*, *Télé-Radiomonde*, *Journal des vedettes*, etc.: Michel Louvain, Michèle Richard, Pierre Lalonde, Margot Lefebvre, Donald Lautrec, Jenny Rock, Jen Roger, Rosita Salvador, etc. En fait, phénomène nouveau, les chanteurs et les chanteuses populaires deviennent des substituts acceptables aux vedettes internationales. À peu de choses près, l'univers de la chanson populaire reproduit le modèle général de production-diffusion de la chanson mondiale, c'est-à-dire le «star-system».

Cabarets et discothèques habitent donc une réalité sociale qui trouve son expression, voire son support, dans le système de vedettariat. Une configuration culturelle et politique sous-jacente va donner un caractère «autochtone» à la chanson populaire : son processus de vedettarisation ou de starisation des interprètes locaux. Si, par la clientèle qui fréquentait ces discothèques, toute stratification sociale était absente, les lieux où elles se situaient dans la ville, par ailleurs, étaient révélateurs d'une division sociale qui contenait son propre message :

> Les discothèques prolifèrent comme des champignons depuis un an dans l'ouest de Montréal. Mais dans l'est, le bon vieux «lounge» modernisé style-Mousseau-aseptisé et la grosse «mol» de nos tavernes n'ont pas trouvé de concurrent sérieux. Comme bien d'autres choses, les cheveux longs, les complets à l'italienne, les crêpes bretonnes, les librairies et les émissions d'affaires publiques, la discothèque est un produit invendable à l'est de Bleury[31].

À cette époque, les artistes ne chôment pas non plus, la vie montréalaise, alors très axée sur les cabarets, offre toutes sortes de débouchés à qui possède un minimum de talent. [...] La ville est coupée en deux. À l'ouest de la rue Saint-Laurent, les clubs les plus chics : le Samovar ou le El Marocco. L'est, c'est pour le peuple : les Canadiens-Français. Presque un ghetto. Mais c'est aussi le ferment de la culture populaire québécoise telle que nous la connaissons aujourd'hui. [...] La rue Sainte-Catherine et ses clubs de nuit a été une pépinière de talents québécois. [...] Durant ces années cependant, certaines boîtes de nuit se font l'écho de l'évolution de la société québécoise et changent de vocation, signes avant-coureurs de la Révolution tranquille. On commençait à présenter des sketches plus poli-tisés. Le contenu des spectacles était plus social et culturel. On ne se contentait plus de chanter des chansons américaines[32].

Voici que la chanson populaire au Québec, peu importe sa forme type, ne pouvait plus être idéologiquement neutre. Le nationalisme n'était plus exclusivement dans les textes de chansons ni dans les poèmes qui leur étaient contemporains. À l'inverse, les chansonniers, dont on avait dit qu'ils étaient en dehors de la musique populaire, étaient à la recherche d'un déclic commercial. Ce phénomène toucha les boîtes à chansons ainsi que le précise Gérard Thibault :

Puis, au fur et à mesure qu'on avançait dans la première moitié des années soixante, le yé-yé évoluait au rythme de la Révolution tranquille, l'accompagnant et apportant, comme elle, le goût de la bougeotte. À la musique et aux idoles des 45 tours, s'est greffée une nouvelle façon de vivre et de se divertir. Les jeunes voulaient danser[33].

Au début de 1967, l'ère des cabarets ou des petites boîtes qui affichaient de jeunes artistes ou des grandes vedettes de la chanson semblait révolue. [...] Alors qu'aucun indice ne laissait entrevoir, à brève échéance, une meilleure rentabilité de nos établissements, j'avais décidé de les transformer en disco-thèques[34] pour attirer un public plus jeune en général[35].

D'ailleurs, cela pourrait intéresser plus d'un sociologue, l'organisation des spectacles des trois boîtes reflétait une hiérarchie sociale. L'artiste commençait d'abord Chez Émile, puis il allait Chez Gérard, et enfin passait À la Porte St-Jean. La première boîte répondait à l'attente d'une clientèle populaire. Chez Gérard, tous les artistes voulaient y passer. Premier club de nuit dans le sens européen[36], on y trouvait un public raffiné et nombreux. Et de rappeler l'écrivain Roger Lemelin : «Chez Gérard, c'était le rendez-vous des gens de la Haute-ville et de la petite bourgeoisie de Québec. Avant, c'était une guerre d'aller dans le quartier du Palais mais là, c'était devenu du snobisme[37].» Gérard Thibault avait rassemblé, pour l'ensemble de ses établissements, une clientèle où se côtoyaient la bourgeoisie moyenne et les travailleurs.

Avec les années, devant les premières prouesses et l'effervescence de la jeune chanson d'ici, il devenait de plus en plus difficile de se cantonner dans un seul genre pour établir notre programmation, d'autant que nous avons toujours cherché à plaire au public, à tous les publics. Aussi se succédaient en alternance dans nos établissements les chansonniers-poètes et les interprètes de chansons commerciales[38].

Même phénomène à Montréal. Les barrières ne pouvaient que s'ouvrir, raconte Mouffe :

> Pis j'trouve que c'est très important cette rencontre des gens qui venaient du club avec d'autres gens qui venaient d'une autre sorte de club, la Casa Pedro peut-être, où c'était plus des intellectuels ou des poètes, et puis il y a une espèce d'osmose qui s'est faite entre ces deux milieux-là. [...] À partir de ce moment-là, j'dirais qu'y a eu un heureux mélange qui a donné des chansons à texte mais faites d'une façon moins timide[39].

Il faut dire, dans le cas des chansonniers, que leur nationalisme a cristallisé ce qui a déterminé son contenu et sa forme et qui aura trouvé son nom : la chanson québécoise. Or, au début des années soixante, ce regard politique sur la chanson québécoise avait réussi à évacuer, au plan des discours, la dimension populaire de la chanson, la rattachant exclusivement à une posture intellectuelle. C'est bien ce qu'a regretté le chanteur et comédien Pierre Thériault : « [...] l'espèce de fossé que certains pseudo-intellectuels ont creusé entre le théâtre et le cabaret. [...] Puis la télévision est venue et a récupéré tout ce beau monde que le public a retrouvé du jour au lendemain dans son salon[40].»

Chansonniers vs yé-yé

Jusque-là, c'est l'évidence, l'émergence de nouveaux rythmes avait démarqué chansonniers et chanteurs populaires. Christian Larsen croyait que le chansonnier était la contrepartie du yé-yé. Plus tard, en 1971, avant que les Gants blancs ne deviennent Offenbach, le yé-yé et tout ce qui le véhiculait (les groupes) était en perte de vitesse. Mais la compétition restait féroce. Entre deux voies, le yé-yé et le chansonnier, il y avait peu d'ouverture, rappelle Gerry Boulet :

> Au début, dès qu'on était un peu trop heavy, le monde avait peur de nous autres, on détonnait. Pendant cinq ans, les seuls groupes qui se sont mis sur la map du Québec, c'étaient les tripeux de campagne, de grand air et de musique légère. C'était assez difficile pour nous autres d'imposer notre style et nos chansons dans ce contexte[41].

L'intervention d'une musique plus rythmée bouscula à n'en pas douter les habitudes des chansonniers et ils durent s'adapter tant bien que mal. En effet, l'émergence, au Québec, de nouveaux symboles et de nouveaux rythmes a révélé l'essoufflement d'un bon nombre d'entre eux. L'ancien chanteur populaire Tony Roman était très explicite : «Je suis contre ceux qui lancent les chansonniers. Souvent ils n'ont rien compris; ce sont des perdants. Quand tu arrives à toucher les masses, c'est là que se prouve le vrai talent[42].» D'ailleurs, le palmarès ne donnet-il pas gagnants les interprètes de la chanson populaire? Et même Fernand Gignac s'est fait cinglant à l'endroit de ceux qui font «l'autre» métier en parlant des chansonniers.

> Pour qui ils se prennent au juste? Regarde-les, ils ne savent même pas chanter. Ils ont toutes les misères du monde à vendre des disques. Ils sont même pas capables de remplir leurs salles. On va me dire que ce sont de grands artistes? Moi, je dis qu'il y a de l'hypocrisie là-dedans[43].

La démarcation chanteurs populaires/chansonniers n'a jamais été aussi évidente que vers le milieu des années soixante. Elle faisait même en 1966, dans le spectacle *Yé-yé versus chansonniers* (Charlebois/Mouffe/ Moreau), l'objet d'un métalangage à saveur ironique. En réalité, les chansonniers, par la forme poético-romantique, s'adressaient eux aussi aux jeunes. François Ricard le montre très bien dans *La génération lyrique* :

> Pour la première fois peut-être, autour de cette musique volontiers engagée, voire contestataire, où les paroles occupaient une place primordiale, une «culture jeune» se constituait. Car bien qu'elle fût loin de toucher l'ensemble ou même la majorité de la jeunesse, la chanson «à texte» avait pour public principal, sinon exclusif, des garçons et des filles de moins de vingt ans, qui s'y reconnaissaient et pouvaient, grâce à elle, se distinguer du public adulte, resté attaché quant à lui aux bonnes vieilles rengaines inoffensives de jadis[44].

À cette identification d'une fraction scolarisée de la jeunesse, s'ajoutait l'aura littéraire de la chanson. Cette aura avait certes son importance sociale mais on cherchait à travers les poèmes-chansons des valeurs éducatives que les adultes souhaitaient transmettre. La «belle chanson» était alors toute désignée pour remplir cette fonction. Un prêtre-éducateur ne rappelait-il pas à des monitrices réunies dans un camp pour jeunes qui exprimaient leur engouement pour les chansonniers : « [...] vous avez mûri et maintenant vous préférez la chanson poétique qui traduit un message plus riche[45]».

> Tout compte fait, il apparaît que l'appellation «chanson poétique» est un euphémisme forgé par l'institution littéraire pour ennoblir une production qui, autrement, ne mériterait pas la consécration du système. [...] Malheureusement, la chanson de variétés s'est trouvée ostracisée pour longtemps au profit d'une sélection étroite du répertoire[46].

Les chansonniers étaient évidemment perçus comme une relève moins américanisée que les Norman Knight et autres. Leurs chansons ne prétendaient pas faire se pâmer les filles. Comme chansonnier, Jean-Pierre Ferland fut même forcé de répondre à certaines accusations de «facilités», lui qu'on accusait de s'écarter de la voie poétique...

> Je n'ai jamais fait de chansons commerciales. C'est l'habillement, c'est-à-dire l'orchestration, qui est devenu commercial. Les gens du métier m'en font un reproche. Ils oublient que la chanson n'est pas un commerce au point de départ; elle le devient par la suite quand il s'agit de la vendre[47].

Ce que tout cela démontre, c'est que la chanson poétique était souvent «clôturée» dans le discours de l'institution culturelle, laquelle assurait son pouvoir de discours élitiste (chanson à texte) par l'artifice de la distinction préjudiciable (chanson commerciale). Or, en 1966, peu importe la prédominance du discours nationaliste, la chanson enregistrée au Québec ne représentait environ que 30 % de l'ensemble du marché québécois alors que les versions françaises et anglaises réalisées au Canada et apparaissant au palmarès en représentaient à elles seules 45 %[48]. Dans le domaine populaire, «les 550 plus grands succès recensés entre 1960 et 1970 accueillent en tout et pour tout quatre québécois[49]». La disproportion entre le discours et la pratique est énorme.

> Les chansonniers de l'époque ont reçu une telle attention de la part des historiens que l'engouement pour les groupes à gogo a été interprété comme un égarement, un déraillage, un cran d'arrêt dans la culture québécoise. Cette mise à l'oubli est un réflexe classique de la dénégation institutionnelle[50].

Mais il n'y a pas que les chansonniers qui continuaient d'ignorer le rock'n'roll. Il y avait également les chanteurs de charme et les interprètes féminines de ballades (sauf Jenny Rock) : Michel Louvain, Pière Sénécal dit le «Benjamin de la chanson», son frère Claude Vincent, Fernand Gignac, Jen Roger, Paolo Noël, Yvan Daniel; Lise Roy, Rolande Desormeaux, Yolanda Lisi, Margot Lefebvre, Rosita Salvador, Michèle Richard, Ginette Reno, Ginette Sage, Claude Valade, etc. Durant les années soixante, la chanson populaire québécoise n'offre pas aux jeunes le rock qu'ils entendent à la radio ou dans les salles de danse où se produisent les Beaux-Marks, J.B. & The Playboys, les Haunted, les Rabbles, MG & the Escorts, les Tune-Up Boys, etc. Les influences anglo-américaines ont empoisonné et durci les relations entre les chansonniers et les interprètes de la chanson populaire certes, mais également entre artistes populaires aux styles opposés. Deux univers culturels, une même époque. Les propos de Fernand Gignac ne laissent aucun doute sur cette division culturelle :

> Je déteste les Beatles, dit-il à Jean-Paul Sylvain. Tout ce qui me semble compter pour eux, c'est l'argent. Sitôt arrivés dans une ville, sitôt repartis. Comme des voleurs, ils empochent et s'en vont. Je n'aime pas ça. Je leur concède beaucoup de rythme. À part ça, je ne perdrais pas mon temps à les écouter[51].

Comme le rappelle Renée-Berthe Drapeau, «la bataille des chanteurs-poètes contre les imitateurs de l'anglomanie ne commencera vraiment qu'avec l'apparition du Canal 10 qui se spécialisera dans le divertissement commercial[52]». Jusqu'à l'arrivée de Télé-Métropole, le 19 février 1961, Radio-Canada était le seul diffuseur. En effet, l'avènement de la télévision privée allait offrir à la chanson populaire un prolongement qui confirmait en même temps une division culturelle et sociale : Radio-Canada/chansonniers, Télé-Métropole/ interprètes populaires. Bien que, précise Drapeau, «C'est surtout la grève de Radio-Canada (décembre 1958 - mars 1959) qui contribuera sans doute à classer et à sélectionner davantage les chanteurs[53]».

Pour satisfaire deux publics qui ont le même âge, deux modes de diffusion de la chanson au Québec vont modifier les règles du jeu : la création au début des années soixante à travers la province d'un réseau de boîtes à chansons (les chansonniers) et la création en 1961 d'un poste de télévision (les vedettes populaires). Deux modèles culturels vont se confronter.

La scission est nette entre une production qualifiée de poétique et une production à caractère industriel. Il n'y a pas de doute que l'avènement du «chanteur électrique» dans la chanson québécoise mettra fin au code esthétique dont les chansonniers étaient les représentants reconnus; eux qui chantaient, règle générale, sur des rythmes de valse ou de ballade. Or, faire du rock, c'était au départ refuser la musique «élisabéthaine».

> Comprenons bien ceci : le rock'n'roll est une musique ethnique et un véritable rock québécois ne peut exister sans liens avec nos racines musicales : ni les chansonniers, ni les yé-yé n'avaient compris l'ampleur de cette synthèse. Seul Charlebois en a eu l'intuition[54].

Le mélange des genres

La multiplication des cabarets au cours des années cinquante avait créé de nouveaux débouchés pour les artistes locaux; de la même manière, au début des années soixante, la naissance puis la multiplication des boîtes à chansons permirent aux chansonniers de sillonner le Québec. Puis, en 1963, la Place des Arts, salle jusque-là réservée à l'opéra et à la musique classique, accueille les artistes de la chanson populaire. Claude Léveillée est le premier chansonnier à se produire à la Place des Arts. C'est ainsi que le début des années 70 est témoin d'un double déclin : l'épuisement des cabarets et des boîtes à chansons.

En fait, les années 60 s'achèvent sur un retournement des valeurs. L'avant-garde musicale populaire est liée à une vague notion de modernité dont les produits portent la marque : cris, rythmes saccadés, dissonance, liberté vestimentaire, électrification des sons, etc. Un spectacle allait incarner désormais ce changement : l'Osstidcho.

> Le phénomène Charlebois résout, alliant le rythme à la poésie nationaliste, la vieille querelle des chansonniers et des yé-yé. Il pousse les uns à reconnaître davantage leur appartenance et les autres à renouveler leur langage et leur son[55].

Depuis l'Osstidcho, les grandes lignes de la musique pop québécoise sont en place; la grande division chansonnier/yé-yé s'est résorbée dans un courant central qu'on pourrait appeler le pop-rock québécois[56].

La chanson québécoise a changé parce qu'apparaissent justement chez elle plusieurs expressions. À sa manière, Walter Boudreau le souhaitait aussi : «Il y a un public pour la musique sérieuse. Il y en a un autre pour la musique pop. L'Infonie se veut le moyen terme[57].» Sans ignorer la chanson française, une nouvelle génération de chansonniers connaît mieux la musique anglaise et américaine. Des chansonniers qui ne l'avaient jamais fait jusque-là firent graver leurs compositions sur des 45 tours : Stéphane Venne, Pierre Létourneau, Marc Gélinas, Jean-Pierre Ferland. Les échanges se poursuivaient à tous les niveaux et dans tous les lieux. Comme à l'époque du Concours de la chanson canadienne où se côtoyaient auteurs de chansons et interprètes. Des chanteurs populaires interpréteront du «chansonnier». Louvain chantera S. Venne et P. Létourneau, les Bel Canto J.-P. Ferland et G. Vigneault. Renée Martel et Chantal Pary enregistreront C. Léveillée alors que Fernand Gignac chantera J. Blanchet. Bref, c'est par l'intermédiaire des interprètes que s'est d'abord fait le trait d'union entre les deux clans.

À une forme de chanson d'origine américaine s'est ajoutée une forme plus européenne, voire plus intellectuelle, la chanson à texte dont les chansonniers étaient devenus les représentants spécifiques. Déjà l'émission du samedi soir *Le club des autographes* (Radio-Canada), émission où l'on dansait aussi, recevait chansonniers et interprètes populaires. Plus tard, Donald Lautrec, chanteur populaire lui-même, devenu animateur, invitait indistinctement chansonniers et interprètes populaires à son émission *Donald Lautrec Chaud*. Plus largement, la contribution de la musique populaire au spectacle québécois aura été d'allier un «son» rock à des textes français eux-mêmes en rupture, non seulement avec le «style» chansonnier mais tout autant avec la chansonnette française qui dominait à l'époque.

Le goût pour la chanson rythmée, rythme moderne plutôt absent dans la chanson poétique, s'est ancré dans les habitudes d'écoute de toute une jeunesse, et cela, parallèlement à une jeunesse (plus intellectuelle?) acquise au concept de la chanson européenne et surtout française. Nonobstant l'influence du folk américain au Québec, les contaminations de plus en plus visibles entre les genres de chansons (poétique, populaire, rock, western) reflètent l'effritement d'une chanson à texte au profit de l'affirmation d'une chanson québécoise tout court.

À l'inverse, croit Jean-Pierre Ferland, on a donné une fausse valeur aux chansonniers. On a donné une couleur nationaliste à la chanson et c'est, selon lui, ce qui l'aurait tuée.

> Moi, je ne suis plus considéré comme un chansonnier québécois, mais comme un Québécois qui chante. [...] On employait ce mot au moment où le Québec avait besoin de s'identifier, de se personnaliser. Maintenant qu'il s'est trouvé, il n'a plus sa raison d'être. Il ne reste que des auteurs-compositeurs s'appuyant tantôt sur le texte, tantôt sur la musique. Certains faisant de la chanson commerciale, d'autres de la chanson poétique[58].

C'est ainsi que Paul de Margerie, qui avait été si important au début de la carrière de plusieurs chansonniers, dont bien sûr Ferland, et qui avait aussi été l'accompagnateur assigné de Charles Trenet de passage à Québec, a déjà accompagné les Jérolas en spectacle. À l'opposé, Fernand Gignac, dont l'objectif a toujours été de faire une chanson commerciale de qualité, vivra dans sa carrière une période difficile qui le fera douter de son métier et de ses choix. Car, ainsi que l'écrit son fils dans la biographie qu'il lui a consacrée :

> Tout ce beau monde qui chante le pays d'une façon ou d'une autre, mon père ne sait qu'en faire. Il ne sait comment assimiler ce nouveau courant. Il cherche donc à tirer sa révérence plutôt que d'accepter son sort. [...] Ce qui le hante constamment, c'est ce choix qu'il a dû faire presque tout seul un quart de siècle auparavant. Au Faisan doré, il côtoyait les auteurs-compositeurs-interprètes autant que les gens de variétés. Il aurait pu prendre alors une autre voie que celle qu'on lui connaît et joindre les rangs des créateurs à titre d'interprète, comme Monique Leyrac. Vingt-cinq ans plus tard, il se rend bien compte que pour le moment ce sont eux qui ont le haut du pavé. Et il aurait peut-être pu les suivre[59]...

Dans un autre ordre d'idées, la chanson populaire n'a rien de contestataire. Sa production conventionnelle, son absence de thématique sociale, sa volonté de plaire, son souci d'internationalisme, tout cela l'éloigne d'une culture de la remise en question.

> Cependant, les chanteurs populaires des années 60 ne sont pas anti-nationalistes, mais ils affichent une nonchalance, sinon une indifférence vis-à-vis la question de la souveraineté culturelle et économique du Québec. [...] Et tant que la cause nationaliste ne suscite qu'une mince adhésion, le yé-yé ne s'en préoccupe pas[60].

Les artisans de la chanson populaire fuyaient instinctivement l'identification au réflexe folklorique dont la chanson traditionnelle «canadienne-française», selon eux, portait les traces. Toutefois, durant les années soixante-dix, les jeunes ressentiront moins cette «division culturelle» que leurs aînés. Les Beau Dommage, Harmonium, Diane Dufresne, Paul Piché en profiteront amplement. «Plus l'affirmation d'appartenance s'inscrit dans la chanson de masse, plus le yé-yé s'affaiblit[61].»

> De plus en plus fréquemment, les interprètes écrivent les paroles et/ou composent la musique de leurs chansons. Cette augmentation du nombre d'auteurs-compositeurs entraîne une diminution substantielle de la quantité

de versions et la multiplicité soudaine des genres musicaux amenuise la différence entre «chansonniers» et artistes «populaires», si évidente dans les années 1960[62].

Que clament les chanteurs populaires et que disent les chansonniers? À la fin des années 60, la chanson populaire se prépare-t-elle à devenir nationaliste? À son propos, Renée-Berthe Drapeau parlera de «rock patriotique»[63]. Les Séparatwist, les Scarabées, la Révolution française y sont-ils pour quelque chose? Pourtant, les groupes yé-yé n'ont jamais semblé endosser les critiques sociales ou s'inscrire dans le mouvement de fierté nationale de l'époque. D'un côté comme de l'autre, cette division fut et est encore profonde. La distance qui séparait, au début des années 60, la chanson poétique de la chanson populaire n'était pas, à la fin des années 70, totalement abolie. En effet, le débat était encore d'actualité. Il s'agit de se rappeler que trois ans après sa fondation en 1978, sur la base des mêmes prémisses, l'ADISQ connut sa première crise «idéologique» :

> D'un côté, les "penseurs", farouchement nationalistes, pour qui l'ADISQ devait d'abord promouvoir la grande création à texte. De l'autre les populistes, pour qui la chanson c'était d'abord du showbiz à l'américaine et qui ne juraient que par les ventes. [...] Puis les populistes sont graduellement devenus membres de l'association, les penseurs se sont mis à découvrir les "vertus" du showbiz, les populistes ont compris qu'on ne pouvait chanter éternellement des conneries[64]...

En fait, l'élément distinctif qui s'établit, c'est le vaste public-marché auquel la chanson populaire s'adresse. Même si, associée à la culture de masse, la passivité du public semble la principale caractéristique. Le public absorbe ce que lui offre l'industrie, laquelle s'assure de respecter la position sociale de ce même public. Toutefois, l'idée d'un vaste public, même passif, ne suffit pas à cerner le phénomène socio-culturel de la chanson populaire.

L'ambition technologique

Au début des années 70, c'est Gilles Valiquette qui résume le mieux la situation : «Après l'ère des chansonniers, un vide attendait ceux que la musique intéresse. César et ses Romains, les Classels, des cheveux rouges, des cheveux blancs, voilà ce qu'on avait à se mettre sous la dent. Nous nous sommes tournés vers les Anglais, les Américains[65].» C'était moins un vide «culturel et savant» qui était en cause qu'un vide «musical et vivant». Tous les courants musicaux, comme le rock, le punk, le jazz et le blues, pénètrent la culture québécoise. Les groupes québécois des années 70 vont entretenir une mythologie fondée sur une culture rock forcément vécue en milieux populaires et qui draine une influence américaine dont le blues est un parfait exemple.

Comme toutes les autres formes modernes de la chanson populaire, le blues apparaît au Québec avec les années 60. Ainsi que l'écrit Gérald Côté dans *Les 101 blues du Québec*, le blues québécois est marqué par les mêmes courants qui sont à la base de la musique populaire américaine : rock, country, gospel, jazz. Dans ce contexte, l'imaginaire qui frappe la jeunesse des années 60 n'a pas échappé au contexte d'intellectualisation dont les chansonniers étaient devenus les représentants :

> Les nombreux emprunts à la musique des Noirs ont fait une marque profonde dans la musique populaire québécoise. [...] Ce n'est pas seulement l'aspect musical qui avait intéressé les francophones nord-américains à l'époque glorieuse du baby-boom, mais aussi le bagage symbolique qui venait tout naturellement avec lui[66].

Ces «Nègres blancs d'Amérique» prenaient conscience, comme les Noirs, de leur aliénation économique et de l'impérialisme culturel américain. Simultanément, non sans un certain paradoxe culturel, ces emprunts par contre, on l'a vu avec les groupes populaires, pouvaient également correspondre au nivellement des expressions musicales originales. Même plus tard, selon Gérald Côté, le blues québécois n'y a pas échappé; le blues a été servi à toutes les sauces, érodant ainsi l'une de ses forces : l'authenticité.

> Les mouvements de contestation se sont apaisés, car plusieurs artistes sont devenus des «stars» qui vivent pour la gloire et l'argent. Au Québec comme ailleurs, le blues prépare son entrée au musée, alors que presque tous les petits rejetons poursuivent leur cheminement tortueux à travers la commercialisation[67].

Le constat est là. La musique des jeunes, comme le rock partout ailleurs, est tributaire de l'ambition technologique du son et de la scène copiée directement sur le «star-system» américain. Les produits qui découlent de l'industrie commerciale se «facturent» exclusivement en fonction de la jeunesse. Le rock'n'roll, le twist, le disco, le new wave, le rap, etc., ce seront les diverses facettes d'un langage généralisé, propre à toute une industrie et qui repose surtout sur la technologie.

La musique populaire d'aujourd'hui s'apparente à cette modernité musicale en ce qu'elle élargit et enrichit l'univers sonore. Par elle, comprenant toute pratique traditionnelle ou toute pratique récente, la chanson populaire devient toute production sonore manifestée ou imaginée. Dans sa pratique contemporaine, elle se base sur la multiplicité de ses rapports : paroles, musique, geste, voix, vêtements, scène, arrangements, éclairages, etc. La chanson se nourrit d'elle-même dans sa pratique; là même où se joue une musicalisation mondiale de la culture; «Tout autour du globe, rappelle Georges

Steiner, une culture du son semble rejeter l'antique autorité de l'ordre verbal[68]».

Cette électrification de la chanson, dont on a tant parlé, a-t-elle permis une plus grande diversité des airs et des styles? Certes, le degré de pénétration de la musique anglo-américaine varie. À propos des groupes de musique populaire, on parlera souvent de pulsion rythmique et d'escalade sonore basée sur l'utilisation de techniques de studio qui soutiennent l'intensité du volume et le déchaînement frénétique des percussions. Si la musique chantée allait dans le sens de la ligne mélodique, les arrangements musicaux, désormais, vont dans le sens des rythmes (modernes) électro-acoustiques. Certes, tout n'est pas si homogène.

Ce son «métalisé», léché et plastique s'inscrit également, et son impact en est plus grand, dans la chaîne des techniques médiatisées. Cette prédominance du «son» modifie le rapport au langage dans la production même d'une chanson. Même les années 70 sont touchées. En conséquence, écrit Christine L'Heureux qui oublie Harmonium, Beau Dommage, Octobre et tous les autres, «les musiciens de rock québécois s'expriment pleinement dans la musique, mais ne trouvent rien à dire, à chanter[69]». Devant leurs bruits répétés, la chanson disparaît. Leurs «paroles» servent de fond sonore au rythme qui s'exprime, cela sans recherche aucune. Des paroles insignifiantes voisinent avec des rythmes écervelés. Leurs textes comblent les besoins du marché, mais pas celui de leur créativité ni de leur musique. Les «écriveux» de chansons entrent dans un même moule. Le parolier est invariablement refoulé au dernier rang de la production. Très souvent, les chansons sont réduites à des onomatopées. Les groupes québécois ont vite été récupérés par l'industrie du disque et son inéluctable système marchand. Certains regrettent que leur musique et leurs chansons ne soient plus, comme à l'origine, l'expression intellectuelle et sensible d'un univers sonore et métaphorique. Le problème de cette décennie 70[70], c'est sa monotonie : les sons se répètent sur un même «beat». Les répétitions deviennent alors un procédé systématique qui, loin d'être de l'art, fait appel à une sorte d'instinct primaire. Au fond, note François Ricard, le rock, sorti de sa marginalité, est devenu une musique obligée :

> Le rock n'est donc pas d'abord comme le prétendent un peu rapidement les idéologues qui en ont fait leur «spécialité», une expression de la colère ou de la protestation des jeunes contre le système social. Si tel était le cas, il n'aurait pas été adulé et récupéré aussi facilement par ledit système. Juvénile et lyrique, ayant pour émotion caractéristique la transe, l'ivresse de l'être que ne retient aucune chaîne, que ne confine aucune limite, et qui danse de joie devant l'étendue de sa puissance et de sa beauté, le rock est la musique de la légèreté du monde[71].

Ce constat montre bien que le rock des années 50 n'est plus du tout le même durant les années 70. Ce que dit Ricard, c'est que le rock s'est parfaitement accordé à l'esprit de la jeunesse montante et joyeuse dans un monde entièrement ouvert et libre. Les gestes et les bruits de cette génération lyrique en ont témoigné de façon fort spectaculaire.

Éléments de conclusion

L'évolution combinée de la chanson populaire et de la chanson québécoise correspond à l'évolution du Québec moderne dont la vision idéologique est accolée à la Révolution tranquille. En effet, l'écoute de la chanson au Québec fut infléchie par le contexte de changements sociaux qui avaient trouvé leur expression historique. Ralliant plutôt une minorité intellectuelle, particulièrement à ses débuts, l'industrie de la «chanson autochtone québécoise» restait peu structurée. Mais c'est cette collusion de la chanson avec la jeunesse québécoise qui força l'évolution de ses artisans. Certes, du côté chansonnier, la chanson a exercé des fonctions sociales historiquement attribuées à la littérature. En effet, la chanson d'auteur a fait apparaître ce qui naissait dans la société: le discours critique.

À l'inverse, dans le milieu de la chanson populaire, l'interprète était soumis à la mode du jour; il connaissait rapidement l'oubli. C'est la chanson qui comptait, moins la démarche créatrice, si tant elle existait. L'interprète populaire passait parce que telle chanson du jour passait. Ce qui chez les chansonniers était déjà moins éphémère. La notion d'œuvre compensait la brièveté du succès soudain. Les commentateurs de la chanson populaire s'entendaient pour dire que la chanson populaire était davantage commerciale par son accessibilité à un plus grand public alors que la chanson d'auteur s'associait plus facilement à une lutte culturelle qui, elle, en conséquence, ne pouvait avoir accès qu'à un public restreint.

Appartenant à une société relativement jeune, la chanson au Québec s'est développée dans une large coexistence de styles musicaux divers. Pour ce faire, elle a concilié l'identité que les chansonniers réclamaient et une musique à caractère exportable, suggérée par les interprètes de la chanson populaire. C'est probablement ce phénomène qui a fait dire à Renée-Berthe Drapeau que «les belles années du nationalisme québécois sont les belles années de notre chanson populaire»[72]. J'aime bien ce qu'en dit aussi Line Grenier : «La chanson populaire n'existe que parce qu'il existe des gens pour l'apprécier[73].»

Notes

[1] L'étude de la chanson populaire connaît un intérêt grandissant. Ainsi, la revue *Yé-yé*, éditée de 1983 à 1989, demeure un outil constant de référence. En 1984, Jacques Julien a fait paraître un «Essai de typologie de la chanson populaire» dans un ouvrage collectif : *Les aires de la chanson québécoise. Destination ragou*, publié aussi aux éditions Triptyque, est le premier livre consacré entièrement au phénomène de la chanson populaire au Québec. Enfin, vient de paraître un *Dictionnaire de la musique populaire* à l'Institut québécois de recherche sur la culture après *Le Guide de la chanson québécoise* de Robert Giroux.

[2] Le folklore fut souvent considéré comme l'antidote à la chanson pop québécoise.

[3] Jacques Julien, «Essai de typologie de la chanson populaire», *Les aires de la chanson québécoise*, Montréal, Triptyque, 1984, p. 115.

[4] Christian Côté, «Les racines de la musique populaire québécoise», *Revue Yé-yé*, vol. 1, n° 7, 15 avril 1984, p. 12, repris dans *Une histoire de la musique populaire au Québec. Destination ragou*, Triptyque, 1991.

[5] *Op. cit.*, p. 41.

[6] Renée-Berthe Drapeau, «Le yé-yé dans la marge du nationalisme québécois», *Les aires de la chanson québécoise*, p. 175.

[7] Jacques Julien, art. cit., p. 105, 116 et 115.

[8] François Ricard, *La génération lyrique*, Montréal, Boréal, 1992, p. 91.

[9] *Ibid.*, p. 96.

[10] Benoît Gignac, *Fernand Gignac, mon père*, Montréal, Stanké, 1992, p. 68.

[11] Jérôme Lemay, *Les Jérolas*, Montréal, Québécor, Collection Célébrités, 1983, p. 134.

[12] François Ricard, *op. cit.*, p. 121.

[13] *Le Soleil*, 29 janvier 1966, p. 14.

[14] Renée-Berthe Drapeau, art. cit., p. 185.

[15] Les Jérolas, rare exception pour l'époque et dans le contexte de la chanson populaire, composaient certaines de leurs chansons. Les membres du duo étaient considérés comme des artistes de variétés.

[16] On a tendance à oublier le rocker Michel Pagliaro. Pourtant, dès le milieu des années soixante, il est très actif.

[17] Renée-Berthe Drapeau, art. cit., p. 175.

[18] Christian Côté et Richard Baillargeon, *op. cit.*, p. 44.

[19] *Ibid.*, p. 52.

[20] Isabelle D'Amours et Pierre Thérien, *Dictionnaire de la musique populaire au Québec, 1955-1992*, Québec, Institut québécois de recherche sur la culture, 1992, p. XVI.

[21] Pierre Labelle, *Pour une chanson*, Radio-Canada, documentaire télévisuel, 1985.

[22] Jérôme Lemay, *op. cit.*, p. 44.

[23] Émission (1962-1974) qui fut animée tour à tour par Pierre Lalonde, Pierre Marcotte, Michèle Richard, Joël Denis et Jacques Salvail. En région, en Estrie plus particulièrement, ce type d'émission va privilégier la production locale. *TV-Rythmes* et *Bonsoir les copains* ont été des tremplins importants pour beaucoup de vedettes populaires. En général, celles-ci reprenaient les versions de chansons européennes.

[24] C. Côté et R. Baillargeon, *op. cit.*, p. 50.

[25] Jérôme Lemay, *op. cit.*, p. 98.

[26] Avant d'être connu, le groupe jouait du rhythm'n'blues dans les clubs et les hôtels du Québec.

[27] Premier groupe yé-yé ayant un répertoire constitué de chansons originales : «Elle n'a rien compris», «Dany», «Laissez-nous vivre», «Monsieur le robot», «A-t-on le droit?», «Je cherche».

[28] Ce groupe faisait principalement du rock instrumental et annonçait déjà le rock psychédélique de la fin des années soixante. En 1964, la pièce musicale «Mer morte» leur donna une relative notoriété. Le guitariste Jean-Guy«Arthur» Cossette fut également soliste au sein des Sinners. En 1969, il accompagna Robert Charlebois à l'Esquire Showbar.

[29] Manon Guilbert, *Gerry d'Offenbach, la voix que j'ai*, Montréal, Ed. Rebelles, 1985, n.p.

[30] Jean-V. Dufresne, «Sur un air des Beatles ou de Charles Aznavour», le magazine *Maclean*, juillet 1965, p. 19.

[31] Jean-V. Dufresne, art. cit., p. 21.

[32] Denise Filiatrault, «Ses débuts dans le Montréal de la pègre», *Le Lundi*, vol. 15, n° 2, 8 février 1992, p. 12.

[33] Gérard Thibault, *Chez Gérard, la petite scène des grandes vedettes*, Sainte-Foy, Les Éditions Spectaculaires, p. 310.

[34] C'est le 15 juillet 1965 que Gérard Thibault transforme sa première boîte à chansons (À la page blanche) en discothèque.

[35] Gérard Thibault, *op. cit.*, p. 465.

[36] Une petite boîte comme on en retrouvait à la place Saint-Michel à Paris, précise Gérard Thibault.

[37] Gérard Thibault, *op. cit.*, p. 48.

[38] *Ibid.*, p. 442-443.

[39] Mouffe, *Rendez-vous doux*, Radio-Canada, doc. télévisuel, 1988.

[40] *Le Soleil*, 9 août 1980, p. C-2.

[41] Gerry Boulet, *7 Jours*, 20 juillet 1990, vol. 1, n°, 37, p. 4.

[42] Cité par Michèle Maillé, *Blow-up des grands de la chanson au Québec*, Éditions de l'Homme, 1969, n.p.

[43] Cité par Benoît Gignac, *op. cit.*, p. 190.

[44] François Ricard, *op. cit.*, p. 121.

[45] *Relations*, octobre 1965, p. 297.

[46] Jacques Julien, art. cit., p. 120.

[47] Michèle Maillé, *op. cit.*, n.p.

[48] Pierre Guimond, *La chanson comme phénomène socio-culturel*, mémoire de maîtrise ès arts, Départ. de sociologie, Université de Montréal, 1968.

[49] Denise Lachance, *La chanson, un art, une industrie*, Québec, ministère des Affaires culturelles, 1975, p. 34.

[50] Robert Giroux, «Introduction», *Les aires de la chanson québécoise*, Triptyque, 1984, p. 15.

[51] Cité par Benoît Gignac, *op. cit.*, p. 118.

[52] Renée-Berthe Drapeau, art. cit., p. 181.

[53] *Ibid.*, p. 180.

[54] C. Côté et R. Baillargeon, *op. cit.*, p. 49.

[55] Renée-Berthe Drapeau, *op. cit.*, p. 194.

[56] C. Côté et R. Baillargeon, *op. cit.*, p. 52.

[57] Cité par Christiane Berthiaume, «L'Infonie se veut un pont entre les deux musiques», *La Presse*, 30 juin 1973, p. D-2.

[58] Jean-Pierre Ferland, cité par Monique Bernard (1969) dans *Ceux de chez nous*, Ottawa, Éd. Agence de Presse artistique, p. 191.

[59] Benoît Gignac, *op. cit.*, p. 190-191.

[60] Renée-Berthe Drapeau, *op. cit.*, p. 191.

[61] *Ibid.*, p. 203.

[62] Isabelle D'Amours et Robert Thérien, *op. cit.*, p. XVIII.

[63] Renée-Berthe Drapeau, art. cit., p. 199.

[64] Paul Cauchon, *Le Devoir*, 15 octobre 1988, p. C-1.

[65] Gilles Valiquette, *La Presse*, 23 février 1974, p. 3.

[66] Gérald Côté, *Les 101 blues du Québec*, Montréal, Triptyque, 1992, p. 57.

[67] Gérald Côté, *op. cit.*, p. 87.

[68] Georges Steiner, *Dans le château de Barbe-Bleue*, Paris, Gallimard, coll. «Folio-essais», 1986, p. 133.

[69] Christine L'Heureux, *Le Devoir*, 8 mai 1976.

[70] Le problème n'est pas uniquement québécois. Il est généralisé. «Justement, en France, le drame des musiciens rock, c'est que les gens de la technique, les producteurs en fait, s'ils connaissent la technique, n'ont pas l'esprit requis.» (Berroyer, *Rock and roll et chocolat blanc*, Éd. Henri Veyrier, 1979, p. 158.)

[71] François Ricard, *op. cit.*, p. 123.

[72] Renée-Berthe Drapeau, art. cit., p. 202.

[73] Line Grenier, «La recherche fait la sourde oreille à la musique populaire», *Communications*, vol. 8, n° 2, août-septembre 1986, p. 100.

Les femmes dans l'industrie du disque et du spectacle au Québec depuis 1945

Danielle Tremblay

Les Québécoises auteures, compositeures, interprètes, productrices de disques et de spectacles ont développé leur pratique dans des conditions qui ont marqué leurs apports au développement de la musique populaire. Ces conditions ont agi comme facteurs de contrainte et de restriction mais aussi comme facteurs de motivation et de renforcement de la création, selon les attentes du milieu et l'expérience personnelle des artistes.

1 - La discrimination économique et sa réponse créatrice

Premièrement, la double pauvreté des femmes dans le monde du travail a longtemps affecté les créatrices de chansons et musiques populaires qui tentaient de poursuivre une voie autonome contre les stéréotypes présents à tous les niveaux de l'industrie. Les acquis sont d'autant plus fragiles que les milieux artistiques eux-mêmes baignent dans l'incertitude quant à leur justification économique et à leur rôle social. La survie exige un cantonnement dans des fonctions de divertissement, isolées des autres significations culturelles que pourraient prendre les diverses pratiques de musique et d'écriture. Un tel contexte alimente un certain nombre de traditions sexistes qui se sont perpétuées dans la culture de masse où sont entrés les arts populaires comme la chanson. La place accordée aux femmes est souvent restreinte au traitement de l'interprète choyée et protégée, au besoin contre elle-même, par l'équipe de production et de diffusion de ses disques et spectacles. Songeons aux témoignages contrastants de

Céline Dion, prise dans le tourbillon, et de Renée Claude, en recul critique sur le sujet.

Les créatrices les plus complètes se débrouillent par elles-mêmes, sans que leurs initiatives bénéficient d'un véritable support social. Elles dérobent du temps à leurs obligations familiales, comme Carole Cloutier ou Mado de l'Isle dans les années 40; ou bien elles se dotent sur le tas des habiletés et des moyens techniques refusés aux femmes par une éducation polarisée entre les sexes, au moins jusqu'à la fin des années 60. Le handicap économique vécu par beaucoup d'artisanes de la chanson leur a imposé des solutions de rechange qui ont assoupli et stimulé leurs méthodes d'écriture et de composition. Ce handicap a aussi renforcé l'urgence d'expression pour plusieurs de ces «femmes-orchestres». De nombreuses auteures-compositeures-interprètes ont construit plusieurs de leurs spectacles ou de leurs disques avec des budgets modestes, dans une ambiance intimiste ou carrément familiale où elles assumaient plusieurs tâches à la fois : écriture, édition, production, promotion. Depuis les années 30, la carrière de madame Mary Travers, dite La Bolduc, prospère en pleine Crise, sert de modèle pour des générations d'artistes des deux sexes jusqu'aux années 90, d'Angèle Arsenault à Plume Latraverse. Un grand nombre de créatrices de chansons qui ont relevé le défi de l'autonomie, ou même de l'autosuffisance, s'en sont inspirées.

Clémence DesRochers est sans doute un des exemples les plus frappants de «femme-orchestre». Elle a travaillé pendant dix ans presque toute seule à monter et à coordonner ses revues musicales — sketches, monologues et chansons — jusqu'au milieu des années 70 où elle s'est entourée d'une petite équipe de complices triés sur le volet, comprenant les musiciens Marc et Denis Larochelle. D'abord le spectacle, avant tout enregistrement! Un rythme laborieux de 5 à 10 réécritures pour chaque texte précède le travail en commun avec les musiciens, qui choisissent les arrangements appropriés en consultation avec la principale intéressée. Le rodage des premières représentations devant un public privilégié dure 6 jours par semaine, 4 ou 5 heures par jour. Toujours au milieu des années 70, la petite compagnie de production SPPS a fusionné les efforts de Lise Aubut, auteure, gérante d'artistes, productrice de spectacles et de disques, et d'Angèle Arsenault, Édith Butler et Jacqueline Lemay, toutes trois auteures-compositeures-interprètes. Ces femmes, réunies d'abord par hasard et ensuite par choix mutuel, se donnaient ainsi les moyens de conserver leur indépendance en travaillant collectivement à tous les aspects de leurs carrières respectives. Beaucoup d'auteures-compositeures actives durant les années 1950-1960 ont adopté les valeurs du mouvement «chansonnier», cultivant la simplicité dans la mise en scène et l'orchestration de la musique : piano, voix, guitares et autres instruments acoustiques, parfois fabriqués de toutes pièces. Ce mouvement a d'ailleurs permis à plusieurs hommes et femmes de prendre le contrôle de leurs moyens d'expression, en dehors de la tutelle des grandes compagnies de disques.

De plus, Cécile Tremblay-Matte démontre, dans son étude musicologique des chansons de plus d'une centaine d'auteures-compositeures, que le folklore et la ballade ancienne font partie des formes musicales les plus explorées et exploitées par les femmes jusque dans les années 1970-1980. Le choix de ces formes a pu être influencé par des nécessités économiques : la relative pauvreté des moyens et des normes techniques pouvait être compensée par un canevas de formes musicales à la fois rigoureux et souple, qui permettait une production abondante et riche en possiblités d'adaptation et d'interprétation. Un accès plus grand à la technologie pour les artistes et une formation musicale toujours plus étoffée, développée par les femmes compositeures après les années 70, n'empêchent pas qu'il y ait un prix à payer pour l'autonomie. Marie Philippe s'est armée de patience pendant près de dix ans afin de monter chez elle un studio à la mesure des ambiances musicales qu'elle voulait créer, en accord avec ses textes suggestifs et ludiques.

D'autre part, le partage difficile de la vie des femmes entre les exigences familiales et professionnelles a affecté la façon dont les créatrices perçoivent leur cheminement ou leur carrière : tantôt un parcours «accidenté» entre le métier et la vie de famille, tantôt une «vocation» où toutes les énergies personnelles sont canalisées. Des artistes aussi différentes que Ginette Reno, grande interprète des variétés pop, Monique Brunet, première chansonnière présentée au festival de Spa en Belgique, Christine Charbonneau, à cheval entre les deux mouvements chansonniers des années 60 et 70, ou Nanette, première grande interprète rythm and blues d'ici, ont connu des éclipses dans leurs activités à cause des responsabilités familiales qu'elles avaient choisies. Même si l'expérience de la maternité demeure très mal intégrée dans notre société, elle a été vécue par plusieurs artistes comme une nouvelle motivation à leur carrière, par exemple pour Louise Forestier, Ginette Reno et Nanette Workman.

Depuis plus de trente ans, une voie méconnue mais féconde pour une production féminine autonome se retrouve dans la musique country et western. Enracinée dans des traditions familiales qui exigent relativement peu de matériel, diffusée en masse dans un réseau de distribution directe au public, cette musique a servi de berceau à plusieurs voix de femmes qui chantent un quotidien aux accents authentiques, malgré l'auréole de valeurs traditionnelles. Marie King et Julie Daraîche sont des reines incontestées du country québécois, tout comme Renée Martel, qui a touché à plusieurs créneaux de la culture «pop» des années 60 et 70 tout en gardant les bases de son expérience country. Les artistes country et western ont concilié parfois harmonieusement leurs vies de mères, épouses et musiciennes, en autant que tout cela faisait partie d'un patrimoine familial. En font foi les carrières de madame Soucy, entourée de sa famille, et des trois sœurs Marleau du groupe Diadem. Malgré la variété des thèmes du country actuel : solitude de la ville, couples mal assortis, nostalgie des traditions conviviales de nos gens, toute la musique country et western structure une continuité culturelle, où les femmes jouent un rôle important et difficile en tant que pivots de la famille.

2 - La discrimination sociale et sa réponse créatrice

D'autres discriminations sociales reviennent constamment dans l'histoire des femmes en musique populaire. Malgré les multiples prises de parole des artisanes de la chanson depuis les quarante dernières années, on a régulièrement identifié ces femmes aux causes ou aux événements collectifs qu'elles ont embrassés et mis en valeur par leur présence. Des artistes très productives ont été récupérées par le public et les agents de l'industrie comme des «valeurs sûres» en tant qu'interprètes ou porte-parole, non pas en tant qu'auteures-compositeures porteuses d'originalité.

Les difficultés rencontrées par Louise Forestier, brillante complice de l'Osstidcho de 1968, le prouvent amplement. Avant elle, depuis le début des années 60, les interprètes Pauline Julien et Monique Leyrac s'étaient vouées au renouvellement du patrimoine chansonnier québécois. À mesure que leurs carrières progressaient sous le climat nationaliste des années 70, leurs initiatives se sont déplacées vers l'arrangement de chansons et même vers la composition et l'écriture. Néanmoins, leurs associations étroites avec le mouvement des chansonniers et l'engagement politique indépendantiste leur ont valu un statut figé d'interprètes, ennobli par les circonstances. Pauline Julien a réussi à élargir ce statut à partir de 1975-76, en montant des projets de disques et de spectacles thématiques sur la condition des femmes. Mes amies d'filles et surtout Femmes de paroles ont affiché sa participation pleine et entière à l'écriture de chansons, avec d'autres femmes auteures-compositeures pour Femmes de paroles. Comment ne pas mentionner la poète et chansonnière Marie Savard qui, entre autres audaces, a initié le mouvement politique et artistique Québékiss? Trop personnelle et radicale pour être associée en permanence à un engagement politique, elle a occupé des scènes marginales tout au long des années 60 et 70.

Les formes les plus connues de l'engagement politique ont perpétué des rapports de force entre les sexes et placé les femmes en position de subordonnées. De toute façon, avec ou sans prétexte politique à défendre, plusieurs femmes pourtant rompues à l'écriture, à la composition et à la production de chansons se sont noyées dans le travail collectif, souvent dominé par un ou des hommes. De nombreux exemples de ce «complexe» se retrouvent jusqu'au milieu des années 80. Marie-Michèle Desrosiers de Beau Dommage et Marie-Claire Séguin, pour ne nommer qu'elles, se sont senties victimes d'un perfectionnisme et d'une insécurité qui paralysaient leurs aspirations légitimes d'auteures de chansons, devant la «famille» que constituait le groupe musical qui les avait lancées. Ces collectifs formés dans les années 70 se voulaient des modèles égalitaires d'autogestion : leur dissolution à la fin de la décennie impliquait un retour aux valeurs individualistes et exigeait d'autres attentes face à la carrière artistique. Plusieurs entrevues de cette époque témoignent de la difficulté pour les femmes de réaffirmer leur statut d'artistes au-delà du travail de groupe garant de leurs premiers succès.

La reconnaissance ambiguë accordée aux femmes dans l'industrie du disque et du spectacle se constate aussi dans l'organisation d'événements fortement médiatisés du «show-business», comme les comédies musicales. Attirant et renouvelant un bassin d'interprètes et d'autres artistes qui désirent en retirer profit et expérience, ces événements lancent ou relancent des carrières de façon plus ou moins durable. *Starmania*, opéra-rock écrit et composé par le Québécois Luc Plamondon et le Français Michel Berger, joué dans une dizaine de versions depuis 1978, représente un sommet de cette formule. Les interprètes féminines y sont brillamment mises en valeur par la conception des personnages et des chansons. Ce n'est pas un hasard car les deux auteurs-compositeurs possèdent une longue expérience de travail avec des femmes interprètes : Diane Dufresne pour Plamondon, France Gall pour Berger. Suivre l'impact possible de *Starmania* sur la carrière de chacune de ses interprètes successives s'avère un exercice intéressant. On a pu observer l'impact profond de *Starmania* sur la popularité des interprètes québécoises. Mais qu'en est-il de la responsabilité créatrice des femmes dans ce contexte?

Starmania première version annonçait déjà le déclin du couple professionnel Diane Dufresne/Luc Plamondon : l'interprète en pleine possession de ses moyens cherchait d'autres milieux d'inspiration du côté d'une carrière en France. Toujours dans la première version, le succès de Fabienne Thibeault en «Marie-Jeanne la serveuse automate» a balayé en partie ses aspirations d'auteure-compositeure prometteuse. À l'époque de la deuxième version de *Starmania* (1981), Louise Forestier est mieux reçue comme auteure-compositeure; elle a très bien profité du courant de popularité attaché au rôle de Marie-Jeanne, en continuant de mêler avec le plus de bonheur possible compositions et interprétations dans son répertoire personnel. Dans les années 80, les carrières respectives de Martine St-Clair, de Marie-Denise Pelletier et de Marie Carmen sont des indices d'un contexte plus sensible à la participation des jeunes femmes artistes dans la chanson populaire.

Une certaine diversification des critères à l'intérieur de l'industrie y est pour quelque chose. L'impact de *Starmania* sur les carrières de ses vedettes féminines dépend sans aucun doute de la position qu'occupait chacune des artistes dans le milieu et de la conscience qu'avait chacune de ses moyens, au moment où elle s'est jointe à l'équipe.

D'une manière ou d'une autre, la transformation dans les années 70-80 de plusieurs créatrices en «femmes-alibis», par les producteurs qui les protègent, cache d'autres obstacles sociaux au commerce entre les sexes dans la sphère artistique. Pour une Laurence Jalbert, dont le talent d'auteure-compositeure est surexposé et épuisé en tournée, combien de femmes ont tenu des discours ignorés ou méprisés : Micheline Goulet, Marie Savard, Suzanne Jacob? Une Mitsou encore maladroite, mais pleine d'humour juvénile, pourrait apprendre à se méfier de la célébrité instantanée, dévoreuse de souffle. Germaine Dugas en sait quelque chose : jeune auteure de chansons vedette des années 50, elle est tombée dans l'oubli après deux albums réalisés coup sur coup, sans un temps de réflexion nécessaire. Il est notoire que les femmes vivent dans un temps intérieur particulièrement morcelé. Plusieurs témoignages de femmes artistes tendent à faire croire que leurs créations se développent dans des moments fébriles, arrachés au quotidien autant que nourris par lui. Ce contexte social et culturel rend difficile la poursuite de carrières que la logique de l'industrie planifie comme des stratégies de séduction et des marathons de production.

D'un autre côté, depuis les années 50, des complicités et des collaborations réciproques ont bien servi les besoins de contrôle de plusieurs femmes sur leurs carrières artistiques. Les interprètes les plus averties de chansons à texte ont créé des concepts de spectacles originaux avec quelques musiciens, arrangeurs et paroliers, en profitant d'un contexte social et politique favorable. Les associations de Monique Leyrac avec André Gagnon, pour ses spectacles consacrés au poète Nelligan, à Félix et à Vigneault, et de Pauline Julien avec Michel Tremblay, entre autres pour l'album *Mes amies d'filles*, n'appartiennent qu'à elles. Diane Dufresne, forte du travail en symbiose avec Plamondon et Cousineau, encouragée par leur succès grandissant, se permet de concevoir elle-même ses spectacles : mise en scène, décors, éclairages et costumes, à partir du milieu des années 70. Mûrie par son «exil» en France de presque dix ans, elle s'adjoint la musicienne Marie Bernard comme coréalisatrice pour ses premiers textes de chansons en 1991-92. Marie Bernard fait justement partie de ces femmes artistes qui apportent un soutien de plus en plus reconnu à plusieurs réalisations sur disque. Musicienne et compositeure, elle est sortie de l'ombre à la fin de cette décennie pour signer des arrangements de chansons pour Michel Rivard, les humoristes Rock et Belles Oreilles et le musicien-conteur Alain Lamontagne. Elle est aussi montée de plus en plus souvent sur scène.

Les collaborations entre femmes sont de plus en plus nombreuses tout au long des années 60 et 70, qu'elles se réclament ou non du féminisme averti. Elles s'observent d'abord dans la fabrication des chansons, qu'elles soient «sérieuses» ou de «variétés». Diane Juster auteure-compositeure pour Ginette Reno, Madeleine Gagnon parolière pour Pauline Julien, Hélène Pedneault parolière pour Marie-Claire Séguin, Lise Aubut parolière pour Édith Butler, Chantal Beaupré auteure-compositeure pour Joe Bocan : toutes implantent des lieux de paroles destinés à des personnages féminins «de cœur, de sens et d'intelligence» (dans le désordre). Les fonctions d'impresario, de gérante et de productrice de spectacles sont remplies par des femmes à la formation polyvalente, qui entretiennent des liens privilégiés avec des auteurs-compositeurs des deux sexes mais surtout féminins : Lise Aubut et Hélène Pedneault sont deux figures extrêmement importantes du monde de la chanson en général. Ces collaborations permettent d'entendre davantage de voix distinctes de femmes en musique populaire.

Il ne s'agit pourtant pas de «ghettos de femmes» car les artistes redoutent cette formule, du moins jusqu'à la relance sociale et culturelle du féminisme après 1975. Le radicalisme de plusieurs revendications de femmes, à cette époque, fait des adeptes chez les artistes les moins conventionnelles. Un bon exemple est la création dans les années 1980 du groupe Wondeur Brass (renommé Justine en 1988). Ce groupe fonde les Productions Super-Mémé, alternative de production et de diffusion pour les musiciennes, auteures et compositeures exclues des autres circuits. Les Productions Super-Mémé ont même lancé un clin d'œil malin à la fameuse image des «Muses» en organisant au Musée d'art contemporain de Montréal un événement collectif dramatique et musical, *Les Muses au musée*, le 7 juin 1992. Ce concert à sept volets mettait en valeur les textes et les musiques de Pauline Julien, Geneviève Letarte et Karen Young entre autres artistes de la voix, dans un montage et une mise en scène conçus par chacune et toutes ensemble.

3 - La discrimination esthétique et sa réponse créatrice

En plus des facteurs économiques et sociaux déjà mentionnés, divers problèmes touchant la formation et la pratique musicales ont limité le choix des outils de création pour les femmes. En même temps, ces problèmes ont favorisé des cheminements tout à fait «hors circuit» qui ont illustré l'histoire de la musique populaire au Québec. Comme le souligne Marie-Thérèse Lefebvre dans son livre *La formation musicale des femmes au Québec*, l'école musicale pour les

femmes a longtemps suivi le patron classique des communautés reli-
gieuses. Ce patron conduisait d'abord à l'interprétation et au mieux à
la composition pour des fins pédagogiques, rarement à l'exécution
publique d'œuvres reconnues comme telles. Certains types d'instruments : piano, voix, instruments à cordes acoustiques, certains registres
sonores et certaines approches expressives étaient définis comme plus
propices à la «nature féminine».

Beaucoup de femmes auteures-compositeures-interprètes ont fait
leurs premières armes dans un même modèle d'expression musicale :
études en chant, piano, violon. La guitare classique (pas encore
électrifiée!) est introduite dans ce panthéon à partir des années 60. On
retrouve cette filière de Monique Miville-Deschênes à Sylvie Tremblay,
en passant par Diane Juster et Diane Tell. Cependant l'éducation
musicale de base, plus poussée chez les femmes que chez les hommes,
a permis à l'éclectisme de prendre forme et contenu dans la curiosité et
la recherche de langages mélodiques et rythmiques. En complément à
une formation musicale trop typée, la formation littéraire ou théâtrale
dans les années 40, 50 et 60 a profité plus directement aux femmes
s'exprimant par la chanson. De Marie Savard à Ginette Bellavance en
passant par Marie Bernard et Marie Philippe, la conception de bandes
sonores et d'œuvres musicales pour le théâtre, la danse et le cinéma a
employé beaucoup de femmes. D'autant plus que le fossé entre
musique «sérieuse» et musique populaire s'est accentué sur trois
décennies, surtout avec l'influence du rock'n'roll dans les variétés
populaires.

Les créatrices de chansons ont été poussées dans des voies
autodidactes pour varier leurs processus d'écriture et l'exploration de
leurs instruments. Consciemment ou non, elles ont cherché leur
identité dans des formes hybrides en tentant de faire éclater les
catégories du «genre» et du «style». Pauline Julien est passée par
l'école du cabaret européen et du verbe poétique (et politique) des
chansons françaises Rive gauche; de là elle en est venue à poser sa voix
de chanteuse de manière différente, contre les codes acceptables du
«bon goût» et du «beau lyrique». Les langages de romances
populaires et de différents folklores se fondent dans le bagage des
sœurs Kate et Anna McGarrigle, et des sœurs Annette, Michelle et
Suzanne Campagne qu'on redécouvre aujourd'hui dans le groupe
originaire de Saskatchewan Hart Rouge. Le tissu musical et thématique
des chansons de Sylvie Tremblay contient des références apparemment
opposées : blues, ballade, pop et country, opéra et théâtre musical
contemporain. Dans ses trois albums, les jeux parallèles de la voix et
de la langue, les envolées mélodiques à contretemps des ruptures
rythmiques soulignent les climats dramatiques de ses récits. Dans la
jeune vingtaine, Lynda Lemay produit un étrange «patchwork» de
chansons où se mêlent les effets «a cappella», la rythmique à deux

temps des ballades populaires et des harmonies quelque peu savantes aux claviers et au saxophone. Tout cela pour des textes d'une lucidité tranchante, mais émouvante, articulés dans une langue un brin châtiée mais coulante.

Au début des années 60, la culture rock a détrôné pour toute une génération les valeurs musicales traditionnelles, en instaurant un nouveau rapport au corps et au langage dans la musique. Cette culture s'est renouvelée dans les décennies suivantes à la faveur de nombreuses crises sociales, y compris celle de la condition des femmes. Au départ, le rapport entre les sexes figuré dans la «culture rock» était franchement défavorable aux femmes. Les hommes y étaient placés en musiciens séducteurs et hyperactifs et les femmes en «groupies» admiratives. Les Québécoises qui ont cherché une adaptation personnelle de ce modèle, comme Diane Dufresne, Marjo, Nanette et tout récemment Marie Carmen et Frankline, ont rencontré des obstacles plus ou moins grands dans l'industrie de la musique. Elles sont aujourd'hui reconnues dans des styles hybrides, où elles n'ont pas encore atteint leur plein potentiel malgré des expériences très excitantes. La tyrannie du «soft rock» fait surtout des victimes chez les femmes auteures-compositeures, bien qu'elles ne soient pas les seules à en souffrir. Les critères de la production musicale «bien élevée» et rentable nivellent en général les cris, les chuchotements et les nuances de leurs discours chantés.

Par ses interprétations, ses collaborations et depuis peu par ses écritures, Diane Dufresne a apporté un univers harmonique et mélodique particulier, inspiré autant de la mélodie française que des improvisations inhérentes au jazz, au rythm and blues ou aux autres éléments du rock. Marjo a pour sa part tenté d'infléchir sa langue encore davantage aux structures du rock, du blues ou du country. Elle est une des rares femmes à oser prendre la relève des paroliers rock, qui ont rythmé les nuances du joual pour le groupe Offenbach et le groupe Corbeau — où Marjo s'est illustrée comme chanteuse de choc. Sur un spectre de vingt-cinq ans, les guitaristes et compositeures Priscilla Lapointe, Diane Tell et Geneviève Paris se sont démarquées par des mélanges stylistiques : inflexions pop des Beatles, inflexions jazz et blues, funk afro-américain, chanson pop sud-américaine. Dans les années 80, des musiciennes autodidactes comme Joanne Hétu, Diane Labrosse, Danielle P. Roger, membres de Wondeur Brass et Justine, ou comme Lou Babin et Claude de Chevigny, d'abord membres du groupe Montréal Transport Limité, s'encouragent mutuellement à des audaces vocales et instrumentales sur cuivres, percussions, claviers, etc.

En confrontant leurs premières valeurs musicales à d'autres expériences artistiques, des artistes aux horizons divers ont forgé elles-mêmes leurs identités de parolières et de musiciennes. Marie Savard,

Suzanne Jacob, Louise Portal, Geneviève Letarte, formées au théâtre et à l'écriture, ont concrétisé leur passion pour la chanson dans des voies inédites mais non inaccessibles. Sans être des virtuoses de la musique, elles redonnent ses lettres de noblesse à la «voix conteuse», la voix amateure à la matière brute, richement travaillée par la complexité des idées et des émotions : la voix malléable aux nuances du texte et même au-delà. Est-ce un nouveau «folksong», une redécouverte de la tradition musicale populaire, à la fois sérieuse et moqueuse? Une réponse lointaine aux fantaisies textuelles de Madame Bolduc, qui rompaient à peine le rythme circulaire de ses chansons et turlutes? Que faire des allusions harmoniques et des effets sonores rappelant les plaisirs et les violences intimes de la vie urbaine, insérés dans les billets tendres et acides de Geneviève Letarte, Sylvie Laliberté, Nathalie Derome et Joanne Hétu? Les résonances intellectuelles, émotives et sensuelles présentes dans la production musicale populaire des femmes au Québec sont sous-évaluées même aujourd'hui par nos industries culturelles.

Rôle et statut social
des artistes de la chanson populaire
à travers le discours journalistique
des années 80

Daniel André

Partant d'une réflexion sur la reconnaissance du métier de musicien[1], nous évaluerons le rôle et le statut qu'il possède au sein de la société québécoise. Quelques questions se trouvent à la base de la réflexion : Comment les musiciens et le métier qu'ils exercent sont-ils perçus dans la société québécoise? Quel rôle y jouent-ils? Existe-t-il des idées préconçues à leur égard? Comment y réagissent-ils?

Afin de répondre à ces questions, il faut analyser le discours porté sur les musiciens. Nous avons donc brossé un portrait global des chanteurs et des chanteuses populaires et ce, à partir du discours journalistique. Il devient alors possible d'en déduire le rôle et le statut social qu'on leur attribue. Un échantillon d'articles publiés entre 1982 et 1987 est à la base de l'analyse.

Dans un premier temps, il sera question du contexte général dans lequel s'inscrit ce genre d'étude. Nous ferons ensuite un bref survol du domaine musical au Québec ainsi qu'une description du journalisme musical. Puis nous passerons directement à la description et à l'analyse des thèmes abordés dans les articles. Nous exposerons de cette façon les principales tendances du discours journalistique sur les artistes de la chanson populaire québécoise.

Contexte général

L'étude que nous avons menée s'inscrit dans la problématique générale de l'ethnomusicologie. Nous nous sommes inspirés largement des travaux théoriques et pratiques de l'anthropologue Alan P. Merriam dont le livre intitulé *Anthropology of Music*, publié en 1964, contient l'essentiel de sa théorie et de sa méthode. L'intérêt que portent les musicologues envers les musiques populaires occidentales et non occidentales remonte à la fin du 19e siècle. Ce sont les explorateurs et les missionnaires qui, les premiers, ont décrit et tenté d'analyser les phénomènes musicaux qu'ils observaient au cours de leurs voyages. Ils pouvaient ainsi présenter au monde «civilisé» les bizarreries exotiques des «primitifs» en décrivant de façon très détaillée leurs chants, leurs danses et leurs costumes.

Transmise oralement, la musique populaire, par opposition à la musique de cour ou à la musique dite «savante», fut souvent méprisée par la haute société qui l'a longtemps considérée comme un genre vulgaire, indigne d'attirer l'attention des universitaires. Vers 1880, en pleine époque colonialiste, les musicologues ont cependant commencé à s'y intéresser, acquérant ainsi, avec le temps, leur titre de «ethnomusicologues». L'invention des machines à enregistrer, en procurant la possibilité de rapporter des artefacts de musiques populaires non occidentales, leur a permis d'analyser et de transcrire, plus ou moins fidèlement parfois, cette musique originale dont les règles leur étaient complètement inconnues. L'enregistrement sonore fut aussi utilisé, et l'est encore d'ailleurs, dans le but de préserver et de conserver le patrimoine musical de différentes cultures. À partir de 1930 jusque vers 1950-60 environ, les ethnomusicologues intègrent le travail de terrain à leurs études et leurs analyses. Ce virage méthodologique les obligera à concentrer leurs efforts sur une seule «aire culturelle». C'est ainsi qu'est né ce qui est maintenant appelé l'ethnomusicologie régionale.

Au milieu des années 60, l'ethnomusicologie entre dans une nouvelle période qui se caractérise par un intérêt croissant des chercheurs dans le développement de nouvelles théories et de nouvelles méthodologies[2]. C'est le cas de A.P. Merriam dont l'approche développée dans *Anthropology of Music* (1964) s'inscrit dans l'une des principales orientations de l'ethnomusicologie qui consiste à étudier «la musique comme un des aspects de la culture» (*the study of music in culture*). Contrairement aux études comparatives des systèmes musicaux et aux descriptions strictement musicales des phénomènes observés, propres aux premières tendances de l'ethnomusicologie, l'approche de Merriam poursuit des objectifs ethnographiques visant à décrire les phénomènes entourant la «performance» musicale. Pour Merriam, la musique n'est pas un produit mais un «phénomène». Pour l'étudier, il développe donc un modèle analytique à trois niveaux : 1) le son — 2) les concepts ou la verbalisation — 3) les comportements. C'est cette approche tripartite qui le distingue des autres chercheurs.

Selon Merriam, la musique est «le résultat de processus comportementaux humains modelés par les valeurs, les attitudes et les croyances des membres qui composent une culture particulière» (p. 6). Pour étudier globalement le phénomène musical dans une société, il propose six axes d'observation. L'un de ces axes porte sur l'étude du rôle et du statut social du musicien. C'est celui que nous avons retenu. Il y est question de la formation du musicien, de la façon dont il se perçoit et dont il est perçu, de la présence ou de l'absence d'associations ou de regroupements ainsi que de la propriété de la musique et des chants. Dans cette optique, nous devons également évaluer les perceptions relatives au talent que partagent les membres de la société, car cela détermine qui devient ou ne devient pas musicien. En effet, selon l'époque et la culture, le musicien est considéré d'une façon particulière par ses proches. Marginal et méprisé au sein d'une société, il peut être honoré et respecté dans une autre. Mais quels que soient la place qu'il occupe, le rôle qu'il joue ou le statut qui lui est conféré, le musicien est souvent perçu comme indispensable.

Afin d'évaluer le statut du musicien dans sa société, Merriam suggère de porter une attention particulière aux stéréotypes qui lui sont attribués. Les musiciens se comportent d'une certaine façon dans la société de par leur vocation. De même, les non-musiciens perçoivent les musiciens d'une certaine manière et adoptent aussi des attitudes spécifiques envers eux. Selon Merriam, le rôle et le statut social du musicien sont déterminés par un consensus social. Ce consensus n'est évidemment pas le résultat de séries de règles écrites à suivre, mais peut se traduire par certaines attentes auxquelles les musiciens doivent répondre en adoptant des comportements «adéquats».

De nombreuses recherches font état de l'existence, au sein de plusieurs sociétés, d'attitudes, de croyances et de stéréotypes qui caractérisent les musiciens comme marginaux (voir les travaux de Zemp, 1971; Merriam et Mack, 1960; Merriam, 1973, 1979; Sakata, 1976; Salmen, 1983, p. 283-284; Schaeffner, 1956, p. 46). S'ils sont ainsi considérés comme déviants ou marginaux, c'est souvent parce que les musiciens se conforment aux comportements que les autres membres de la société attendent d'eux. Cela leur procure un statut spécial qui fait en sorte que l'on tolère chez eux des comportements qui seraient jugés «inadmissibles» chez d'autres individus. On peut prendre comme exemple des artistes qui font usage de drogues ou encore certains comportements «scandaleux» de vedettes de la musique pop, qui sont tolérés (encouragés?) par le public. Ce statut «spécial» leur donne le privilège de déroger aux normes sociales en vigueur.

Le sociologue Simon Frith souligne que cette tendance, identifiée chez les artistes «rock» en Angleterre, est renforcée par la littérature musicale et la presse spécialisée :

> The more we find out about musicians' individual biographies, tastes and hopes, the less easy it is to uncover any shared beliefs or values. Music press and show-biz myths have themselves fed musicians with the clichés they feed the public. (Frith,1978, p. 160)

Jusqu'à maintenant, les ethnomusicologues se sont principalement inté-ressés aux musiciens des sociétés non occidentales. C'est une des raisons pour lesquelles nous avons appliqué certains éléments de leur approche à l'étude du rôle et du statut du musicien au Québec.

La situation des musiciens au Québec

> Il est certain que la profession de musicien est une de celles qui ont tardé le plus à se faire reconnaître comme métier normal et honnête. Trop chargée (...) de toutes les particularités de la mentalité artistique, elle est restée trop longtemps à la fois admirée et méprisée. On le respecte [le musicien] autant qu'on le craint ou le déteste. (Schneider, 1960, p. 19)

La situation vécue par les artistes québécois en général, et parti-culièrement par les musiciens, indique qu'il existe un problème au niveau de la perception de leur statut au sein de la société. La situation des musiciens professionnels, comme le démontre la recherche de Lacroix et Lévesque (1985), démystifie l'image de l'artiste «vivant en dehors des contraintes matérielles». La situation des comédiens est similaire (Union des artistes, 1984). Bien qu'elles se soient améliorées grâce à la «loi sur le statut professionnel et les conditions d'engagement des artistes de la scène, du disque et du cinéma», adoptée par le gouvernement du Québec le 17 décembre 1987, les conditions de travail d'une majorité d'artistes et de musiciens n'en demeurent pas moins difficiles. L'image et les stéréotypes véhiculés à leur égard ne correspondent pas vraiment à leur véritable condition.

Dans une publication de l'Institut québécois de recherche sur la culture (IQRC, 1985), plusieurs artistes se plaignent d'être la cible de préjugés et de stéréotypes non fondés. Ils reconnaissent l'importance de démystifier leur rôle et leur statut. Dans la présentation de l'ouvrage, Léon Bernier fait état des conditions difficiles d'emploi et d'insertion sociale vécues par les jeunes artistes en général : « (...) contrairement au préjugé populaire, il est faux de croire que les artistes ont une existence de rêveurs entretenus». Il poursuit un peu plus loin :

> Personne en fait, chez les artistes, ne peut se permettre de vivre comme un pensionné de l'État. L'aide reçue en début de carrière n'est jamais qu'un sursis; celle obtenue en considération de plusieurs années de pratique n'est rarement qu'une récompense passagère. De l'une à l'autre, c'est l'artiste qui de façon générale s'offre lui-même le luxe de sa passion pour l'art. (1985, p. 9-10)

Roxanne Turcotte, musicienne, confirme cet état de choses : «Pour un musicien, la sécurité d'emploi, ça n'existe pas. (...) Nous sommes à l'écart socialement et n'avons pas beaucoup de soutien (surtout pas de l'Union)!!!» (1985, p. 88)   Une autre musicienne ajoute quelques exemples de préjugés souvent entendus à propos de «la vie d'artiste» :

> «La vie d'artiste, ça doit être tellement extraordinaire!» «Faire de la belle musique, c'est pas une vraie job, ça!» «Mais qu'est-ce que tu fais pour gagner ta vie?» (...) Ce sont là quelques exemples types de questions que l'on nous pose, ou de commentaires que nous entendons au sujet de notre profession.   Il y a tout lieu de démystifier le style de vie des jeunes musiciens : de leur formation à leurs débuts dans le monde du travail, entre leurs visées dans le monde musical et le rôle du musicien dans la société actuelle. (Deschênes, 1985, p. 137)

Michel Rivard, auteur-compositeur-interprète bien connu, «rêve que les métiers de la culture soient respectés et justement rémunérés, plutôt que mythifiés».   Il aborde ensuite la question de l'image de l'artiste :

> Les artistes ne sont pas comme tout le monde.   Les électriciens et les infirmières non plus.   Mais la différence devrait résider d'abord dans le message plutôt que dans l'image.   Je ne nie pas l'importance de l'image dans un métier dont la principale utilité est de faire rêver les gens, de les divertir.   Mais l'image de l'artiste devrait être un outil, une clé pour entrer dans la vie des gens à qui il s'adresse; jamais elle ne devrait être une fin en soi.   L'artiste qui se met à croire à sa propre image pose le pied sur la pente savonneuse de la mégalomanie.   C'est la dernière chose dont le public a besoin. (1985, p.173)

Nous pouvons avancer l'hypothèse que les stéréotypes et les préjugés concernant les musiciens proviennent, comme le souligne Frith (1978), d'une certaine image véhiculée par la littérature et particulièrement par la presse musicale.   À partir de là, nous pouvons présumer que le discours des journalistes reflète, d'une certaine façon, les idées que l'on pourrait retrouver dans la population en général.

Nous avons dressé un portrait général des chanteurs et des chanteuses à partir d'un échantillon d'articles publiés dans cinq revues différentes : *Le compositeur canadien, Québec Rock, La scène musicale, Chansons d'aujourd'hui* et *L'actualité*.   Sept principaux thèmes ont été retenus pour la lecture de ces articles : l'origine, la formation, l'histoire de la carrière, les attributs, les motivations, les sources d'inspiration et le processus de composition.   La loi des probabilités nous porte à croire que les résultats d'une recherche étendue à l'ensemble des médias écrits (journaux + revues) ressembleraient à ceux exposés ici.   L'analyse se limite au contenu écrit des articles parus de 1982 à 1987 et ne tient pas compte de l'aspect visuel, les photographies par exemple.   *Le compositeur canadien* et *La scène musicale* sont des revues mensuelles éditées par des sociétés de perception de droits d'auteur.   Les revues *Chansons d'aujourd'hui* (devenue *Chansons* en 1992) et feu *Québec Rock* sont spécialisées dans le genre musical tandis que *L'actualité* est une revue d'intérêt général qui publie à l'occasion des reportages sur des artistes de la chanson.

Nous avons retenu 71 articles sur les 133 répertoriés à travers nos cinq revues. 25 de ces articles sont écrits par des femmes et 46 par des hommes. Ils portent sur des chanteurs et des chanteuses qui œuvraient dans le domaine de la chanson populaire québécoise de 1982 à 1987. Nous les avons divisés en deux catégories, selon le nombre d'années de carrière de l'artiste : la relève et les artistes établis. La période 1982-87 a été retenue parce qu'elle est marquée par des transformations importantes, tant du point de vue musical que social : années postréférendaires, récession économique, crise du disque, transformations technologiques, etc.

Tableau I

Nombre d'artistes composant l'échantillon,
selon la catégorie et le sexe

Catégorie	Chanteurs	Chanteuses	Total
Relève	6	12	18
Établis	31	19	50
Total	37	31	68

Avant de passer à l'analyse des thèmes proprement dits, faisons un tour d'horizon des principales caractéristiques du milieu musical québécois.

Caractéristiques de la musique populaire québécoise depuis 1980

Règle générale, nous pouvons considérer que mai 1980 a marqué un point tournant pour la chanson populaire au Québec. En effet, le 20 mai 1980, les Québécois votent «non» lors du référendum sur la question du projet de souveraineté-association du Parti québécois. Ce projet, si longuement discuté, est alors mis de côté. Cet échec entraîne une véritable démobilisation chez certains artistes québécois. Déçus, découragés, plusieurs abandonnent la chanson, parfois temporairement, parfois de façon définitive. Les groupes disparaissent les uns après les autres. C'est l'époque où le «disco» prend d'assaut les ondes radio et les discothèques, suivi du «new wave» et du «punk». La chanson québécoise est alors presque totalement balayée des ondes.

Les multinationales du disque installées au Québec ne produisent presque plus d'artistes locaux et plusieurs ferment carrément leurs portes. Au début des années 80, une grave crise économique ébranle également le Québec et le Canada dans son ensemble. Ce qui a des répercussions sur la vente de disques en général. Au niveau de la consommation culturelle, le public québécois devient très sélectif en temps de crise. Entre 1970 et 1975, le disque québécois occupe en moyenne 25 % du marché (Linteau, Durocher, Robert et Ricard, 1986, p. 687). Selon Leroux, il n'en occupait guère plus au milieu des années 80 (1986, p. 171-172). C'est à cette époque que les États-Unis imposeront les nouveaux critères de production dans l'industrie internationale du disque et ce, grâce à la technologie musicale de pointe qu'ils développèrent dès la fin des années 70. Cette technologie connaîtra un essor sans précédent au cours de la décennie 80. Nos cousins du sud ont ainsi conquis les marchés mondiaux avec leurs «méga-vedettes de l'ère technologique», disposant de moyens promotionnels gigantesques pour vendre leurs spectacles à travers le monde.

C'est également au cours de la décennie 80 que le vidéoclip envahit les ondes télévisuelles. Peu à peu, le domaine musical québécois prend le virage technologique, ce qui permet aux artistes de rejoindre les normes de production américaines et européennes. Grâce à des programmes de subvention tel Musicaction, de plus en plus d'artistes réalisent des vidéoclips. Aujourd'hui, la technologie informatique fait partie intégrante des studios de production et les musiciens s'équipent d'instruments numériques (ordinateurs, synthétiseurs, échantillonneurs, séquenceurs, batteries électroniques, etc.). Les productions québécoises rejoignent les standards internationaux et retrouvent la faveur du public. Il n'en demeure pas moins que l'influence extérieure est très forte. Les artistes dépensent des sommes très importantes afin de réaliser des albums de calibre international. À cause d'un bassin trop restreint, les producteurs de disques québécois lorgnent de plus en plus du côté de la France, marché indispensable à la réussite financière de leurs entreprises. La chanson québécoise et l'ensemble du secteur musical s'industrialisent alors massivement.

La chanson étant une industrie, le langage industriel sert aujourd'hui à la décrire (Linteau, Durocher, Robert et Ricard, 1986, p. 689). On en parle en termes économiques. En effet, la chanson fait partie des «industries culturelles», comme le théâtre, la danse et le cinéma. Elle s'insère officiellement dans cette logique pour la majorité des intervenants du milieu et du gouvernement (Gouvernement du Québec, 1978, p. 307-359 et Blain, 1987, p. 12). Les domaines culturel et musical s'approprient les techniques de l'industrie et de l'entreprise privée : techniques de mise en marché des produits culturels, marketing, promotion et production. Au cours des années 70, les artistes se produisaient en spectacle avant d'enregistrer un disque. De nos jours, ils commencent d'abord par enregistrer une chanson, moins chère à produire qu'un album, et réalisent ensuite un vidéoclip. Les artistes de la chanson sont souvent entourés de toute une équipe qui utilise tous les moyens de promotion mis à leur portée : publicité, marketing, prestations télévisées, émissions radiophoniques, causes humanitaires et sociales, bref, tout pour accroître au maximum leur visibilité. Finalement, les spectacles couronnent la tournée promotionnelle. L'entreprise privée n'est plus la seule à rationaliser ses opérations...

Dans cette logique d'organisation industrielle, la musique populaire est une source de revenus, donc de profits potentiels, et les artistes en constituent la matière première. Comme il le fait avec l'entreprise privée des autres secteurs, le gouvernement incite de plus en plus les intervenants des industries culturelles à se trouver des partenaires financiers au sein des entreprises privées. Étant liés au système économique et commercial, les artistes doivent donc se conformer au mode d'organisation du travail qui en découle (Blain, 1987).

L'accès au marché international pose un problème d'envergure aux artistes de la chanson. Le profit étant devenu un but en soi, la recherche d'un public de plus en plus vaste amène les producteurs à investir des sommes colossales pour le conquérir. Ces nouveaux enjeux font maintenant partie du métier.

Le métier de musicien

Qu'est-ce que le métier de musicien? Afin de répondre à cette question, puisons aux sources officielles, c'est-à-dire dans le livre de Claudette Rousseau : *Vivre de la musique* (1986). Ce livre s'adresse à ceux et celles qui désirent faire carrière dans la musique. Il contient des renseignements pratiques ainsi que des conseils. Ces derniers en décourageront sans doute plus d'un si l'on s'en tient à ce qu'ils préconisent. En effet, les idées exprimées dans le livre de Rousseau reflètent souvent une idéologie de réussite sociale selon laquelle «vivre de la musique» n'est réservé qu'à une élite qui aura réussi à franchir les obstacles de parcours. En ce sens, elles se rapprochent de celles que l'on retrouve dans les articles des revues de notre échantillon. Néanmoins, le livre de Rousseau contient beaucoup d'informations pratiques.

Quelques exemples illustreront l'idéologie de ce livre. Comme c'est le cas pour tous les métiers, celui de musicien exige des aptitudes particulières. Il entraîne aussi plusieurs conséquences, tant sur le mode de vie du musicien que sur ses implications professionnelles. Rousseau sert un sérieux avertissement dès le début de son livre :

(...) Cette profession n'admet pas la facilité. La compétition y est féroce, la gloire et la fortune ne s'obtiennent qu'à force d'acharnement et sont souvent éphémères. L'excellence technique, condition essentielle d'un succès durable, ne suffit pas. Vous devez aussi être obstiné, ambitieux, responsable, fonceur. Et très bien informé. (1986, p. 1)

On nous dit que le milieu est très dur; que celui ou celle désirant faire carrière en musique doit connaître ce qui l'attend et être prêt à l'affronter. Elle continue plus loin :

Soyez le meilleur. La jungle vous attend. Pour y survivre, il faut que vous excelliez dans tout ce que vous entreprenez. Cela seul ne vous assurera pas le succès, mais c'en est une condition essentielle.

L'idée de casser vos crayons ou de vendre votre guitare vous séduit? Eh bien, peut-être vaut-il mieux vous laisser séduire. Il est clair que les lois de la sélection naturelle vont s'appliquer avec encore plus de rigueur. (...) Seuls les meilleurs *ET* les plus forts jailliront parmi les vedettes de demain. Notez bien le «ET». Le talent ne vous suffira pas. Il vous faudra être assoiffé de succès, dur comme le fer et extrêmement persévérant si vous voulez vous tailler une place dans le monde de la musique d'aujourd'hui. (Siegel, 1985, cité dans Rousseau, p. 6)

Considérant l'ensemble de la vie musicale au Québec, nous pouvons dire que la situation du musicien est relativement difficile. Cet état provient de différents facteurs dont les principaux sont : l'informatisation du domaine musical en général, la très forte compétition, la présence de musiques étrangères et la croissance constante du nombre de musiciens. Le nombre grandissant de musiciens entraîne, selon Lacroix et Lévesque, une «précarisation» de l'emploi. Autrement dit, il existe peu de postes «très payants» et beaucoup de candidats pour les remplir (Rousseau, 1986, p. 4). Pour compenser cela, le musicien occupe souvent un deuxième emploi et même un troisième :

(...) en 1983, 71 % des auteurs-compositeurs avaient dû avoir recours à un second métier pour subvenir à leurs besoins, (...) pour 53 % des auteurs, le revenu d'auteur comptait pour 25 % de tous leurs revenus, et (...) le salaire annuel médian des auteurs-compositeurs à temps plein était de 15 000 $. (Leroux, 1986)

Le métier de musicien impose un style de vie particulier à l'individu. La plupart d'entre eux sont pigistes. Par conséquent, ils doivent être prêts à se déplacer n'importe où, parfois à quelques heures d'avis pour remplir un engagement. De plus, c'est un métier qui entraîne de nombreuses dépenses. Le musicien doit investir pour se procurer de nouveaux instruments, payer ses nombreux déplacements et les dépenses d'une vie sociale indispensable s'il veut maintenir ses contacts et ses relations d'affaires. Le cas des artistes de la chanson est un peu différent en ce qui a trait au travail à la pige. Les chanteurs seront souvent engagés pour un spectacle quelques semaines ou quelques mois à l'avance mais ils doivent néanmoins s'attendre à des imprévus.

Dans leur cas, les dépenses sont plus élevées à cause du coût des costumes, des décors et des accessoires de scène.

Le style de vie du musicien est influencé par la nature du métier qu'il pratique. Toujours selon Rousseau, les musiciens et les artistes de la chanson ne connaissent pas la routine, car leurs engagements sont variés et leur procurent de nombreux contacts sociaux. C'est un métier qui comporte néanmoins une grande part d'insécurité; le musicien ignore ce qui l'attend à long terme. Il est dépendant des contrats qui lui sont offerts et du succès qu'il remporte. Étant donné la concurrence féroce, le musicien ne peut pas se permettre de refuser un contrat qui lui est proposé. Il va sans dire que, parfois, l'horaire de travail s'en trouve surchargé, le musicien devant aussi consacrer un certain nombre d'heures à la pratique quotidienne de son instrument. Selon Rousseau, le style de vie du musicien fait en sorte qu'il doit parfois choisir entre sa carrière et sa famille.

L'industrialisation du secteur musical

Une véritable industrie s'est construite autour du phénomène musical. Elle comporte bien sûr des paliers où plusieurs personnes interviennent au cours des différentes étapes de la production musicale.

L'auteur-compositeur est le premier maillon de la chaîne. C'est lui qui écrit les chansons et compose les œuvres musicales. Il propose ses chansons directement à un interprète, à un producteur de disques ou encore à un éditeur. Plusieurs artistes de notre échantillon sont auteurs-compositeurs-interprètes.

L'éditeur est celui qui voit à ce qu'une œuvre soit jouée et transcrite en partition. C'est le promoteur d'une œuvre. Parfois, il administre aussi les droits d'auteur du compositeur. Le gérant est en quelque sorte le superviseur de l'interprète ou de l'auteur-compositeur. Il trouve le personnel pour constituer l'équipe de l'artiste. L'attaché de presse fournit les communiqués aux médias et règle les entrevues de l'artiste. Rousseau souligne un élément intéressant au sujet de l'attaché de presse et de son rapport à l'image de l'artiste : «C'est (...) lui qui veille à ce que l'image de l'artiste projetée par les médias soit bien celle désirée» (1986, p. 14).

Il arrive fréquemment qu'un même individu occupe plusieurs fonctions : éditeur-gérant-producteur de disques-attaché de presse. L'agent de spectacles s'occupe des engagements de l'artiste et organise les tournées. Le producteur finance la production de disques, se charge de leur promotion et de leur mise en marché et, finalement, produit les vidéoclips. La compagnie de disques fait souvent office de producteur. Les musiciens, les choristes et les interprètes sont engagés et dirigés par le chef d'orchestre.

Regroupements et associations

Les auteurs, les compositeurs et les interprètes font partie d'associations et de regroupements qui facilitent la résolution de certains problèmes tout en protégeant leurs droits. Ces associations aident à faire connaître au public les problèmes du métier, augmentent le pouvoir de négociation des artistes et empêchent l'exploitation des musiciens.

Les instrumentistes sont membres de la *Guilde des musiciens* (GDM), section québécoise de l'*American Federation of Musicians of the United States and Canada*. Quant aux chanteurs, ils doivent faire partie de l'*Union des artistes* (UDA), au même titre que les artistes de la scène, du cinéma, de la radio ou de la télévision. Les chanteurs-instrumentistes doivent être membres à la fois de l'UDA et de la GDM. L'*Alliance of Canadian Cinema, Television and Radio Artists* (ACTRA) est l'équivalent anglophone de l'UDA. En 1988, l'UDA fêtait le 50e anniversaire de sa fondation. Certaines conditions doivent être remplies pour en devenir membre. Si un artiste n'est pas membre de l'UDA et veut se produire en spectacle, il doit lui demander un permis, valable pour une seule prestation. On les appelle des «permissionnaires», ce qui les distingue des «stagiaires» qui, eux, amassent des «crédits» pour devenir membres permanents.

Il existe également une autre association pour les auteurs québécois : c'est la *Société professionnelle des auteurs et des compositeurs du Québec* (SPACQ). Elle défend surtout les droits des auteurs-compositeurs.

L'industrie du disque a aussi son association : l'*Association du disque, de l'industrie du spectacle et de la vidéo québécois* (ADISQ). Elle diffuse et fait la promotion de la musique québécoise et de ses artistes. L'ADISQ organise chaque année un gala télévisé au cours duquel sont remis les trophées «Félix» aux artistes et intervenants de l'industrie qui se sont le plus illustrés au cours de l'année.

À qui appartient cette chanson?

En tant que compositeur, le créateur est le propriétaire de ses droits. Il est titulaire du «droit d'auteur». Nous ferons la distinction entre *le* droit d'auteur, *les* droits d'auteur et les droits de reproduction. Voici comment se définit le droit d'auteur :

Le droit d'auteur est constitué de l'ensemble des avantages moraux et matériels qui permettent au créateur de profiter de son travail et de contrôler les exploitations qui en sont faites. Ce droit est défini par la *Loi sur le droit d'auteur* administrée par le gouvernement fédéral. (Rousseau, 1986, p. 31)

Quant aux droits d'auteur, ils se définissent comme suit :

Les droits d'auteur, au pluriel, sont les redevances, les revenus que touche la personne qui détient le droit d'auteur. Les droits qui concernent le domaine musical sont notamment les droits d'édition, d'exécution publique, de reproduction et de traduction. (Rousseau, 1986, p. 32)

Toute personne ou groupe qui exécute une chanson ou une œuvre en public doit d'abord en acquitter les droits d'auteur. Jusqu'à récemment, il existait deux organismes de perception et de redistribution des droits d'auteur au Canada : *L'Association des auteurs, compositeurs et éditeurs du Canada* (CAPAC) et la *Société de droits d'exécution du Canada limitée* (SDE). Aujourd'hui, la CAPAC et la SDE sont regroupées pour former une seule organisation appelée : *Société canadienne des auteurs, compositeurs et éditeurs de musique* (SOCAN).

Les droits de reproduction ont trait à l'enregistrement d'une chanson ou d'une œuvre sur un support quelconque (disque, film, bande audio ou vidéo). Lorsque le support est vendu, le titulaire du droit d'auteur reçoit la part qui lui revient (exemple : 0,05 $ par chanson). Deux sociétés s'occupent de percevoir les droits de reproduction : la *Canadian Musical Reproduction Rights Agency Limited* (CMRRA) et la *Société du droit de reproduction des auteurs, compositeurs et éditeurs au Canada* (SODRAC). La CMRRA regroupe uniquement des éditeurs de musique tandis que la SODRAC est contrôlée par les auteurs-compositeurs.

Comme on peut le voir, le secteur musical est très bien organisé. Sa complexité nécessite que l'artiste s'entoure de toute une équipe afin de ne rien laisser au hasard. Évidemment, il a tout intérêt à en connaître toutes les facettes. C'est une des raisons pour lesquelles les artistes professionnels ne peuvent plus se permettre de vivre dans les nuages.

Bref historique du journalisme musical

Depuis longtemps dans les médias écrits, la musique est commentée, critiquée ou tout simplement publicisée. Les premiers textes du genre apparaissent au Canada un peu après la naissance des premiers journaux : *La Gazette de Québec* (1764) et la *Gazette* de Halifax (1752). On y retrouve des opinions sur la musique en général, des comptes rendus de manifestations musicales ainsi que des commentaires à propos de l'attitude du public ou de l'habillement des interprètes. Les journalistes laissant libre cours à leurs opinions personnelles, il va sans dire que les reportages sont très subjectifs. Durant la seconde moitié du 19e siècle, les revues spécialisées dans le genre musical adoptent un ton plutôt moralisateur et prennent souvent l'allure de propagande (Amtmann, 1976, p. 389, et Beckwith, 1983, p. 249-250).

De nos jours, le journalisme musical s'intéresse à tout ce qui concerne le domaine musical en général : lancements de disques, entrevues avec des artistes, comptes rendus de spectacles, articles de fond sur l'industrie du disque et du spectacle, etc. Les entrevues avec des artistes de la chanson prennent l'allure de portraits ou de courtes biographies. Le journaliste insère ses propres idées et ses propres commentaires à travers les anecdotes biographiques, les expériences professionnelles et les opinions générales de l'artiste.

Le journaliste dont le travail est de couvrir la scène musicale québécoise fait face à différents problèmes. Selon la journaliste et critique Nathalie Petrowski, la petite dimension du milieu artistique québécois est un obstacle pour la critique, car le journaliste côtoie les artistes presque tous les jours. Ils se retrouvent dans les mêmes cocktails, les mêmes lancements de disques... Cette promiscuité entre les artistes et leurs critiques entraîne parfois des «frictions inter-personnelles» désagréables : «Les artistes québécois sont susceptibles et n'aiment pas la critique. Plusieurs partagent l'idée que la culture est menacée et les créateurs sont menacés. Il faut donc que la critique nous aide au lieu de nous caler[3].»

Les critiques, les comptes rendus de spectacles et les entrevues avec les artistes apparaissent fréquemment sous la signature d'un même journaliste. Cela peut créer une certaine confusion chez le lecteur qui se retrouve devant un article où le compte rendu prend la forme d'une publicité déguisée en faveur d'un artiste ou d'un spectacle. D'un autre côté, le critique musical ne peut empêcher que son activité soit utilisée à des fins publicitaires car en choisissant de privilégier un événement plutôt qu'un autre, il lui procure en même temps une publicité gratuite. D'autre part, des extraits de critiques élogieuses sont souvent insérés dans des annonces de spectacles.

Pour connaître un peu mieux les journalistes, reproduisons les propos de Michel Roy décrivant la position qu'ils occupent dans notre société :

> Tout au cours des années soixante, les journalistes forgent leur nouveau statut dans la société québécoise : avec les enseignants, les universitaires, une partie de la haute fonction publique et du personnel politique, les cadres syndicaux, les animateurs sociaux, les artistes et les écrivains, ils constituent désormais ce qu'il est convenu d'appeler la nouvelle classe des travailleurs intellectuels qui n'est en réalité qu'une fraction distincte des élites montantes de la petite bourgeoisie québécoise. (Roy, 1980, p. 34)

De plus, ils sont très bien organisés; ils font partie de syndicats puissants et profitent de bonnes conditions de travail. Leur statut professionnel est reconnu et leur revenu est fixé selon une échelle salariale prédéterminée.

Maintenant que nous avons passé en revue les principales caractéristiques du domaine musical québécois, nous serons en mesure de mieux situer le discours analysé dans son contexte. Les propos qui suivent reposent essentiellement sur l'analyse directe des énoncés extraits des articles de notre échantillon. Nous ferons l'évaluation des thèmes abordés et l'interprétation des résultats dans la perspective théorique décrite au début de notre texte.

La place des artistes dans les revues analysées

Les revues de notre échantillon contiennent en majorité (74 %) des articles sur des chanteurs et des chanteuses établis. Règle générale, les mêmes noms reviennent très souvent. Outre le fait qu'ils sont des vedettes au Québec, on parle beaucoup d'eux parce qu'ils sont, la plupart du temps, très actifs : ils produisent des disques et donnent des spectacles régulièrement. La relève est présente dans 26 % des articles. Cette proportion est somme toute relativement importante.

Tableau II

Nombre d'articles selon la revue et la catégorie d'artistes

	Catégorie					
	Relève		Établis			
Revue	H	F	H	F	Total	
Le compositeur canadien	2	-	4	2	8	11%
La scène musicale	3	1	3	5	12	17%
Chansons d'aujourd'hui	5	4	3	8	20	28%
Québec Rock	2	1	11	11	25	36%
L'actualité	1	-	2	3	6	8%
Total	13	6	23	29	71	
	18%	8%	33%	41%		100%

Comme on pouvait s'y attendre, la répartition des articles consacrés aux artistes de chacune des catégories n'est pas équivalente d'une revue à une autre. Ainsi, 88 % des articles de *Québec Rock* traitent des artistes établis. La revue *Chansons d'aujourd'hui* de son côté publie, en moyenne, plus d'articles sur les artistes de la relève que sur des artistes établis, avec une proportion de 45 % pour la relève et de

55 % pour les artistes établis. Cette revue se démarque des autres en accordant une place importante aux artistes peu connus évoluant la plupart du temps en dehors du circuit commercial. D'une certaine façon, on peut dire que la revue *Chansons d'aujourd'hui* est plus audacieuse que la défunte *Québec Rock*.

Qui devient musicien et comment?

Afin de cerner les conceptions relatives au talent, nous nous sommes posé la question suivante : premièrement, dans notre société, qui devient chanteur ou chanteuse populaire et, deuxièmement, comment cela se produit-il? Cette interrogation peut paraître simple de prime abord, mais sa portée implique des conséquences sociales plus larges car les conceptions relatives au talent déterminent le nombre de musiciens potentiels dans une société (Merriam, 1964, p. 68). Il devient donc important de savoir si l'habileté musicale est perçue comme l'apanage de quelques individus privilégiés ou, au contraire, si on se la représente comme quelque chose que l'on retrouve chez tout le monde de façon égale. Nous savons bien que l'idée selon laquelle certains individus ont plus de talent musical que d'autres est fort répandue. Par exemple, il n'est pas rare d'entendre quelqu'un dire : «moi, je n'ai vraiment aucun talent pour la musique», ou encore, à propos de certains musiciens : «lui, il a le rythme dans le sang!». Ces phrases lancées spontanément indiquent que, pour ceux qui les expriment, le talent est conçu comme *inné*. Il existe ainsi dans notre société, comme dans plusieurs autres, des croyances relatives à l'héritage du talent musical. Autre exemple, la tendance à croire qu'un enfant dont les parents sont musiciens a des chances d'hériter de ce talent. À notre connaissance, on n'a jamais retrouvé un gène musical chez l'être humain qui serait transmissible aux enfants. Nous savons bien, par contre, qu'un enfant né de parents musiciens grandit dans un environnement propice au développement de son talent musical puisque la musique fait partie de son quotidien. Mais là n'est pas la question. L'important est de se rendre compte qu'on peut retrouver différentes façons de concevoir le talent parmi les individus qui composent une société.

Les conceptions relatives à la notion de talent peuvent être regroupées autour de deux axes principaux : d'une part, le talent musical peut être perçu comme *inné*, c'est-à-dire attribué à quelqu'un par ses liens de sang et ses origines, ou bien il peut être perçu comme *acquis*, c'est-à-dire qu'il doit être développé par le travail, la volonté et les efforts personnels. Merriam a souligné que généralement, en Occident, les individus musicalement doués sont perçus comme ayant hérité de leur talent (1964, p. 68).

La façon de concevoir le talent dans une société peut avoir des répercussions sur tout l'aspect musical en général car c'est en grande partie ce qui détermine qui deviendra ou ne deviendra pas musicien, autrement dit, qui sera ou ne sera pas encouragé en ce sens. Voyons les critères sur lesquels les journalistes se basent pour souligner et confirmer le talent d'un artiste. Nous avons étudié la question en analysant la construction biographique de l'histoire de l'artiste selon les aspects suivants : l'origine (les souvenirs d'enfance, les parents), la formation et l'histoire de la carrière.

L'artiste et ses origines

Nous avons remarqué, particulièrement chez les journalistes masculins, une tendance à concevoir le talent artistique comme inné car certains d'entre eux établissent des liens entre la descendance et le talent musical. En voici quelques exemples : «Fille de trompettiste et de chanteuse de music-hall, (...) Nanette Workman avait la musique dans le sang dès son plus jeune âge. Qu'elle ait fait de la chanson une carrière n'a donc rien de surprenant.» (Quintal, 1985, p. 4) «La mère joue du violon, le père, de l'accordéon; tous les enfants chantent et connaissent la musique.» (Germain, 1983, p. 94) Le talent musical est parfois perçu comme un don : «Né de paurents pauvres au sein d'une grosse famille, il est le septième de huit enfants. Et comme tout septième enfant, il a un don : la musique.» (Thériault, 1983, p. 40)

Les anecdotes relatives à l'enfance des artistes mettent l'accent sur certains traits de leur personnalité. Par exemple, chez les chanteurs, des signes de marginalité seraient apparus précocement (délinquance, abandon de l'école en bas âge, fugue). Chez les chanteuses, c'est leur côté artistique qui se manifeste dès leur jeune âge. La majorité d'entre elles soulignent le fait que leurs parents étaient soit musiciens, soit artistes, ou bien auraient aimé le devenir. Les signes particuliers qui se sont manifestés au cours de l'enfance prédestinaient, selon la logique de l'histoire, ces enfants à devenir un jour artistes.

La formation

La plupart des chanteurs disent avoir reçu une formation plutôt générale que musicale : études en lettres, en théâtre, en art ou en phi-losophie. Selon les informations contenues dans les articles de notre échantillon, et contrairement aux hommes, les chanteuses auraient acquis une formation musicale standard : conservatoire de musique, option musique à l'université, professeurs de chant et de musique privés, etc. Nous retrouvons aussi des chanteuses qui possèdent une formation en théâtre. Ayant une formation axée spécifiquement sur la musique, les chanteuses semblent donc mieux préparées que leurs confrères à faire carrière dans ce domaine. Cependant, dans la chanson populaire, la mutidisciplinarité permet à certains artistes d'avoir accès à plusieurs types d'engagements.

L'histoire de carrière

Les journalistes s'intéressent beaucoup aux expériences passées des artistes qu'ils interviewent puisque 81 % d'entre eux retracent les faits qui jalonnent leur carrière. Les faits qui marquent l'histoire de la carrière de nombreux artistes confirment la diversification de leurs expériences de travail : chanson, théâtre, télévision, cinéma, animation, littérature. Évidemment, les expériences des artistes établis diffèrent de celles des artistes de la relève.

À travers le discours journalistique, deux types d'expériences distinguent les artistes de la relève : d'un côté, nous avons ceux qui ont accumulé des expériences prestigieuses comme un lauréat de concours ou une révélation de festival et, de l'autre, il y a ceux qui travaillent en dehors du circuit commercial. Les premiers apparaissent comme les vedettes de demain, ceux qui assureront véritablement la relève artistique. Un concours comme celui qui a lieu durant le Festival de la chanson de Granby est considéré comme un tremplin important pour lancer ces futures vedettes de la chanson québécoise. Les autres se présentent comme des solitaires qui se produisent en marge des circuits commerciaux. On ne dit pas que ce sont les vedettes de demain mais plutôt des purs et durs, très passionnés et très créatifs, qui ne font pas de concessions commerciales. Ils feraient donc partie de la communauté des artistes underground.

Les artistes établis se sont fait reconnaître, pour la plupart, au cours des années 70. Ils possèdent évidemment une longue expérience de la scène ainsi qu'une discographie imposante. Mais ils ont aussi un autre point en commun : presque tous ont interrompu leur carrière musicale, à un moment ou un autre, pour ensuite effectuer un retour à la chanson. Depuis 1985, plusieurs chanteurs et chanteuses sont revenus à l'avant-scène après une absence plus ou moins prolongée. Cette caractéristique s'applique davantage aux hommes qu'aux femmes.

L'autre caractéristique des artistes établis, c'est leurs tentatives de percer le marché du disque français ou américain. Cela fait sans doute partie d'une stratégie d'ouverture sur le marché international et, dans plusieurs cas, le marché du disque et du spectacle français s'ouvre aux artistes québécois. Par contre, du côté américain, mis à part quelques rares exceptions, les tentatives répétées des artistes et des producteurs québécois se rapprochent d'une sorte d'éternelle quête du Graal, transposée dans le domaine de la chanson.

Importance de la réussite dans la carrière

La réussite est un thème étroitement imbriqué dans les descriptions des faits marquants de la carrière d'un artiste. Ces derniers sont souvent replacés dans une logique narrative où transparaît une recherche constante du succès. De cette façon, l'ensemble des anecdotes biographiques propre à chaque artiste — les ambitions artistiques de jeunesse, la formation et les démarches pour se faire reconnaître — s'inscrivent dans un continuum débouchant sur la conséquence logique de toute histoire : la victoire du héros, dans ce cas-ci la reconnaissance du talent exceptionnel d'un individu. Suivant cette logique, c'est la réussite qui confirme le talent d'un artiste. Son succès est l'indicateur de la reconnaissance sociale de son talent.

La reconstitution des faits et des événements biographiques décrivant chaque artiste suit presque toujours le même modèle. Il se découpe en trois étapes importantes qui marquent l'histoire de l'artiste et qui s'étalent chronologiquement comme suit : 1) le temps des preuves, 2) le temps des privations, marqué par un travail acharné, et finalement arrive 3) le temps du succès et de la réussite qui confirme et récompense le talent de l'artiste. En réalité, c'est un phénomène que l'on peut observer assez régulièrement dans le monde de la musique populaire en général. Le cas récent de Richard Desjardins en est un bon exemple.

Voici un autre exemple de ce modèle tiré d'un article paru dans *Québec Rock* :

> Jano Bergeron, la chanteuse, est née dans les clubs, les cabarets. Une des plus dures écoles pour une chanteuse. Juke-box vivant, la chanteuse n'est là que pour distraire les clients. (...) Le dernier «set» débute vers deux heures du matin, le club empeste la bière et la cigarette. On peut couper la fumée au couteau. (...) C'est dans un de ces endroits, souvent négligés par le public rock, que Pierre Dubord découvre Jano Bergeron. Dubord, ex-impresario de Plume et Offenbach, est à l'emploi des disques CBS. Chercheur de talents. Lorsqu'il voit Jano Bergeron, il transcende la chanteuse de cabaret et voit l'avenir rose d'une chanteuse rock. Dubord regarde au loin et croit fermement en elle. Après de longues et difficiles négociations avec CBS, Jano obtient un contrat avec la multinationale alors que l'industrie du disque au Québec est au bord de l'abîme. Jano troque son rôle de chanteuse de club contre celui d'une auteure et interprète de chansons. L'entertainer devient artiste, le cocon explose et nous fait voir une nouvelle (et belle) tête pleine de fantaisie et d'idées folles. (Saulnier, 1986, p. 30-31)

Au Québec, le succès et la reconnaissance professionnelle sont symbolisés par la remise de trophées ou de prix tels les «Félix» remis par l'ADISQ ou le prix CIEL-Raymond Lévesque offert par un radiodiffuseur privé.

La réussite peut se produire de deux façons : le succès rapide ou le succès graduel! Une chanson qui devient le numéro un des palmarès et qui fait vendre des milliers de disques en peu de temps est un bon exemple de succès rapide. La difficulté, c'est de le faire durer. Le succès graduel demande beaucoup de persévérance et d'efforts mais la reconnaissance acquise par l'artiste devient, pour ainsi dire, permanente. Ce genre de succès semble plus prestigieux aux yeux des journalistes. Cette caractéristique relève d'une conception particulière selon laquelle les plus persévérants, les plus travaillants et les plus talentueux ont des chances de réussir. C'est un privilège réservé seulement aux meilleurs.

Comme nous l'avons déjà fait remarquer, on retrouve dans les souvenirs d'enfance des chanteurs et des chanteuses les signes d'une prédisposition à faire carrière dans un domaine artistique. La manifestation précoce de leur don artistique ainsi que leur tendance à la marginalité sont des indices d'une personnalité «différente».

De façon générale, les journalistes considèrent le talent comme quelque chose de présent chez l'individu dès sa naissance. Nous avons tout de même noté une tendance légèrement plus marquée, chez les hommes journalistes, à considérer que le musicien possède un talent inné, tandis que les femmes journalistes ont tendance à considérer que le musicien acquiert son talent grâce à sa formation, son travail, sa volonté et sa détermination. Cette tendance pourrait peut-être s'expliquer par le fait que les femmes, en général et particulièrement dans le domaine de la musique, doivent faire plus d'efforts que les hommes pour se tailler une place.

Les attributs de l'artiste

La description des attributs physiques et psychologiques des chanteurs et des chanteuses interviewés est un élément très important car ces attributs constituent la base de l'image médiatique de ces artistes. Les articles contiennent, de façon générale, plusieurs descriptions des traits et attributs physiques des chanteuses. Les plus récurrentes, ce sont les descriptions soulignant la beauté et la sensualité. Des signes extérieurs comme la tenue vestimentaire, le maquillage et l'importance qu'accordent les artistes au look en général renforcent l'impact de leurs attributs sur les journalistes et sans doute aussi sur le public. Les caractéristiques psychologiques le plus souvent décrites sont le tourment intérieur, la détermination et ce que nous appellerions la transformation de la personnalité, qui est associée principalement aux chanteuses. Cette transformation se produit lorsque la chanteuse entre dans la peau de son personnage de scène. Voici quelques exemples de ce type de description : «Un petit bout de femme timide qui se transforme en tigresse rugissante sur scène» (Petrowski, 1986, p. 92). «Sur scène, une autre femme que Louise Forestier, une femme transfigurée, chante» (Petrowski, 1984, p. 46). «C'est sur scène que Jano devient vraiment féline, enjôleuse et indépendante» (Saulnier, 1986, p. 31). «Cette personnalité somme toute banale pourrait tout aussi bien être celle d'un voisin de palier. Quand elle se retrouve sous les feux de la rampe, elle est toutefois investie d'une autre dimension. Tous ces traits de caractère prennent alors un sens, ils signifient» (Fortin, 1986, p. 9). Ce trait les rapproche, à notre avis, des comédiens de théâtre qui réussissent si bien à investir leur personnage qu'ils s'oublient eux-mêmes. Souvenons-nous que plusieurs artistes de la chanson sont aussi comédiens. Il n'est donc pas impossible qu'ils «interprètent» ainsi différents rôles en chantant: la séductrice, la rockeuse, le chanteur de charme, le chanteur country, etc.

D'autre part, plusieurs journalistes ont tendance à rechercher et à décrire abondamment des qualités fonctionnelles chez les chanteuses : «femme dynamique», «très occupée», «acharnée au travail», qui fait en sorte que l'on a tendance à les associer à des «superwomen», stéréotype très présent dans les médias des années 80. Contrairement aux chanteuses, les hommes sont surtout étiquetés par les journalistes au lieu d'être décrits physiquement. Il y a bien quelques femmes journalistes qui décrivent la beauté chez quelques-uns mais ce sont de rares cas. Ces étiquettes renforcent leur image de mauvais garçons (marginaux). De façon générale, les traits psychologiques qui caractérisent les chanteurs brisent d'une certaine manière les stéréo-types traditionnellement associés aux hommes. «Tendre», «doux», «créatif», «tourmenté intérieurement», tous ces traits que l'on pourrait qualifier de «traditionnellement féminins» sont, dans ces cas-ci, associés aux chanteurs.

Une tendance générale à décrire les artistes comme des individus différents des autres s'est précisée au cours de l'analyse des énoncés, ce qui renforce bel et bien un stéréotype déjà fort répandu. L'image qui en résulte est en continuité directe avec les caractéristiques biogra-phiques de l'histoire de l'artiste et de la conception que l'on se fait de son talent : les artistes ne sont pas des gens comme les autres parce qu'ils ont un destin particulier, celui de créer, de chanter et de nous faire vivre des émotions.

La création

Comment les journalistes abordent-ils le sujet du travail de création? Trois principaux thèmes s'y rattachent : les motivations, les sources d'inspiration et le processus de composition. Très souvent, les journalistes tentent d'associer un style musical au chanteur ou à la chanteuse qu'ils interviewent. Ils peuvent ainsi, ou bien les différencier d'un certain style musical ou encore les positionner à l'intérieur de ce courant, ce qui permet au lecteur de se repérer. Par contre, ce procédé catégorise l'artiste qui peut ainsi être considéré comme marginal, soit parce qu'il n'appartient à aucun courant musical précis, ou bien parce que son style ne peut être identifié à un style musical connu. Les influences musicales que les artistes disent avoir subies semblent déterminer, en partie du moins, le style musical que les journalistes leur associent. Certains artistes disent ne pas aimer être catégorisés ou identifiés à un courant ou un style musical précis.

Motivations

Ce qui amène un artiste à faire carrière dans la chanson relève des motivations personnelles à chacun. Nous avons pu les regrouper en cinq principaux types qui, évidemment, peuvent se recouper et se compléter : le besoin d'avoir un contact avec le public, le plaisir de s'adonner à sa passion, chanter parce que c'est impossible de faire autre chose, diffuser un message à un large public et, finalement, parce que la chanson est le meilleur moyen pour eux de s'exprimer. Ces motivations, à part le fait qu'ils «réalisent un grand rêve», sont les plus fréquemment exprimées dans les articles de notre échantillon.

L'une des principales motivations qui animent les artistes est le besoin de communiquer, de faire ressentir des émotions et d'avoir un contact avec le public. En second lieu, ce qui les motive le plus à faire ce genre de métier, c'est la passion. Plusieurs artistes soulignent que chanter est une nécessité absolue pour eux. Ils se placent à l'opposé de ceux qui font ce métier par pur plaisir. Leurs sentiments à fleur de peau les rapprochent du stéréotype de l'artiste vivant «sur la corde raide de l'émotion», perpétuellement en proie à l'insécurité et en proie au tourment intérieur. Quelques artistes disent chanter parce qu'ils veulent diffuser un message au public. La chanson devient le véhicule de leur message, comme d'autres se servent de la radio, des journaux ou de la télévision. Le métier de chanteur est aussi un moyen pour certains d'exprimer ce qu'ils sont. Les motivations exprimées par les chanteurs et les chanteuses donnent l'impression qu'ils jouissent d'un statut qui les place en dehors des contraintes de la société : leur travail n'est pas une routine, mais un moyen de s'épanouir en vivant leur unique passion : chanter.

Les sources d'inspiration

Nous avons distingué entre les sources extra-musicales d'inspiration et les sources musicales d'inspiration. Nous avons défini les sources extra-musicales d'inspiration comme étant toute référence à une source d'inspiration n'entretenant aucun lien direct apparent avec la musique. Les sources extra-musicales d'inspiration les plus souvent citées par les artistes des différentes catégories sont le quotidien, les angoisses existentielles, les sentiments, les émotions, l'introspection et l'amour. Les auteurs-interprètes semblent s'inspirer autant de leurs expériences personnelles que de ce qui les entoure : «C'est ma vie des cinq dernières années qui est sur cet album» (Dagenais, 1985, p. 18). «C'est l'histoire d'un gars casé dans un bungalow de banlieue, fidèle à sa femme et à son boss, et qui écrit du fond de sa banale petite vie à une amie d'enfance qui parcourt le vaste monde» (Germain, 1984, p. 52).

Le processus de composition

Le processus de composition représente toutes les étapes de construction d'une chanson et ce, à partir de la première idée de base. C'est là que l'écriture et la composition musicale entrent en jeu. Chez plusieurs, l'idée d'une chanson peut surgir spontanément, à des moments ou des endroits impromptus. Ils appellent cela «avoir un flash» : «Des fois, c'est un paquet de mots qui m'arrivent de je ne sais pas où, pendant que je vide le lave-vaisselle ou que je chauffe mon char. Et ça me trotte dans la tête pendant quelques jours» (Germain, 1984, p. 56). «J'écris souvent, tout le temps. Dès que j'ai une idée, un flash, une émotion, je la note. Qu'il soit quatre heures du matin ou de l'après-midi. Au départ, j'écris l'émotion brute, comme je la ressens. Aussi forte qu'elle soit. C'est après que je la transforme en chanson.» (Legault, 1987a, p. 19) Nous retrouvons ainsi une constante : une chanson prend forme soit à partir d'une idée spontanée, soit par le travail d'écriture. Cela devient une sorte de norme selon laquelle créer une chanson ne consiste pas à appliquer une recette toute faite. Il s'agit plutôt de l'aboutissement d'un long processus chez l'artiste, qui doit être à l'écoute de lui-même afin de saisir le «flash», l'idée de base qui inspirera et orientera tout le travail de composition subséquent.

Les journalistes, comme les lecteurs qui ne sont pas eux-mêmes musiciens ou compositeurs, sont en droit de se demander comment un individu peut, à partir d'une simple idée, parvenir à faire une chanson complète. La réponse, c'est que les chanteurs et les chanteuses eux-mêmes ne peuvent pas répondre à cette question autrement que par : «il faut travailler fort» ou bien «on doit se laisser aller, être à l'écoute et ça vient tout seul...». C'est sans doute à ce niveau-là que se situe le talent.

L'artiste et la société

Au cours d'une entrevue, plusieurs sujets qui n'ont pas de liens directs avec la musique peuvent être abordés. Parmi eux, les opinions sur la société occupent une place importante. Comme chacun le sait, les artistes sont souvent choisis comme porte-parole d'une cause ou d'un événement. Ils profitent alors des entrevues pour passer leur message. Ainsi, des opinions à saveur politique, le nationalisme, l'identité québécoise et bien d'autres thèmes sont des sujets souvent abordés. Les artistes dénoncent aussi certaines situations sociales qu'ils considèrent injustes ou menaçantes. En voici un exemple : «On me reproche (...) de faire des textes à contenu social comme LA RAFFINERIE et des textes féministes. J'y tiens; je ne peux pas faire autrement. Nous sommes tous le reflet de ce qui se passe dans la société. (...) Il faut être constamment conscient de ce qui se passe autour de nous» (Laurier, 1987, p. 7).

Les sujets abordés dans les articles relatifs à l'implication sociale des chanteurs et chanteuses populaires suggèrent l'idée que ces derniers participent activement à un mieux-être collectif. Ce qui contredit le stéréotype de l'artiste égocentrique vivant en vase clos en dehors du système. Les artistes de la chanson paraissent ainsi au service de la société. En devenant les porte-parole d'une association, d'une cause ou même d'un parti politique, les artistes s'impliquent activement et utilisent leur popularité dans le but de sensibiliser le public. C'est sans doute la raison pour laquelle les artistes très populaires sont appelés vedettes, terme d'origine italienne, «vedetta», qui signifie : lieu élevé où l'on place une sentinelle (*Larousse*). Les artistes endossent ainsi une sorte de rôle de sentinelle de la société, parfois même de sauveur qui, du haut de sa tour, guette le danger, prêt à dénoncer les injustices et les inégalités sociales.

D'après ce que laisse filtrer le discours journalistique, le rôle des chanteurs et des chanteuses populaires est très exigeant. Le métier qu'ils pratiquent exige des aptitudes particulières et demande un travail constant : développer leur talent au maximum, rester à l'écoute d'eux-mêmes et des autres, garder leur imagination et leur créativité constamment en éveil, en plus de se dévouer entièrement à leur public, de s'impliquer dans des causes ainsi que de dénoncer les injustices. De cette façon, nous pourrions presque comparer les artistes de la chanson à des «héros culturels»[4]. En effet, tels des héros classiques, leur vie est consacrée à la poursuite d'un but unique leur permettant de surmonter tous les obstacles en faisant preuve d'un courage et d'une détermination hors du commun.

Les artistes occupent sans aucun doute une place singulière dans notre société. Une certaine facette de l'image des artistes, telle que reconstituée par l'analyse des articles de revues, rejoint certains résultats de recherches antérieures qui ont identifié, dans plusieurs cultures, des tendances à considérer les musiciens comme des êtres vivant en marge de la société. En réalité, les chanteurs et les chanteuses populaires ne sont pas véritablement marginaux, car leur marginalité se situe au niveau de l'image seulement. Pour le reste, leur implication sociale et le métier qu'ils exercent ne leur permettent pas de vivre complètement coupés de la société. Bien entendu, leur statut d'artiste, surtout lorsqu'ils deviennent de grandes vedettes, leur permet de déroger à certaines règles et de franchir occasionnellement les frontières établies par les normes en vigueur dans notre société, mais comme le suggère Alan P. Merriam (1964, p. 123), nous croyons que cela répond aux attentes du public. De plus, on valorise la marginalité chez un artiste car n'est-ce pas là un des traits que l'on associe habituellement à la personnalité des grands «génies créateurs»? Autrement dit, on s'attend à ce que les artistes de la chanson soient différents et pas comme tout le monde, à ce qu'ils étonnent et en mettent plein la vue. Cela fait partie, en quelque sorte, de leur travail.

Le non-dit

L'une des caractéristiques majeures des articles étudiés, c'est que le langage technique musical est presque totalement évacué. Il est déplorable que les journalistes n'aient pas recours plus souvent à des termes techniques spécifiques au langage musical. Est-ce dû à une incompétence de leur part ou est-ce voulu? Ils prennent peut-être pour acquis que ce genre de détail n'intéresserait pas le lecteur. Quoi qu'il en soit, il s'agit là d'une lacune importante car un aspect fondamental du sujet est ignoré. Ce n'est pas parce qu'il s'agit de musique populaire que l'on doit laisser de côté une certaine forme d'analyse plus rigoureuse.

De plus, certains problèmes inhérents à la pratique du métier sont souvent passés sous silence : la question des droits d'auteur, la dure compétition dans le milieu, l'aspect financier de la production des albums et des spectacles, etc. Le lecteur peut déduire de leur absence que ces détails bassement matériels ne font sans doute pas partie des préoccupations quotidiennes des artistes de la chanson.

Nous pensons que les chanteurs et chanteuses populaires, de même que les musiciens instrumentistes, ont raison de dire qu'il reste un travail considérable à faire pour changer les attitudes à leur égard car il existe bel et bien une distorsion entre l'image médiatique des artistes de la chanson et la situation souvent précaire que vivent la majorité d'entre eux. Bien entendu, le but des médias écrits n'est pas de faire état des doléances des travailleurs du milieu de la musique, mais en choisissant de parler toujours des mêmes artistes, c'est-à-dire des vedettes, il ne faut pas s'étonner que leur image soit associée à la réussite et au grand rêve d'être parvenu au sommet de la reconnaissance sociale.

BIBLIOGRAPHIE

(IQRC) Institut québécois de recherche sur la culture, *Questions de culture 8. Présence de jeunes artistes*, Québec, Institut québécois de recherche sur la culture, 1985.

BERNIER, L., «En guise de présentation», *Questions de culture 8. Présence de jeunes artistes*, Québec, Institut québécois de recherche sur la culture, 1985, p. 9-11.

BLAIN, F., «La machine industrie et culture. Trouver la note juste», *Chansons d'aujourd'hui*, 1987, vol. 10, n° 1, p. 11-13.

DAGENAIS, N., «Guy Cloutier. Un retour sur disque», *La scène musicale*, 1985, n° 343, p. 18.

DUCHÊNES, M., «Pigiste ou musicienne d'orchestre?», *Questions de culture 8. Présence de jeunes artistes*, Québec, Institut québécois de recherche sur la culture, 1985, p. 137-142.

FORTIN, P., «Daniel Lavoie. Mon beau voisin de palier», *Chansons d'aujourd'hui*, 1986, vol. 9, n° 6, p. 8-9.

FRITH, S., *The Sociology of Rock*, Great Britain, Constable and Company Ltd, 1978.

GERMAIN, G.-H., «Une chanteuse sur mesure», *L'actualité*, novembre 1983, p. 93-95.

GERMAIN, G.-H., «Le virage d'une génération», *L'actualité*, janvier 1984, p. 52-56.

GOUVERNEMENT DU QUÉBEC, ministère d'État au Développement culturel, *La politique québécoise du développement culturel. Volume 2. Les trois dimensions d'une politique : genres de vie, création, éducation*, Québec, Éditeur officiel, 1978.

HARRISON, F., «Universals in Music: Toward a Methodology of Comparative Research», *World of Music*, 1977, vol. 19, n° 1-2, p. 30-36.

HARWOOD, D.L., «Universals in Music: A Perspective from Cognitive Psychology», *Ethnomusicology*, 1976, n° 20, p. 521-533.

KRIS, E. et O. KURZ, *L'image de l'artiste. Légende, mythe et magie*, Paris, Rivages, 1979.

LACROIX, J.-G. et B. LÉVESQUE, *Le statut socio-économique des musiciens membres de la Guilde des musiciens de Montréal*, Québec, Service gouvernemental de la propriété intellectuelle et du statut de l'artiste, ministère des Affaires culturelles, 1985.

LAURIER, A., «Richard Séguin. La créativité revivifiée.» *Le compositeur canadien*, 1987, n° 218, p. 4-9.

LEGAULT, L., «Francine Raymond. Son premier album : un produit étoffé», *La scène musicale*, 1987, n° 357, p. 19.

LEROUX, R., «Pourriez-vous baisser votre musique?», in J.-P. BAILLARGEON, *Les pratiques culturelles des Québécois*, Québec, Institut québécois de recherche sur la culture, 1986, p. 165-182.

LINTEAU, P.-A., R. DUROCHER, J.-C. ROBERT et F. RICARD, *Histoire du Québec contemporain. Tome 2. Le Québec depuis 1930*, Montréal, Boréal Express, 1986.

LOMAX, A., *Folk Song Style and Culture*, Washington, Americain Association for the Advancement of Science, 1968.

MERRIAM, A.P. et R.W. MACK, «The Jazz Community», *Social Forces*, 1960, n° 38, p. 211-222.

MERRIAM, A.P., *The Anthropology of Music*, Northwestern University Press, 1964.

MERRIAM, A.P., «The Bala Musician», in Warren L. D'AZEVEDO, *The Traditional Artist in African Societies*, Indiana University Press, 1973, p. 250-281.

MERRIAM, A.P., «Basongye Musicians and Institutionalized Social Deviance», *Journal of the International Folk Music Council*, 1979, n° 11, p. 1-26.

NATTIEZ, J.-J., *Fondements d'une sémiologie de la musique*, Paris, UGE, collection 10-18, 1975.

NETTL, B., *The Study of Ethnomusicology. Twenty-nine Issues and Concepts*, Illinois, University of Illinois Press, 1983.

PETROWSKI, N., «La voix de son époque», *L'actualité*, septembre 1986, p. 92-93.

QUINTAL, L., «Nanette Workman. La musique dans le sang, le rock à fleur de peau, elle chante comme elle respire», *La scène musicale*, 1985, n° 345, p. 4-5.

RIVARD, M., «Petites réponses à de grandes questions», *Questions de culture 8. Présence de jeunes artistes*, Québec, Institut québécois de recherche sur la culture, 1985, p. 167-173.

ROUSSEAU, C., *Vivre de la musique. Conseils pratiques à l'intention des professionnels de la musique*, Gouvernement du Québec, Service gouvernemental de la propriété intellectuelle et du statut de l'artiste, 1986.

ROY, M., «Plaire et informer. L'évolution des pratiques journalistiques au Québec», in *Les journalistes*, textes réunis sous la direction de Florian Sauvageau, Gilles Lesage et Jean de Bonville, Montréal, Québec/Amérique, 1980.

SAKATA, L., «The Concept of Musician in Three Persian-Speaking Areas of Afghanistan», *Asian Music*, 1976, vol. 8, n° 1, p.1-28.

SALMEN, W., «The Social Status of the Musician in the Middle Ages», in W. Salmen (éd.), *Sociology of Music no 1. The Social Status of the Professional Musician from the Middle Ages to the 19th Century*, New York, Pendragon Press, 1983, p. 1-29.

SAULNIER, L., «Jano Bergeron, la boîte à surprises», *Québec Rock*, 1986, n° 110, p. 30-31.

SCHAEFFNER, A., «Situation des musiciens dans trois sociétés africaines», *Les colloques de Wégimont*, 1956, p. 33-49.

SCHNEIDER, M., «Sociologie et mythologie musicales», in *Les colloques de Wégimont*, III, Paris, Société d'édition «Les Belles Lettres», 1956, p. 19.

SIEGEL, A., «Breakin' Into the Music Business», *La scène musicale*, 1985, n° 343, p. 6.
THÉRIAULT, Y., «Le reggae de Leroux», *Québec Rock*, 1983, n° 66, p. 40.
TURCOTTE, R., «La musique... ou l'éternel conflit entre l'art de s'exprimer et l'art de répondre à un besoin», *Questions de culture 8. Présence de jeunes artistes*, Québec, Institut québécois de recherche sur la culture, 1985, p. 83-106.
UNION DES ARTISTES, *Mémoire de l'Union des artistes sur le statut de l'artiste interprète*, Document interne non publié, 1984.
ZEMP, H., *Musique Dan. La musique dans la pensée et la vie sociale d'une société africaine*, Paris, Mouton, Cahiers de l'homme, 1971.

Notes

[1] Le terme «musicien», dans le contexte général de notre étude, comprend aussi bien les chanteurs et les chanteuses que les instrumentistes, hommes et femmes. D'ailleurs, plusieurs chanteurs et chanteuses jouent également d'un instrument. Nous indiquerons les cas particuliers où une distinction entre les deux doit être faite.

[2] Voir à ce sujet les travaux de Lomax (1968), Merriam (1964), Nattiez (1975), Harwood (1976) et Harrison (1977).

[3] Conférence intitulée *La critique culturelle au Québec*, Université McGill, 16 mars 1989.

[4] À ce sujet, consulter le livre de E. Kris et O. Kurz (1979).

Quand la chanson parle d'elle-même...

Jacques Julien

Certains jours, c'est trop, elle n'en peut plus la chanson. Une rumeur monte et s'amplifie autour d'elle et lui échappe, bien qu'elle en fasse l'objet. On la définit comme ceci et comme cela, les lettres, la musique, le spectacle, l'industrie se l'arrachent, se la renvoient et faute d'accord la dépècent en lambeaux dont ils se drapent devant les spots médiatiques. Muselée, abasourdie, la chanson délaisse alors un instant ses petites histoires, ses amants de Vérone, ses ponts de Paris et ses trains du Nord. Elle s'empare du micro et dégorge son propre discours, donnant enfin cours à une urgence qu'elle a toujours ressentie : «comme si ça ne se voyait pas/ que j'avais besoin de parler de moi» («Je ne suis qu'une chanson»)[1].

Elle reprend alors à son compte la question fondamentale que Louise Forestier se posait à elle-même et aux gens du métier : «pourquoi chanter quand il y a tant à faire? pourquoi chanter alors que le temps presse?» («Pourquoi chanter»). Elle prétendait alors chanter «pour le temps qu'il nous reste», tandis que Charlebois, lui, chantait pour qu'on l'entende. Vigneault, toujours profond, poussait la motivation à sa limite en disant chanter «pour ne pas mourir» («Je chante pour»). Une formule existentielle qu'il complétait, à son habitude de lettré, par une assonance délicate où la mort s'entrevoit comme un grand départ : «Je chante pour me départir/ De moi-même avant que de partir».

Ces trois interventions témoignent d'une activité constante qui court dans le texte de la chanson et qu'on qualifie de métalangagière. En fait, on retrouve cette activité à l'œuvre dans toutes les formes qu'emprunte le langage et notre étude ne constitue que l'analyse d'un cas particulier, celui de la chanson populaire contemporaine de langue française.

Cette étude[2] a donc pour objectif de relever les traces de l'activité métalangagière mise en œuvre dans le texte par la fonction métalinguistique et de mettre cette activité en relation avec les autres composantes de la chanson. On ne chante pas à froid sur la chanson quand on chante ce qui fait la chanson. Au contraire, cette fonction qui semble d'abord abstraite se révèle être entièrement investie par le cœur, chargée d'émotion, de feu, de sang, de sueur et de larmes. On attendait un discours feutré, logique et policé. On en trouve un déraisonnable, emporté par la passion, exprimant à la fois un débordement et une interpellation.

Globalement alors, de quoi parle-t-on? Qu'est-ce que ce métalangage et quel est son rôle dans la chanson? Quel est le contenu de ce discours? Qu'est-ce qu'on y dit à propos de la chanson? Enfin, cette activité est-elle permanente ou correspond-elle au goût d'une époque, aux préférences ou aux inclinations d'un auteur?

Une précaution initiale cependant. On ne lira ici qu'une partie d'un ensemble, soit le discours positif du métalangage, puisque cette fonction, bien loin d'être anémique, peut servir aussi des intentions polémiques, dérisoires, dans la satire et dans la parodie qui se développent alors au point de constituer un ensemble autonome. Je reporte à un autre texte l'étude de cet engagement agressif du métalangage dans les chansons satiriques et parodiques.

Le travail métalangagier

Discours sur le discours, on peut appeler métalangagières les chansons où se concentre la fonction métalinguistique, un concept dû au linguiste Roman Jakobson (au chapitre XI de ses *Essais de linguistique générale*, Paris, 1963) et qu'on expliquera plus loin. Dans cette fonction s'effectue le travail du langage sur lui-même alors que l'émetteur garde toutefois l'intention de communiquer plutôt que de jouer ou de jouir, comme il le ferait dans la fonction poétique. Les chansons où domine le métalangage constituent une sorte d'art poétique ou de manifeste de la chanson populaire. Quand on les écoute, on apprend à la source même, de la bouche des chanteurs et des chanteuses, ce qu'ils pensent de leur métier et quelle conception ils se font de la chanson. La chanson n'est donc pas définie selon les préjugés d'un art poétique qu'imposeraient de l'extérieur la poésie, les lettres ou les techniques de la communication. Dans les chansons métalangagières, l'art poétique de la chanson jaillit enfin de la production chansonnière elle-même à l'œuvre dans son champ autonome.

La charge de métalangage se reconnaît aisément dans certains textes qui déclarent ouvertement leur intention. Puisqu'ils sont plus explicites, ils serviront d'amorce à notre étude. En dehors de ces cas patents, limpides, il se trouve encore, à l'intérieur et à l'entour des chansons, une foule de manifestations plus diluées d'une large activité métalangagière. Par exemple, les entrevues que les vedettes accordent aux journaux, les commentaires faits sur scène au moment de la représentation, des indications imprimées sur les pochettes s'accumulent pour gloser les paroles. Et cet ensemble de textes divers où le métalangage prédomine comme fonction et comme activité diffuse, participe à la fondation d'un géno-texte (les branchés écriraient un giga-texte), c'est-à-dire d'un espace virtuel global d'interprétation dans lequel s'inscrivent les performances ponctuelles auxquelles nous assistons aujourd'hui.

> Un p'tit air qui flotte dans l'univers
> Un p'tit air qui rime avec les Airs
> («Les petites notes», Liane Foly)

Chaque chanson peut donc se concevoir comme un objet polyvalent aux possibilités multiples, les unes actives et les autres latentes. Ces possibilités additionnées, convergentes, interactives, fondent un texte mythique, dont on ne connaît jamais toute la matière. Il peut être entrevu, déchiffré et décrit de façon englobante, universelle et intemporelle, comme la Chanson majuscule. Toutefois, cette grande Chanson qui fonctionne comme une matrice, si elle n'est pas activée, rappelée à la mémoire, n'est qu'un horizon trop lointain pour être vraiment efficace dans la communication. Elle ne dresse, en quelque sorte, que les tréteaux, le lieu où la chanson actuelle est possible. Elle n'est qu'une forme vide mais ouverte, blanche comme un canevas, une toile tendue où le geste éphémère de la performance peut s'inscrire et résonner. Si distant et ténu soit-il, ce rôle de résonance est néanmoins essentiel puisque sans cette forme grosse des possibles la performance actuelle serait inaudible. Tout simplement, faute de table de résonance, elle ne sonnerait pas.

> Écris-moi des mots qui sonnent, des mots qui résonnent
> («Des mots qui sonnent», Dion, Plamondon)

À quoi sert le métalangage? Il sert donc à créer cet espace qui rend le discours audible tout en y inscrivant des textes nouveaux et des interventions nouvelles.

Quand un chanteur ou une chanteuse s'impliquent ainsi dans un vaste jeu d'intertextualité, non seulement fournissent-ils une forme et un espace, une vibration mais ils continuent de tisser de nouveaux liens, de renouer avec d'anciens, de planter dans les interstices du texte des signes, des flèches, des renvois. Tout ce système peut se construire pour le plaisir du chanteur et de son public mais la plupart du temps cette entreprise répond à des objectifs plus stratégiques. Le métalangage intervient en effet dans un processus argumentatif qui veut démontrer, convaincre, imposer, justifier, valoriser. Le ludique cède alors le pas au sérieux d'une stratégie qui vise le pouvoir. Le métalangage est un outil que la chanson manœuvre pour se tailler une place. Une place dans le cœur des auditeurs mais aussi une place dans le marché des biens symboliques.

La citation d'autorité vient en tête de liste des procédés que la chanson doit déployer. Elle sert à se donner des appuis, des références, des recommandations irréfutables. Du prestige aussi, de la valeur, de la cote. Les références servent de mots de passe pour accéder à la connivence, à la convivialité nécessaire pour former le futur groupe qui sera en interaction au moment du spectacle. Grâce à tout ce travail d'approche, il se trouvera un «happy few» d'initiés qui craqueront à tous les sous-entendus, alors que ce crépitement de signaux refoulera vers la porte les indésirables, les non-fans abasourdis.

La méthode du métalangage offre quelque chose de scolaire puisqu'il s'agit de disserter, de s'imposer par un étalage et par un échafaudage de citations et de renvois. Dans un travail qui se donne comme savant, tout ce processus de démonstration est apparent, exhibé, étalé. Sa manifestation et son déploiement ne vont-ils pas construire une mise en scène destinée à assiéger l'auditeur, le lecteur, le spectateur? Si minuscule que soit un avorton d'argument, il se drape, se gonfle, s'enfle d'un appareillage massif, architectural, destiné à frapper de stupéfaction, à laisser pantois devant la pétarade triomphante de l'argument initial. Ainsi parfois une thèse novice, hésitante mais fantasque et frondeuse, se cantonne dans une forteresse de notes en bas de pages d'où elle rayonne pour investir le texte d'inscriptions en italique et en gras, dans un cliquetis de guillemets et de parenthèses qui s'ouvrent et qui se ferment bruyamment.

En parallèle au fracas de cette rhétorique massive de la persuasion, militaire et militante, les arts, et surtout les beaux-arts, ont pratiqué une autre approche qui cherche à circonvenir le sujet plutôt qu'à l'investir. Alors que le recours aux autorités y est aussi présent que dans la démarche scolaire, cette référence n'a pas besoin d'autre justification que le pouvoir absolu, incontestable que se donne le discours subjectif d'un «je» qui parle. «Puisque j'ai vu, vous dis-je, que j'ai su, qu'on m'a dit, qu'on m'a rapporté, que des amis à moi, qu'il est bien connu que...» sont des affirmations à l'emporte-pièce où se catapulte la réputation du locuteur et qui ne peuvent être mises en doute. Ce biographique d'un «je» ému se connecte et s'alimente au biographique complice de l'interlocuteur à qui l'on parle. Le discours sur l'art, celui des artistes, des critiques, des amateurs infuse dans l'abstrait d'une distanciation le flux et la pulsion d'un vécu à vif, d'une connaissance qui se veut de première oreille, de première vue, de première main. Alors que le scolastique positionne sa machine à penser dans une panoplie plus vaste de machines semblables, le discours des beaux-arts reprend le fil d'une narration d'initiés censément ininterrompue et désire ajouter, comme les troubadours, sa *vita* ou sa *razon* à la masse d'une *Légende dorée*.

Quelle chanson?

Voilà donc sommairement arpentée la géographie d'où la chanson métalangagière se fera entendre. Afin de mieux définir la portée de notre étude de cette fonction, il nous faut encore préciser la composition du corpus de chansons populaires dont nous tirerons notre information. Bref, de quelle chanson parlerons-nous?

Insensible aux critères de qualité et de bon goût, sans snobisme, allons chercher notre matière dans tous les coins de la chanson. Fille d'une double origine, née des lettres et du spectacle, celle-ci se porte tantôt d'un côté, tantôt de l'autre. Plus verbeuse et plus célébrée, la chanson à texte s'offre toujours la première comme plus fertile pour l'analyse. Proche des lettres, elle en adopte toutes les qualités et tous les spasmes. Elle a du vocabulaire, de la syntaxe, de la métrique, des figures même, des assonances, tout le tralala d'une écriture qui s'exhibe, auto-déictique comme pas une, celle qui se pointe du doigt.

Et c'est vrai qu'elle cause bien, qu'elle a du bagout. Souvent analytique et lexicalement dense, elle est donc plus puissante comme formule d'analyse, d'exposition, d'argumentation. On croit volontiers d'une autre forme qu'elle se prêtera moins à l'abstraction. «Dans la chansonnette, n'est-ce pas, le scénario, l'histoire prendraient le pas sur l'introspection, la démonstration et l'analyse qu'on attribue à la chanson Rive gauche.»

Mais elle existe bien aussi cette sœur, côté spectacle, tape-à-l'œil, fardée, moulée de strass, boa au cou et claquettes aux pieds. Racoleuse et bon enfant, elle descend un grand escalier, montre la jambe, la cheville, elle flirte avec les premières tables et fait de l'œil au balcon. Maurice Chevalier la coiffe d'un canotier, Muriel Millard, Michèle Richard, Mistinguett, Joséphine Baker la griment, la costument, la dénudent, alors que Serge Laprade et Pierre Lalonde lui font des yeux de velours.

Qu'on ne cède pas à ces apparences faciles qui montent l'une contre l'autre les deux silhouettes d'une même chanson. En chantant, toute chanson, quelle qu'elle soit, dit, réfléchit, considère, se donne du contenu. Et puisqu'il s'agit d'analyser une fonction du discours, il nous suffira d'écouter une chanson qui discourt, qui peut articuler un mot après l'autre et faire sens. Une chanson à paroles, sans être nécessairement la chanson à texte, la chanson Rive gauche ou la chanson poétique. Willie Lamothe, quand il harangue à cheval, est aussi pertinent pour nous que Vigneault quand il se fait précieux ou que Desjardins quand il pastiche Villon. La liste sommaire d'une centaine de titres donnée en appendice montre cette variété d'origine.

Comme tant d'autres, cette étude s'est fondée principalement sur les paroles, le littéraire de la chanson. Toutefois, on s'est souvenu de ce que l'encodage de base est double, formé des paroles et de la musique si l'on ne considère que la partition imprimée, le «petit format» de la chanson. De toute évidence, on convient aussi qu'il faut situer cela dans un réseau beaucoup plus vaste qui assume toutes les dimensions que peut décrire une partition étendue. Prenant la performance en direct comme modèle de l'ensemble, celle-ci fait ressortir les épaisseurs d'un texte qui semblait plat à première vue. Dans *Robert Charlebois: l'enjeu d'«Ordinaire»* (Triptyque, 1987, chapitre I), j'ai défini la chanson comme un «mode de communication pluridimensionnel» et cette notion a ensuite reçu un développement systématique dans un article de Robert Giroux, «De la méthodologie dans l'étude de la chanson populaire (d'expression française)»[3]. On y trouve dressé l'inventaire des dimensions de cette performance en direct et de tous les niveaux de la performance en différé qui constituent la partition étendue: paroles et musique, traitement de la voix, arrangements et orchestration, mise en scène, costume et gestuelle, son du studio, images du clip et mise en marché. L'intérêt de ce relevé est de stimuler l'attention au-delà du texte imprimé vers l'ensemble des comportements communicatifs à l'œuvre dans la performance en direct que l'on voit ainsi se dérouler dans le contexte global de l'interaction chanteur-public.

Ancrée dans le stable des paroles, cette étude tentera également d'intégrer tous les indices signifiants que la chanson dissémine tous azimuts dans le direct de la scène et dans le différé du produit mis en marché.

Méthode et définitions

Puisque le métalangage implique une certaine distanciation, un second regard ou un second degré, il s'écrit comme un discours qui en recouvre un autre et qui n'existe qu'en fonction de cet autre. Il est ainsi réflexion aussi bien que réflection. Cette activité de commentaire se trouve si parfaitement intégrée au flot du langage qu'elle en forme une composante essentielle, active et déterminante. Au point qu'on peut l'isoler, la décrire et la comprendre comme une fonction.

Pour les besoins de cette analyse, il nous suffit de feuilleter en passant la référence de départ, la définition du système des six fonctions du langage par Roman Jakobson dans ses *Essais de linguistique générale*. Le linguiste de Prague veut y proposer d'abord un modèle qui s'applique à tous les actes du langage mais puisque celui-ci est pris comme étant le moyen typique de communication, on peut concevoir que sa théorie vaudra aussi, en tenant compte des variables, pour toute autre forme d'échange, y compris la chanson populaire.

Jakobson greffe ses six fonctions au modèle primitif de la communication, lequel reconnaît un émetteur et un récepteur s'échangeant un message formulé dans un code commun et transmis par un canal de communication. Les intervenants (fonction émotive) parlent donc de quelque chose (fonction référentielle). L'émetteur et le récepteur, tour à tour, cherchent à s'influencer réciproquement, exerçant ainsi l'un sur l'autre une forme de pression (fonction conative) en vue d'une action à accomplir. Pour s'assurer de la bonne compréhension du code, on fait appel au commentaire, à la définition, à l'explication ou à la périphrase, et toute cette intervention constitue notre fonction métalinguistique.

> Une distinction a été faite dans la logique moderne entre deux niveaux de langage, le «langage-objet», parlant des objets, et le «métalangage» parlant du langage lui-même. (...) Chaque fois que le destinateur et/ou le destinataire jugent nécessaire de vérifier s'ils utilisent bien le même code, le discours est centré sur le code: il remplit une fonction métalinguistique (ou de glose)[4].

Enfin, la fonction phatique maintient ouverte la ligne de communication, s'assure de ce que le processus est toujours interactif et de ce que l'interlocuteur reste à l'écoute, disponible.

Souvent, tout cet échange a une finalité, un but qui lui est extérieur. On veut obtenir un résultat qui arriverait presque simultanément à la communication ou qui se produirait dès qu'elle serait terminée. Parfois au contraire, la communication, dominée par la fonction poétique, se fait pour le plaisir, pour le jeu, pour l'éclat et le bruit de la pyrotechnie.

Bien que l'exposé et la lecture du modèle de Jakobson puissent donner l'impression d'une succession linéaire d'événements, d'une étanchéité des fonctions entre elles, il faut au contraire les voir s'exercer simultanément, de tous côtés, toutes à la fois, avec des intensités variables. Elles agissent souvent par paires ou par triades. Comme parfois les archéologues sur leurs sites de fouilles, on en retrouve une lourdement et massivement déposée dans un texte, à toutes les strates de son épaisseur, au point de s'identifier totalement avec lui, de lui donner son nom. La fonction poétique s'épanouira alors en un poème ou en une affiche d'art alors que la métalinguistique s'explicitera longuement en un mode d'emploi ou une invitation au recyclage.

De prime abord, on prête au métalangage un caractère abstrait, puisqu'il témoigne d'une capacité de prendre ses distances du discours en marche pour en tenir un autre. Cette distanciation survient parce qu'il faut s'extraire de ce que l'on fait, se voir faire, en quelque sorte, en parler tout en le faisant. Si une surenchère de discours sur le discours peut étouffer la création et la communication, cette étude montrera le jumelage fréquent de cette abstraction avec les deux fonctions très concrètes, l'émotive et la référentielle, alors que la conative, la phatique et la métalinguistique s'impliquent davantage dans l'interaction entre un performeur et son public. Elles prennent en charge ces éléments de la partition étendue qui visent à ce que ça clique, que ça marche, qu'on soit sur «la même longueur d'ondes» comme le voulaient à la fois Charlebois (*Longue distance*) et Sylvain Lelièvre (*Lignes de cœur*).

Le choix des textes

Dans l'immense répertoire des chansons populaires, il a donc fallu choisir des textes qui répondent à une première idée de la chanson métalangagière et déterminer quelques façons primaires de reconnaître la présence de la fonction.

Puisque la chanson parlera d'elle-même, on peut dès lors appliquer aux œuvres qui s'offrent spontanément à la sélection un premier filtre qui ira chercher toutes les utilisations du mot «chanter» et de ses extensions. Ce qu'on exprime, dans une recherche assistée par ordinateur, par la racine «chan» suivie d'un astérisque (chan*) qui tient lieu de toutes les terminaisons possibles. Dans la courte liste ainsi obtenue, on retiendra les formes du verbe «chanter», les substantifs: chant, chanteur et chanteuse, et tous ceux qu'engendre le mot chanson comme le diminutif: chansonnette et le performeur : chansonnier.

Par le recours aux synonymes, on pourra fouiller encore plus avant le champ lexical ouvert par le mot «chanson». Du côté des lettres nous viennent : poème, vers, strophe, mot(s), verbe, parole, romance, ballade. Ce vocabulaire de l'écrit comprendra aussi tout ce qui dépeint l'activité créatrice mise en œuvre pour faire une chanson, et Lucien Francœur, sur «Terminal rockeur» (Lucien Francœur, Pier Bordelo), en renouvelle le lexique par l'analogie de l'informatique.

Je suis un computeur
un cathodique rockeur
je suis un computeur
un terminal rockeur
je suis un computeur
un chanteur programmé
je suis un computeur
un curseur contrôlé.

Pour sa part, la musique fournit des appellations générales comme refrain, turlute, toune; les termes de la grammaire musicale: unisson, octave, gamme, accord; les rythmes de danse et les genres musicaux: bossa-nova («La bossa-nova des Esquimaux», Charlebois), reel, rigodon, les innombrables java, tango, bourrée («La bourrée du célibataire», Ferrat), cantate, jazz, blues, rock. Le métier, en plus des génériques chanteur-chanteuse, connaît : auteur, parolier, compositeur, interprète et tous les types de musiciens avec leurs instruments. Comme le chante Sylvain Lelièvre: «son gazou, sa bombarde», toute la panoplie du «chanteur indigène». Dufresne fait appel au «vieux saxophoniste», Lelièvre encore évoque le «joueur de trombone», Vigneault et Léveillée s'expriment «comme guitare».

De biais, en quelque sorte, la chanson se définit aussi par la référence à des styles bien connus comme funky ou chanteuse straight, personnalisés par les grands noms qui les ont immortalisés: Billie Holiday, Piaf. Enfin, les lieux du spectacle sont également intégrés au texte quand on parle de la maison, de la scène, du «stage», des planches, de la rampe, des coulisses, du décor, de la boîte, du club, du bar et du théâtre. Le spectacle lui-même que l'on donne, c'est un show, quand ce n'est pas un osstidshow, et tout cela, c'est du showbiz, du show-business, du vedettariat, du star-system. On se voit déjà en haut des affiches scintiller comme une étoile, une star. À condition de trouver la faveur du public et des critiques.

Encore plus dans la chair du texte, si l'on explore cette fois les formes du discours exprimées dans les structures de la grammaire, on découvre que le métalangage relève d'un «je» qui affirme et qui s'affirme, alors que dans la narration d'une histoire, c'était plutôt un «je» qui se dissimulait, en les manipulant, derrière des personnages qu'il avait créés et auxquels il prêtait parole. La communication se faisait alors indirectement par le détour de ces personnages étrangers au performeur comme à son public. Tandis que le chanteur ou la chanteuse qui discourt sur la chanson s'adresse à un «vous-qui-êtes-là-devant-moi» auquel l'émetteur se mêle souvent en un «nous-qui-sommes-ici-ensemble». Si le texte parle encore d'«eux» et d'«elles», ceux-ci sont refoulés dans les coulisses, témoins seulement de l'échange interpersonnel qui coule de la scène à la salle. Cette prédominance d'un «je», d'un sujet qui assume passionnément le discours, crée le lieu d'une coïncidence de l'émotion, de l'expression de soi et du métalangage, témoignant d'une prise en charge de l'abstraction par le cœur, ce qui est une des particularités du discours métalangagier de la chanson.

Parfois, il ne faut pas aller plus loin que le titre, lequel est une déclaration d'intention, tel le fameux «Je chante» de Trenet qui accroche l'oreille, amorce déjà la recherche et la fait pénétrer dans le corps du texte. Mais souvent aussi, il faut déborder dans ces alentours du texte relevés par la partition étendue, dans ce paratexte qui présente la chanson, la souligne, l'illustre, la met sous emballage pour en faire un produit de consommation. Le métalangage se trouve ainsi à irradier sur le papier qui entoure le support (disque, cassette, disque compact), tout comme sur les paroles incluses, les images, les photos, le graphisme. Et là encore, cet étalement dans l'imprimé et dans le graphisme, dans le visuel, confère aux paroles et au langage une durée, une visibilité, une exposition dont la musique ne jouit pas. Si l'on accorde donc aux paroles tant d'importance, c'est un peu à cause de ce débordement, cette invasion du champ qui les assure d'une résonance et d'un espace permanent.

L'application des filtres décrits ici a permis d'établir la liste des cent chansons données en appendice. Une liste non exhaustive, mais assez variée pour bien montrer que le métalangage n'est pas que le fait de la chanson à texte. Quand le lecteur aura saisi le modèle en jeu, il lui suffira d'ouvrir la radio ou d'écouter MusiquePlus pour compléter cette sélection par une anthologie personnelle et élargie.

La stratégie : se donner de l'aire

Que nous apprend donc l'interrogation de cet ensemble de chansons? Il apparaît d'abord que toute cette activité métalangagière vise à créer un espace, à dégager une place au soleil. Se donner de l'aire, voilà ce que veut la chanson. Bien qu'elle soit souvent tenue pour un art mineur, la chanson n'en fonctionne pas moins selon les mêmes règles que les autres formes d'expression artistique, en particulier les lettres et la musique dont elle se réclame, mais aussi les beaux-arts. On trouvera donc, actif dans toutes les dimensions du texte, ce jeu de renvois, ces citations, ces références explicites qui contribuent à situer la production dans son champ et à lui donner une valeur symbolique et marchande.

Les reprises de répertoires classiques, d'œuvres modèles, constituent l'exemple le plus évident et le plus massif de ces références. Des interprètes surtout chantent Piaf, Brassens, Brel, La Bolduc. De l'œuvre complète, on passe ensuite à la reprise d'une chanson étendard, d'un manifeste, ou d'une chanson fétiche, porte-bonheur. Bigras chante Ferré, Diane Dufresne chante Alys Robi et ces reprises créent une mise en abîme, un effet de miroir fidèle ou déformant. «Piaf chanterait[-elle] du rock» (Marie Carmen, Plamondon, Cousineau)? Jusqu'à l'appropriation pure et simple des chansons d'un autre : Cabrel chante Desjardins; cependant, pour les auditeurs français de 1992, «Quand j'aime une fois j'aime pour toujours» ne sonne que par l'accent de Cabrel et Desjardins reste dans l'ombre. Marie Carmen chante «L'aigle noir»; mais pour ses jeunes admirateurs d'aujourd'hui, qui donc est Barbara?

Certains artistes intègrent encore plus intimement à leur propre voix la mention d'autres artistes dans le vif du discours. Chez quelques-uns, comme Jean Lapointe, cette insertion est un rappel amical qui réunit en un seul folklore *La bonne chanson* et les chanson-niers.

Du *Petit Bonheur* jusqu'au *Tour de l'île*
Félix a semé, tout a commencé
Vigneault a grandi avec *Mon pays*

De *Feuille de gui* jusqu'au *Petit roi*
Jean-Pierre a donné aux gens de chez moi

L'espoir d'arriver juste *Un peu plus loin*
On y s'ra demain en quelques refrains
Et tous les Bozos, *Bozo-les-culottes*
Auront bien grandi grâce à quelques notes

Ailleurs, par contre, péjorative et sarcastique, cette évocation sert de prétexte à une contestation. Passant en revue le style de ses rivaux, Renaud grommelle: «Ma chanson leur a pas plu» (*Morgane de toi*).

j'ai rencontré Capdevielle
au bar de l'Apocalypse
j'ui ai dit: écoute ma vieille,
ça s'appelle «le cataclypse»
...

'lors j'ai rencontré Cabrel
assis au bord de l'autoroute
j'ui ai dit: ma chanson s'appelle
«sur le chemin de la route»
...

ma chanson lui a pas plu,
n'en parlons plus...

La référence est plus brève mais encore plus grinçante chez Brel. Si «c'est triste Orly/ le dimanche/ avec ou sans Bécaud», l'allusion à Jean Ferrat et au-delà, à Aragon, agresse dans le grave de la voix qui parodie: «et je ne suis pas bien sûr/ comme chante un certain/ qu'elles [les femmes] soient l'avenir de l'homme» («La ville s'endormait»).

Quand une influence importante constitue un patronage, elle s'arrache du cadre étroit d'une référence passagère et trouve à s'exprimer dans tout le texte d'une chanson écrite comme un hommage. Jean Ferrat compose une «Chanson pour Brassens», Serge Lama célèbre «Édith» et Vigneault écrit sa «Chanson pour Bob Dylan».

Des interprètes vont également se placer sous la tutelle d'un auteur-compositeur, d'un parolier. Certes, Renée Claude chante Brassens, mais Johanne Blouin et Céline Dion tirent un tout autre parti de cette association. Sur les pochettes, tout un paratexte de reproductions d'autographes, de photos, d'échanges de correspondances accompagne et glose cette reprise afin que le public ne perde rien des effets de renvois qu'on veut tisser. Johanne Blouin intitule son microsillon: *Merci Félix*. Au verso, une note manuscrite de Félix Leclerc est adressée «À Johanne Blouin», alors que sur la pochette intérieure, un remerciement manuscrit de Johanne à Félix achève de certifier la filiation qu'on a voulu établir.

L'album *Dion chante Plamondon* raffine encore ce jeu de miroirs. Avant d'exposer les paroles et la musique, l'emballage impose l'association recherchée. La chanteuse apparaît sur la première face alors que la silhouette du parolier se dessine à l'endos du disque. À la droite de la photo de l'interprète est donnée la liste des chansons. À sa gauche court, en caractères plus fins, un texte signé Luc Plamondon. Page trois, nouvelle photo de la chanteuse où s'inscrit un texte dédié au parolier et signé «Céline XX...» alors que dans les photos de la page dix et de la page treize, le parolier apparaît cette fois avec l'interprète.

Par ces déclarations explicites et insistantes du métalangage, on espère que la mise en marché profitera au maximum de ce brassage des publics alors que le sens des textes originaux ne cesse de s'épaissir dans ce foisonnement d'évocations.

La référence littéraire

Bien qu'elle soit un genre en soi et qu'elle s'exprime essentiellement dans l'oralité, la chanson oscille néanmoins entre le cri et l'écrit. D'une part, Pauline Julien se dresse devant nous comme «une femme parmi tant d'autres, sans médailles ni diplômes», à la limite du cri et du chant.

> Prenez-moi comme je suis, sans médailles ni diplômes,
> Une femme parmi tant d'autres, l'œil hagard, l'air inquiet
> Prenez-moi quand je crie que je crois que je chante.
> («Comme je crie, comme je chante»)

À l'autre pôle, Georges Dor cisèle ses textes et se coule indifféremment dans le chanté ou dans l'écrit: «quand je chante, je deviens chanson/ quand j'écris, je deviens poème» («La chanson difficile»).

Les œuvres de ce chanteur et d'autres qui travaillent comme lui seront publiées à la fois comme «poèmes et chansons». Les chansonniers, les auteurs de chansons à texte, de chansons poétiques, de chansons Rive gauche offrent tous cette même conception de la chanson comme activité littéraire. Pour Ferré, par exemple, on a l'impression que la chanson n'est en quelque sorte qu'une partie d'une poétique plus vaste qui explore le pouvoir des mots, du langage, de l'art. Félix Leclerc aussi a construit, en parallèle à son œuvre chansonnière, une collection de textes littéraires. Boris Vian également, tout comme Vigneault, Raoul Duguay, Lucien Francœur. Au point que les analystes arrivent difficilement à saisir la totalité de ces productions qui établissent et entretiennent des relations complexes entre les deux modes d'expression.

Ce qui importe pour nous ici, c'est la reconnaissance de ce tuilage de deux champs voisins. Et en particulier le mimétisme dont la chanson fera preuve dans son rapport à l'écriture lettrée. Dans ces textes proches de la littérature ou même désireux de passer pour littéraires, on ne définit pas la chanson sur le même ton et par le même biais que ne le fait la rengaine. Dans «L'âme des poètes», Charles Trenet a fondu ensemble ces deux domaines de la poésie et de la chanson.

Longtemps longtemps longtemps après que les poètes ont disparu
Leurs chansons courent encore dans les rues
La foule les chante un peu distraite en ignorant le nom de l'auteur
Sans savoir pour qui battait leur cœur

Parfois on change un mot une phrase
Et quand on est à court d'idées
On fait la la la la la
La la la la la

Le fou chantant reconnaissait que ces mots, auxquels les auteurs proches des lettres accordent tant d'importance, seront les premiers à déserter la mémoire des auditeurs. Pourtant, c'est par leur forme plus écrite que certaines chansons s'apparentent à la poésie ou à une certaine écriture poétique que l'opinion populaire associe à la métrique et à la versification. On veut aussi des paroles farcies de figures, des métaphores surtout qui frappent l'imagination. Cette richesse, ce somptueux du discours semblera aller de pair avec une profondeur ou un choix de thèmes «songés». Il en résulte tout un amalgame plus subjectif que réel et dont la musique amplifie l'émotivité qui vaudra à certains auteurs la publication des paroles de leurs chansons comme textes poétiques. Et cette publication, consacrant l'intégration au cercle de la littérature, force une lecture rétrospective de toute l'œuvre antérieure à cette publication. Parfois même, puisque la littérature trouve aussi son profit dans cette liaison avec un genre plus proche du grand public, un éditeur publiera les œuvres complètes — sans la musique, toutefois — d'un chanteur ou d'une chanteuse. Curieusement alors, prenant le contre-pied du vers de Trenet, on imposera la mémoire des mots alors que les sons et les rythmes se seront évanouis. Une évanescence de la mélodie dont profitera encore cette connivence entre la chanson et les lettres.

Les poètes mis en musique

L'ambiguïté du statut littéraire des chansons remonte en effet aux origines du genre, aux premiers jours de la *canso* provençale et les chansonniers ne manqueront pas de le rappeler et de jouer du prestige que leur vaut cette ascendance illustre. Tout un groupe d'auteurs en appelle explicitement aux troubadours et aux trouvères. Charlebois même, alors électrique et psychédélique, remontait à travers l'alchimiste Nicolas Flamel jusqu'à un âge d'or médiéval : «je suis un troubadour perdu/ venu au mauvais Moyen Âge» alors que Pierre Calvé chantait «mes amours, mes trouvères». Dans sa «Ballade du printemps» (*Tenir paroles*, Nouvelles Éditions de l'Arc, vol. I, 1983, p. 93), Vigneault établit ce lignage :

Après Monsieur François Villon
Après Ronsard après Verlaine
Je veux labourer mon sillon

Et Richard Desjardins, après une première période où personne ne l'associe aux classiques de la littérature, établit à Paris sa généalogie de lettré par le monologue «Lomer». Depuis ce jour, la critique n'a pas su le décrire autrement que comme le Villon du Nord. Mis à part Villon et Rutebeuf, il n'y a pas de reprise authentique de textes, mais plutôt des allusions à un genre, un style, un vocabulaire et une syntaxe, des mises en scène, des scénarios et des figures que viendront colorer une mélodie et une orchestration elles aussi entendues comme archaïsantes. Si bien que le faux sonne tout aussi bien que le vrai. Les Séguin ont chanté une exquise «Alison» (*Festin d'amour*), née anonyme au XIIIe siècle, revue et adaptée à l'ancienne par Vigneault.

En général, les interprètes chantent plus volontiers des poètes contemporains, nommés cette fois, connus et cotés. Certes, Ferré chante Baudelaire et Verlaine. Mais c'est Rimbaud, «le beau salaud», qui vient en tête de liste et qui démontre une utilisation typique d'un mythe et de ses textes. Charlebois met en musique quelques poèmes, en particulier le célèbre «Ma bohème». Ces chansons emblèmes prolongent en quelque sorte le personnage fabuleux qu'évoque le nom de Rimbaud, tout comme «Le vaisseau d'or» évoque le Nelligan sombre et inspiré. Puisqu'il s'agit avant tout d'une image, d'un clip mental, pas étonnant alors de trouver la photo du «dormeur du Val», décorative, sur la pochette du *Cauchemar américain* de Lucien Francœur. Elle repose sur une commode et cet objet bien identifiable sert à fabriquer un décor littéraire.

La reprise des paroles de Jean-Jacques Rousseau par le tandem Charlebois/Plamondon se situe à la frontière de ces stratégies. Rousseau est un personnage littéraire, moins public, moins connu ou spectaculaire que Rimbaud ou Baudelaire. Toutefois, la chanson de Charlebois porte le même titre que l'œuvre la plus célèbre du philosophe, «Les rêveries du promeneur solitaire», et le chanteur s'en est servi pour exprimer, sur un ton introspectif, la nouvelle orientation de sa carrière.

Quand l'attribution d'un poème est reconnue, affichée, la référence est explicite, vérifiable. L'allusion participe davantage à un sous-entendu et elle se situe à un degré plus avancé dans la complicité. Elle s'efface le plus rapidement de la compréhension des chansons, fondée qu'elle est sur l'instantané de la communication, sur cet air du temps qu'émetteur et récepteur ont respiré ensemble «pour un instant». La volonté d'étendre son champ et d'établir sa filiation littéraire s'accommode aussi de quelques fausses pistes ou de fausse publicité. «Une saison en enfer», sur le disque *Une nuit comme une autre* de Francœur, n'est pas le poème attendu de Rimbaud. C'est un texte du cru de l'auteur où le titre ne s'appuie que sur une allusion interne à l'ami de Verlaine. Par contre, «L'éternité», sur le disque *Dernière vision*, est bien un texte de Rimbaud, dûment identifié, bien que les paroles n'en soient pas transcrites sur la pochette intérieure. «Le bateau ivre» évoque Rimbaud, mais c'est aussi une chanson originale de Georges Dor qui s'accroche au pouvoir d'évocation d'un titre prestigieux.

Ce métier-là

La chanson, c'est un métier, une tâche, un faire. Il faut l'apprendre, s'y initier, et quelques institutions, comme les festivals de la chanson, servent à la fois d'école et de tremplin. Entre-temps, les apprentis peuvent toujours recourir à des anciens de la chanson, des chanteurs et des chanteuses dont le savoir-faire et le prestige attirent les disciples. Globalement toutefois, il n'existe pas de formation spécifique à la chanson. Est-ce la honte d'une bâtardise affichée? Les lettres s'en méfient comme d'une littérature trop facile et la grande musique se fatigue de n'y entendre que trois accords inlassablement ressassés.

On vient donc souvent au métier par la tangente d'un autre moyen d'expression. Les arts de la scène, la plupart du temps, en particulier le théâtre. Les beaux-arts aussi, comme ce fut le cas pour plusieurs groupes britanniques[5]. Parfois aussi, des musiciens se lassent d'accompagner les autres et saisissent le micro alors que des paroliers ne se départent plus de leurs textes qu'ils interprètent eux-mêmes.

Il est donc courant de dire que la chanson ne s'enseigne pas et ne s'apprend pas. Le mimétisme déclenché par l'audition de grands succès qu'on a fait jouer des milliers de fois a mis en place l'intonation, la diction, les gestes qu'on a vus ou qu'on prête à l'interprète. Tous les sens collés aux enceintes sonores et tout volume dehors, on a repiqué un son particulier, un timbre, une voix dans le nez, dans la gorge, dans les tripes. Les doigts gourds se sont ensuite approprié des successions heureuses d'accords battus et brossés par des rythmes à la mode. En entrevue, on reconnaît donc au passage ce que l'on doit aux plus grands, aux anciens de sa culture. Chaque génération a les siens : Brassens, Brel, Dylan, Piaf, les Beatles, les Doors, Mick Jagger, Ferré, Félix, Vigneault, et dans la fusée des questions, la liste n'en finit pas. Comme un raccourci de ce qu'on a pu exposer longuement en entrevue et dans des articles de journaux, un jeu de références, caractéristique du métalangage, passe ensuite dans le texte des chansons.

Qu'il ait peu ou prou de formation, on peut alors apprendre que ce qui motive surtout l'apprenti chanteur, c'est l'anticipation de la scène et de l'ambiance qui l'entoure. Charles Aznavour chantait «Je m'voyais déjà». Rayonnant soudain sur une affiche, tout en haut, en lettres grosses comme ça, après avoir longtemps pâti dans les petits caractères de la première américaine. Si haut encore, comme une star, près des étoiles, les vraies, celles qui déposent un instant leur reflet dans le strass, les paillettes de l'habit de lumière. Dans la chanson «Star», une jeune chanteuse de quinze ans répète devant son miroir, «sans orchestre ni lumières/ avec en guise de micro/ brosse à cheveux ou une cuillère». Malgré cette pauvreté de moyens, elle anticipe déjà de gravir le sommet, l'Everest du showbiz français: «et devant mon miroir/ je faisais comme si/ je chantais tous les soirs/ à l'Olympia de Paris».

À l'instar de ces gens de métier, des profanes, des amateurs se laisseront tenter à jouer les «stars d'un soir». Qui n'a pas voulu l'être? Le plus célèbre aspirant est sans doute ce businessman bluesy (*Starmania*) qui aurait voulu faire son numéro. À l'en croire, il aurait chanté, celui-là, une chanson existentielle, vécue, cathartique : «j'aurais voulu être chanteur/ pour pouvoir crier qui je suis/ j'aurais voulu être un auteur/ pour pouvoir inventer ma vie». Les vrais pros savent bien qu'il faut plus que des bons sentiments pour conquérir un public. Que se passe-t-il en effet, une fois les marquises descendues, les néons refroidis? Robert Charlebois, sous les multiples mutations d'un pianiste-chanteur («Joe Finger Ledoux»), puis d'un chanteur de club («J'veux d'l'amour»), a exprimé tous les états d'âme d'un chanteur «ordinaire». Une fois le party fini, le dernier joint fumé et les boogaloos vendus au rap, démaquillée, la diva connaît les bas de ses hauts.

À la longue, est-ce que l'euphorie de l'anticipation novice ne se dissipe pas? L'amertume et le cynisme prennent le relais dans l'envers du décor. Une voix méchante susurre qu'on n'est après tout que des amuseurs publics, des clowns, des saltimbanques, des musiciens de rue («Viens voir les musiciens»). Des valets, en quelque sorte. Chercherons-nous un précédent illustre? Amadeus se sentait bien près des cuisines chez son Colorado d'archevêque. Alors, pas étonnant que les chanteurs se voient parfois confondus avec les garçons de table ou avec quelque autre domestique qu'un public inculte commande d'un doigt qui claque. Gilles Valiquette ramasse bien la situation dans «Pour trois dollars».

> Chante fort
> chante bien
> montre-nous
> comme tu es malin
> donne-nous
> pour trois dollars
> de toi.

À cette subordination s'ajoute parfois aussi la discrimination ressentie d'être vu comme «spécial», dérangé. Moins encore que saltimbanque, plutôt une bête de cirque, un homme-éléphant, une folle du parc Belmont en Dufresne hystérique alors que Piaf lance un grand «bravo!» au clown triste. Selon l'écologie du temps, le chanteur et la chanteuse sont quelque spécimen exotique dont on s'entiche pour un moment. Sylvain Lelièvre a traduit ce malaise du «chanteur indigène».

Le chanteur indigène a sorti son violon
Son gazou sa bombarde et son accordéon
Enfin la panoplie des accessoires ethniques
Qui pâment les Français et réveillent nos critiques.
...
On est toujours un peu l'Iroquois de quelqu'un
Que l'on soit Québécois, Breton, Nègre ou Cajun
Je vous laisse à chanter quel peut être le vôtre
On est toujours un peu l'Indigène d'un autre

Charlebois pousse le stéréotype encore plus loin dans «Punch créole» où l'on trouve tout à la fois le racisme rentré et la condescendance bon teint pour le métier de serveur.

«Bouge de là», car ce n'est pas tous les jours l'Olympia en délire. Et devant un public assez hostile, étranger, quand vous faites vos contorsions de métèque, alors oui, on se le demande, «pourquoi chanter»?

L'institution, aux confins de la chanson

Le discours sur la chanson ne porte pas seulement sur les paroles et la musique, mais il s'étend aussi au périphérique du show-business et de l'institutionnel pour recenser tous les acteurs du champ, en décrire les rôles, établir une hiérarchie des faiseurs de carrière. Toutes les manifestations de l'institution qu'on pourra déchiffrer dans la partition étendue fournissent les indices d'une activité métalangagière. Explicites, soulignées, organisées en un système qui demande à être lu, la mise en marché en fait jouer auprès du public et auprès de la critique tout le potentiel d'amplification du message et d'élargissement de la clientèle.

J'ai déjà fait allusion plus haut à l'apprentissage de la chanson. On y retrouve des chanteurs et des chanteuses dans le rôle de pédagogue qu'ils exercent en fin de carrière ou en parallèle avec elle. Sylvain Lelièvre, Robert Paquette, Michel Lalonde, Pascal Normand, Lucille Dumont, Daniel Deshaime se transforment en professeur, moniteur, coach. Chacun, à partir de sa propre expérience, se spécialise dans l'un ou l'autre aspect du métier : les paroles, la musique, la voix, la tenue de scène, et forme de nouveaux artistes qu'on a longtemps qualifiés de relève.

Des festivals, des concours de la chanson, des concours d'amateurs qui ont déniché quantité de professionnels forment ensuite le parcours où l'apprenti doit se faire valoir. De petites scènes, des auditoriums, des agoras, des carrefours de polyvalentes et de cégeps, des salles de centres culturels. Parfois le métro, le club, le café ou le cabaret, quand il se trouve encore de ces lieux qui demeurent la plus vieille école, celle du public qui en veut pour son désir et son argent, ou qui, certains soirs de bière, n'est plus capable d'en prendre.

Historiquement, tout ce processus de la facture de la chanson s'est trouvé étalé, célébré, ouvert et participatif, au moment de la Chant'août, en 1975. La chanson, comme système, voulait passer alors de l'amateurisme au savoir-faire organisé, et cette manifestation tentait une prise en main de la jeune industrie québécoise du disque.

Afin de parfaire leur produit, chanteurs et chanteuses, musiciens, choristes, bien en retrait de la scène, se retrouveront dans un lieu réputé pour la texture du son qu'on y obtient. Cette mise en boîte technique représente un domaine déjà plus éloigné du grand public, une spécialité pour initiés qui déchiffrent minutieusement les informations étalées sur les pochettes. La réputation du studio, des ingénieurs du son rejaillit sur le contenu du disque et concourt à la détermination de sa valeur artistique. L'album *Jaune* de Jean-Pierre Ferland avait marqué un tournant dans l'esthétique du son québécois. Daniel Lanois, inconnu du public, se fait d'abord une réputation internationale derrière la console de son studio alors qu'un Willie Lamothe fait de *Nashville* le titre d'un disque. Un Desjardins d'apparence austère souligne tout de même la valeur du piano Fiazolli dont il joue dans l'acoustique de la Chapelle du Bon Pasteur.

Chanter, écrire ou faire de la musique avec quelqu'un d'autre constitue à la fois un apprentissage et ajoute une plus-value. Un son, bien sûr, une couleur, l'harmonie d'une voix, un batteur comme Michel Séguin, un saxophoniste, un harmoniciste comme Alain Lamontagne, un violoniste, un violoneux. Et les guitaristes sont appelés en fonction du vocabulaire, du commentaire de la mélodie qu'ils ont développé et qu'on ne peut confondre avec aucun autre. Sans compter la gestuelle, les possibilités interactives que ces passants de prestige ajouteront sur scène au spectacle renouvelé par leur dynamisme.

Alors, les duos, les équipes se font et se défont sur les affiches, le temps d'une tournée, le temps d'une phase, d'une recherche. Il s'agit souvent d'une participation d'égal à égal, celle d'un collègue, d'un autre chanteur, tels Charlebois-Julien Clerc, Paul Piché-Michel Rivard, Latraverse-Offenbach, Séguin-Fiori. Le métalangage rappellera aussi les circonstances dans lesquelles cette collaboration s'est faite, le caractère «historique» d'événements comme les Fêtes de la Saint-Jean, de la Superfrancofête, d'un concert au Forum, au Stade olympique.

Parfois aussi, les rapprochements, moins prévisibles et plus frappants, ne portent pas tant sur les personnes que sur les genres. Il en va ainsi de l'alliance entre la musique classique et la chanson populaire. Certains orchestres symphoniques, par exemple, se prêtent pour un instant à l'accompagnement d'un chanteur ou d'une chanteuse. Dans la même veine, mais sans l'apparition publique, l'orchestration symphonique dont on arrange les chansons. Avec une signature, alors, puisqu'il faut avant tout établir une marque, imposer une griffe. Michel Legrand et Ginette Reno, Neil Chotem-Harmonium, Angèle Dubeau-René Simard, Louis Lortie-Diane Dufresne.

On peut pratiquer le même jeu dans un champ plus éloigné, par exemple, exploiter davantage la branche littéraire de la famille dans un écho de célébrités qui naviguent entre les variétés et la littérature. Des biographies, films et filmographies, des thèses, des conférences et des ateliers porteront sur les auteurs connus comme paroliers tels Ducharme, Tremblay, Mistral.

Enfin, depuis le qualificatif de «ratés sympathiques» accolé par Charlebois et depuis la chanson de Ferland, «Les journalistes», la critique fait aussi partie des sujets dont traite la chanson métalangagière. Plume Latraverse n'hésite pas à reproduire sur la pochette intérieure de son disque *Cinéma Outremont* deux critiques négatives de son spectacle, celle de Jean-Paul Sylvain, dans *Le Journal de Montréal*[6], et celle de Colette Duhaime, dans *Le Droit*[7]. Dans le coin droit inférieur de l'enveloppe, une mignonne petite créature en vignette profère un «Fuck you» bien senti, enfermé dans une bulle rectangulaire de BD.

Mais il n'y a pas que les critiques qui mangent de la vedette. Des centaines de feuilles propagent des potins qui sont dévorés par des milliers de fans, par des assoiffés de gloire et d'éclat. Dans le discours qu'elle tient sur elle-même, la chanson reprend en l'anticipant, comme dans le langage de la publicité, le discours de son public-cible. On retrouve donc dans les paroles les goûts, les préjugés, les thèses du public que l'on vise. Partageant globalement le même horizon que leur auditoire, les paroliers, compositeurs et interprètes composent, racontent, analysent sous le même angle et dans la même veine que leurs auditeurs à venir. Par l'inclusion d'un «tu» ou d'un «vous» dans son discours, la chanson métalangagière explicite cette conscience qu'elle a de son auditoire.

Il faut donc rendre des comptes à l'homme et à la femme de la rue, les plus croustillants possibles. Ce qui donnera, chez Brassens («Trompettes de la renommée»), «c'tour d'horizon des mille et un' recettes / Qui nous val'nt à coup sûr les honneurs des gazettes». Des entrevues sont accordées, bon gré mal gré, des publications en résultent dans les journaux, les magazines qui impriment les analyses des journalistes, les articles à sensation, les reportages des dits, faits et gestes d'artistes.

L'établissement d'une cote résulte de toutes ces opérations. Lors de cérémonies et de rituels, des prix et des trophées sont remis, des mentions sont faites, des hommages sont rendus. La mise en marché saura faire allusion à tout ce ramdam par quelque ruban rouge, une marque dorée imprimée sur l'emballage, un gadget qui rend ostensible la valeur du produit et le désigne avec emphase au consommateur et au collectionneur avertis.

Pourquoi chanter? Pour changer le monde

Les opinions diffèrent. Pour les uns, la chanson est un engagement social fondé sur le pouvoir dont jouirait la parole proférée. Pour d'autres, au contraire, elle n'est qu'un art de divertissement et elle ne sert tout au plus qu'à amuser.

La première opinion reçoit une plus large presse. Puisqu'elle est si noble, si philanthropique, on la tient en haute estime. Même le businessman, à qui tout profite et tout réussit, voudrait un instant se faire artiste «pour avoir le monde à refaire». Bien plus, yuppie à rebours et kamikaze de son propre establishment, il se ferait chanteur «pour pouvoir être anarchiste». Quant à continuer de «vivre comme un millionnaire» tout en plantant le monde de chansons incendiaires, voilà un apprenti bien euphorique qui se voit déjà dans les dix premières positions ramasser des profits gigantesques. Par l'expression de tant de naïveté, on devine que l'homme au complet-veston n'a vu dans la chanson que le toc, le jet-set, la transposition fantasmée de son univers d'or et de papier.

D'autres ont toutefois repris le refrain humanitaire au sens fort et, pour eux, la chanson, cet art que l'on dit mineur, ne manque pas d'ambition. Mouffe, en particulier, alors parolière de Charlebois-Garou, a écrit pour lui un petit ensemble compact de chansons métalangagières. «Le mur du son», «Urgence», «Avant de me taire», «Le dernier corsaire». Et puis «Ordinaire», bien sûr. Le message, dans ces textes, prend facilement une dimension planante et planétaire, utopique, mainmisienne. La pointe de la contestation qui s'y exprime se tourne d'ailleurs vers ces «chansonnettes sans importance» qui énervent, avachissent, démobilisent. Ce ne sont que des chansons. Pour les philosophes, divertissement pascalien, synonyme de «toute activité futile qui divertit l'humain de son œuvre utile dans le monde». Pour les chanteurs, proches des littéraires, les paroles sans cause ne traduisent que la vanité, la vacuité des mots, dénoncées par Hamlet («des mots, des mots, des mots») et dont le mépris est un lieu commun de la littérature. Répondant à l'«à quoi bon» des pessimistes, la chanson doit confesser n'être qu'une frivolité parmi d'autres. Impénitent à cet égard, le Charlebois deuxième manière se chagrinera d'en avoir tant dit autrefois et ne voudra plus désormais que chanter pour divertir.

Ceux qui confient à la chanson des missions aussi impossibles le font parce qu'il sont convaincus d'un pouvoir absolu de la parole qui doit se fonder sur «un mot qui dirait tout/ et qui ferait surtout/ que la vie soit bonne» («Une boîte à chansons», Georges Dor). Vigneault aussi, tout comme Félix Leclerc, accorde à la parole ce pouvoir efficace de faire exister en nommant. Une sorte de théologie d'un verbe créateur génésique que partageaient également les fondateurs de l'Hexagone. «Il me reste un pays à te dire/ Il me reste un pays à nommer» («Il me reste un pays», Gilles Vigneault).

S'il y a du chanteur chez certains businessmen, il y a du médecin sans frontières chez certains chanteurs. On trouve donc, en arrière-plan, plus profonde que les fioritures du spectacle, une intervention dans le monde qui porterait à conséquence, qui changerait le cours des choses. Laquelle? Celle de *We are the world*, des *Yeux de la faim*, d'*Urgence* dans la lutte contre le sida. Et pourquoi pas aussi celle de «Mon pays», de «L'alouette en colère», du «Plus beau voyage»?

La chanson participe ainsi aux interrogations existentielles communes à toutes les formes d'art. Mais puisqu'elle est si quotidienne, si répandue, si omniprésente, elle se tient en quelque sorte aux premières lignes, à la ligne de feu. On n'hésite pas alors à lui attribuer tous les maux contemporains, le satanisme, la déperdition de la jeunesse, l'invitation au suicide. Alors, contre ces pouvoirs titanesques qu'on lui prête, la chanson en cotillon préfère jouer bas, chantonner même, se faire plus petite que nature.

La chanson de variétés veut donc se donner des tâches plus modestes et elle tente de se faire militante ou serviable tout en étant discrète. Elle agit alors tout en douceur, sans qu'il n'y paraisse. Sans qu'elle ne s'épanche d'abondance sur l'importance de son propre rôle comme le fait volontiers la chanson à texte, plus poseuse. Un contraste se crée aussi entre ce vedettariat des grandes causes, qui est parfois poudre aux yeux et tape-à-l'œil, et la discrétion de la chanson anonyme qui sert en plusieurs occasions où elle, «l'âme des poètes», accomplit toutes sortes de destins.

Un jour on chantera
Cet air pour bercer un chagrin
Ou quelqu'heureux destin
Fera-t-il vivre un vieux mendiant
Ou dormir un enfant
Tournera-t-il au bord de l'eau
Au printemps sur un phono

Marchande d'illusions

Cousines de ces chansons lourdes, prégnantes, songées, le répertoire en compte d'autres qui décrispent le genre et qui adoptent de bon cœur le point de vue selon lequel elle n'est qu'un art mineur, un divertissement, une variété. Pour ceux qui la pratiquent ainsi, «la variété variée» (Charlebois) ne comporte pas de nuance péjorative. Puisqu'il s'agit d'un travail d'artisan, ce qui compte, c'est que le travail soit bien fait. Que la technique y soit présente sans se faire sentir et que la chanson joue bien le petit rôle qu'elle s'est donné : divertir, faire passer un bon moment puis se dissoudre dans l'air du temps, retenue à peine par le rythme sans les paroles qui construisaient le sens, esquissée à peine par les «la la la» des passants.

La performance en direct : «mon temps et mon espace»

Qu'elle soit roturière, philanthropique ou existentielle, nous avons vu que la chanson parsème la conversation de noms connus, question d'établir sa provenance, son pedigree, sa généalogie. Quelques-unes se jettent quelques troubadours, quelques trouvères. D'autres ne remontent pas au déluge et à tous ces anciens préfèrent des modernes. Les chansons les plus «populaires», les plus proches du music-hall, multiplient les références aux conditions spatio-temporelles de la performance. Les références à l'espace, en particulier, sont faites à des hauts lieux de la chanson et la mémoire est ainsi entretenue des époques les plus fastueuses et les plus exemplaires du genre. Il y a dans cette liste des noms qui font plus d'effet que d'autres. Qui pèsent plus lourd. Un Olympia, un Forum même, ça fait bien. Un Outremont, un Petit Champlain, une Butte à Mathieu, un Patriote, c'est passé mais c'était bien. Mieux en tout cas que les anonymes: un grill, un bar, un piano-bar, un club. Quand ce ne sont pas un centre culturel, un cégep, une polyvalente. Ça fait chenu.

Certains de ces hauts lieux de la performance jouent un rôle définitoire et établissent les standards du genre. Quand ils les mentionnent dans leurs textes, chanteurs et chanteuses démontrent publiquement leur appartenance d'initiés à ces grandes institutions. Charlebois, redondant mais très pragmatique, chante qu'il «chante ce soir à l'Olympia», devant le parterre de l'Olympia précisément. Il démontre par là son aisance, qu'il est bien chez lui sur les célèbres planches, et il établit en même temps sa convivialité avec tout ce qui comptait alors dans le Paris de la chanson: Barbara, Bécaud, Gainsbourg, Nougaro, Salvador, Dabadie et Delanoë, Julien Clerc, etc.

Alors que les chanteurs démontrent leur participation et leur appartenance d'initiés à l'institution, s'établit et se renforce aussi la solidarité avec l'auditoire qui partage les mêmes lieux et qui pourra donc témoigner, quand on évoquera cette soirée «mémorable»: «j'y étais, je les ai toutes vues, ces vedettes».

Le rôle de ces énumérations de lieux peut se comparer au pouvoir qu'on accorde, dans les arts plus nobles, à l'autorité d'un maître, aux citations d'opinions définitives («Je ne cherche pas, je trouve») et au prestige attaché à des lieux qu'on fréquente comme des pèlerins: le Louvre, le musée Guggenheim, le Festival de Cannes, La Scala de Milan, etc.

Par la même occasion, cette référence à l'environnement culturel physique est encore une façon, pour l'émetteur, d'établir le contact, de créer, par des connaissances communes, cette compacité du groupe et l'unisson nécessaires à la communication. En ce sens, les propos métalangagiers servent également de fonctions phatique et conative.

La maison

La chanson, à moins qu'on ne la croie totalement préfabriquée, usinée, produite en masse, n'aborde pas d'abord son public par des facteurs externes, de surface. Elle vise toujours, surtout et avant tout, une émotion, une rencontre. Et même si elle se produit sur la grande scène d'une métropole, elle n'hésite pas à faire appel au lieu domestique par excellence, celui où se nouent tous les liens affectifs, la maison qu'un bon feu réchauffe («Je reviens chez nous», Jean-Pierre Ferland).

Le foyer se donne comme le lieu de performance et de passation de la chanson traditionnelle. Les autres endroits où l'on chante : le canot des voyageurs et le campement du chantier ne sont que des espaces de transition, d'éloignement temporaire, comme le fut pour plusieurs la Manic chantée par Georges Dor. Toujours l'on revient au foyer, à la table, meuble du partage autour duquel chacun trouve sa place dans un univers stable auquel président le père et la mère. Dans un contexte urbain, la chanson «Frédéric» (Claude Léveillée) n'évoquera pas d'autre endroit comme lieu d'un âge d'or:

on n'était pas des poètes
ni curés, ni malins,
mais papa nous aimait bien
tu t'rappelles, le dimanche,
autour d'la table,
ça riait, discutait,
pendant qu'maman nous servait.

Consciente des valeurs de la tradition paysanne et désireuse de promouvoir des valeurs morales, *La bonne chanson* diffusera le mot d'ordre selon lequel «une famille où l'on chante est une famille unie».

Dans la chanson populaire contemporaine, la chanson country-western a intégré ces valeurs familiales à la définition du genre. Cette chanson et cette musique — on le reconnaît dans tout le métalangage qui présente ces œuvres, sur les supports imprimés, dans les entrevues et dans les documents biographiques — passent de père ou de mère en fils ou en fille. Marcel Martel, Renée Martel, Ti-Blanc Richard, Michèle Richard, le Soldat Lebrun, Serge Lebrun, etc. La généalogie est ainsi une composante aussi importante pour la chanson country-western que l'est l'affichage de ses références spatiales et sociales pour la chanson de variétés.

La chanson populaire, l'exemple de Léveillée le montre, se souvient de cette époque pas trop lointaine et encore accessible à la mémoire collective où la maison constituait la figure centrale dont toutes les autres localisations pouvaient rayonner. Jean Lapointe a résumé la scène qui condense le motif dans «Au temps de la bonne chanson»:

Je me souviens d'une époque
Au temps de la bonne chanson
La maison ouvrait ses portes
On passait tous au salon
Au piano venait ma mère
On choisissait un cahier
Et c'était toujours mon père
Qui fredonnait le premier

Fabienne Thibeault a exploité le même thème, au féminin cette fois, dans «Ma mère chantait» (Plamondon, Cousineau). Sur des paroles d'Yves Duteil, l'interprète de «Je voudrais faire une chanson» a intégré le thème du foyer paternel/maternel à une dynamique moins ancienne et plus moderne.

Je voudrais faire cette chanson
Pour faire chanter notre maison
Pour faire chanter tout l'univers à ma façon
Avec l'amour pour diapason.

L'exploitation de cette veine nous conduit obligatoirement à la formulation parfaite et complexe que Vigneault a donnée dans «Mon pays» :

Dans mon grand pays solitaire
Je crie avant que de me taire
À tous les hommes de la terre
Ma maison c'est votre maison
Entre mes quatre murs de glace
Je mets mon temps et mon espace
À préparer le feu la place
Pour les humains de l'horizon
Et les humains sont de ma race

Parti de la même donnée très domestique et très locale d'un père qui a fait bâtir maison, le chanteur de Natashquan situe le thème dans un contexte universel, planétaire, qui rassemble autour de la chaleur d'un feu fraternel, dans un même temps et un même espace, «les humains de l'horizon».

Toutes ces caractéristiques, Georges Dor l'a bien vu, ont appartenu, au début des années 60, aux boîtes à chansons.

> Une boîte à chansons
> C'est comme une maison
> ...
> Irai-je jusqu'à vous
> Viendrez-vous jusqu'à moi
> En ce lieu de rencontre
> Là où nous sommes tous

Quelles que soient alors les dimensions physiques de l'espace dans lequel elle se projette, la chanson s'imagine toujours être dans ces quatre murs de chaleur et d'amitié. En 1976, eux-mêmes au diapason de la contre-culture communautaire, les Séguin décriront ainsi leur approche d'un spectacle.

> Moment privilégié à la tombée du soleil qui fait qu'un groupe d'amis se réunit sur une scène devant un autre groupe d'amis, le public. C'est le temps de s'asseoir, d'improviser des voix, d'accorder cinq vies au même rythme, de faire le plein en faisant le vide. C'est l'heure d'être harmonie et chansons[8].

D'autres pousseront jusqu'à la fraternité: «j'voudrais qu'on soye tous des frères», anticipe le chanteur ordinaire (Charlebois) et Raymond Lévesque entrevoit le moment où «les hommes vivront d'amour» et qu'il «n'y aura plus de misère» («Quand les hommes vivront d'amour»).

Entre vous et moi

Les lieux où vibre la performance sont donc entrevus comme des substituts de la maison chaleureuse. La réaction émotive qui va s'y développer entre le performeur et son public ne pourra se vivre et se décrire que dans les termes d'une interaction à chaud. Alors que les virtualités de la partition se déploient toutes soudain, la fonction métalangagière se retrouve intimement liée, imbriquée aux autres fonctions, si bien qu'on ne la discerne pas toujours en elle-même.

Les liens qu'elle entretient avec les fonctions phatique et conative n'ont rien qui surprenne. Puisque la chanson métalangagière parle de la performance alors qu'elle se lance dans le chaud de l'action, il y fuse une quantité d'interjections, d'admonestations et d'exclamations, qui sont des cris policés, toute une production qui vise à palper le récepteur, à le repérer dans les ténèbres, comme en utilisant un sonar dont les réverbérations sur le corps du performeur rassurent quant aux conditions propices à la bonne entente. De ces touchers, de cette connivence établie, on passe facilement à l'exhortation, à l'incitation, voire à l'injonction sinon militante, du moins participative. À tout le moins, «ne partez pas, restez là, je n'ai pas encore fini!». Dès la trouée des projecteurs, la jeune artiste qu'on a vue répéter en solitaire sollicite le public comme un entraîneur, un aidant, un thérapeute : «Aidez-moi à devenir une star.»

Mais ce qui retentit surtout, et tout au long du spectacle, c'est un cri du cœur. «Tu entendras battre mon cœur et moi le tien», chantait Georges Dor dans le cadre de la «boîte à chansons». Et ce discours d'un cœur reprend la syntaxe en «je» du métalangage pour la dévoyer de toute distanciation et pour l'investir au contraire du registre entier de l'émotion. La chanson alors s'échauffe en parlant de questions de vie et de mort, d'amour et de haine. Tout y passe: la souffrance, la peine, la joie, le bonheur. De part et d'autre de la rampe, on frissonne, on pleure, on s'aime. Au point de porter toute la performance au climax d'une relation amoureuse, d'après un scénario ancien qui allie chanter et faire l'amour. Barbara offre une déclaration générale: «Ma plus belle histoire d'amour, c'est vous.» Cependant, Marie-Claire Séguin pousse beaucoup plus loin et établit le lien entre l'émotion de base centrée autour du cœur et la relation amoureuse qui se construit au cours du spectacle.

L'amour s'fait à deux
Vous êtes un gros cœur qui bat sur ma musique
Moi j'en ai besoin
Vous êtes un respir qui fait vivre ma musique
(«La chanteuse»).

Mais avec Ginette Reno sont vaincues l'impudeur ou l'indécence de se donner tout entière, sans s'épargner, se ménager:

Mais moi je ne suis qu'une chanson
Je ris je pleure à la moindre émotion
Avec mes larmes ou mon rire dans les yeux
J'vous ai fait l'amour de mon mieux.

La musique ne peut que concourir à cette démonstration d'émotion. Elle fait donc jouer à fond la symbolique des instruments dont elle pousse au premier plan les solistes les plus expressifs: le saxophone, les trompettes regroupées, la guitare électrique, les cordes en formation serrée, tous menés par des roulements de timbales qui relaient aux cymbales le dernier feu d'artifice.

Le show, la vie : nous sommes tous des artistes

On voudrait donc que cet instant de magie dure, s'éternise, dure encore et toujours. Pourquoi ne pas lui donner une base et des dimensions permanentes, pourquoi ne pas en faire un mode de vie? Le slogan «faisons tous du show-business» reprendrait ainsi l'axiome posé par Charlebois et la chanson métalangagière se lirait alors comme un essai sur le sens de la vie. Dans le chauffage à blanc de la performance, ça marche, ça colle, ça prend. La soudure se fait entre ce «je» faisant l'amour à ces «vous» et il en résulte un «nous/on» collectif capable de tout entreprendre, dût-on «avoir le monde à refaire» («Le blues du businessman»).

Le théâtre, la performance, cette mise en scène, ces paroles et cette musique ne constituent qu'une allégorie de la vie. Le vivre investit le jeu. «La scène, la vie, l'amour, la mort», chante Jean Lapointe.

La scène a mis tous ses atours
Mais elle t'attendra au détour
Si tu n'as pas assez d'amour.

Si elle n'est pas totalement mode de vie, la chanson peut à tout le moins être didactique, initiatrice, puisque

C'est dans les chansons qu'on apprend la vie
Y a dans les chansons beaucoup de leçons
C'est dans les leçons qu'on apprend à lire
Mais c'est dans le lit qu'on vit les chansons d'amour
Et c'est en amour qu'on fait des chansons.

Toutefois, cette équivalence ne fait pas l'unanimité. Elle est contestée par Johnny Hallyday qui, en fin de carrière, chante «j'ai oublié de vivre». Dans «Pobre Julio», une chanson satirique, Charlebois avait aussi montré la complexité d'une vie d'artiste où s'imbriquent les amours et les chansons. Quant à lui, Didier Barbelivien s'en prend plutôt à la forme, au médium et à la haute valorisation qu'on accorde à la mission de la chanson. Tout ça, c'est «rien que des chansons»:

Rien que des chansons
Rien que des chansons
que d'la musique et des mots
du rêve et du son

Rien que des chansons
Rien que des chansons
que des guitares, des pianos,
en voie(x) d'émotion.

En conclusion et pour poursuivre

Cet article s'est voulu à la fois une contribution théorique à l'étude de la chanson populaire et l'analyse concrète d'un cas particulier, celui de la chanson métalangagière. La méthodologie a reposé sur le passage constant d'une micro à une macro-analyse imposé par la pluridimensionnalité de l'objet «chanson populaire».

Le travail de recherche ne se termine cependant pas avec la conclusion de cette étude. Il faudrait, en particulier, repérer les recoupements, les nœuds où se joignent plus densément les paroles et la musique, au niveau de la mélodie, des arrangements et de l'orchestration. La question reste pendante pour le moment, en bonne partie parce que la musique doit fournir sa propre formulation du métalangage. Puisque la chanson l'associe toujours aux paroles, elle pourrait profiter des indications que le langage y offre, tout comme elle pourrait projeter sur les mots son propre système. Le vocabulaire technique explicite déjà mentionné constitue une inscription de la musique dans le littéraire. Mais il faudrait aussi poursuivre le développement de ces amorces dans les interventions musicales qui ne se révéleront qu'à l'audition et dont la partition ne garde que quelques traces en sourdine.

Dans sa volonté de traiter tout le sujet, ce travail a uniformisé un discours hétérogène et complexe. Il ne fait aucun doute que la chanson populaire, à travers toute son histoire, a verbalisé sa propre perception du métier et qu'elle s'est livrée à une constante auto-analyse. Des accents, des variantes, des interprétations multiples devraient apparaître selon les temps et les lieux, selon les artistes qui chantent. Les chanteurs et les chanteuses à texte, par exemple, paraissent cultiver une vision plus détachée, plus ironique de leur métier alors que les artistes de variétés en introjettent passionnément les valeurs les plus clinquantes.

Douce revanche, le métalangage abolit les barrières que la distinction effarée dresse entre des genres qui seraient nobles et d'autres qui seraient roturiers. Par exemple, l'opéra et la chanson populaire s'imposent, s'affermissent et se consacrent par une célébration semblable de hauts lieux et par la même énumération des connaissances illustres. Bien plus, ce sont les chansons populaires les plus proches des variétés qui pratiquent le plus volontiers cette théâtralisation du métalangage.

Enfin, dans son article sur l'aphasie[9], Roman Jakobson a souligné comment l'incapacité de tenir ou de comprendre un discours sur le discours entraîne ou contribue à la perte de la parole. Ce qui nous permet d'entrevoir la portée du métalangage chansonnier dans la continuité et la vitalité du genre. Quand les contraintes du métier ou son propre affolement menacent de la fragmenter, la chanson populaire peut toujours retrouver la cohérence de son geste dans l'œil du métalangage.

Liste des titres de chansons
(interprète, auteur)

À Brassens (Jean Ferrat)
Âme des poètes, L' (Charles Trenet)
Amène-toi chez nous (Jacques Michel)
Au temps de la bonne chanson (Jean Lapointe)
Autobus du show-business, L' (Jean-Pierre Ferland)
Avant de me taire (Robert Charlebois, Mouffe)
Blues du businessman, Le (Claude Dubois, Luc Plamondon)
Boîte à chansons, La (Georges Dor)
C'est dans les chansons (Jean Lapointe)
Ce soir je chante à l'Olympia (Charlebois, Plamondon)
Cent mille chansons (Frida Boccara, E. Marnay)
Cette voix (Gerry Boulet, Gilbert Langevin)
Chanson, La (Jean Lapointe, Yves Lapierre, Marcel Lefèvre)
Chanson, c'est peu de chose, Une (Les Compagnons de la chanson)
Chanson de Bruant, La (Mouloudji)
Chanson dégueulasse (Renaud)
Chanson difficile, La (Georges Dor)
Chanson leur a pas plu, Ma (Renaud)
Chanson pour Elvis (Diane Dufresne, Luc Plamondon)
Chanson pour l'Auvergnat (Georges Brassens)
Chanson qui détend l'atmosphère, La (Michel Jonasz)
Chanson terminée, Ma (Claude Gauthier)
Chante-la ta chanson (Jean Lapointe)
Chanteur, Le (Daniel Balavoine)
Chanteur chante, Un (Claude Dubois)
Chanteur indigène, Le (Sylvain Lelièvre)
Chanteuse, La (Marie-Claire Séguin)
Chanteuse a vingt ans, La (Serge Lama)
Chanteuse straight, La (Diane Dufresne, Luc Plamondon)
Chants les plus beaux, Les (Serge Lama)
Chaud, chaud business-show (Jacques Higelin)
Comme je crie, comme je chante (Pauline Julien, G. Langevin, F. Cousineau)
Comme une Piaf (Claude Nougaro)
Confession d'un malandrin (Angelo Branduardi)
Cœur de rocker (Julien Clerc, Luc Plamondon)
Danse du smatte, La (Daniel Lavoie)
Dernier corsaire, Le (Robert Charlebois, Mouffe)
Du blues, du blues, du blues (Michel Jonasz)
Édith (Serge Lama)
Elle voulait jouer cabaret (Patricia Kaas, Didier Barbelivien)
En tournée (Charles Trenet)

Entre Mozart et Jagger (chanté par Belgazou)
Est-ce que ma guitare est un fusil? (Jacques Higelin)
Ex-fan des sixties (Serge Gainsbourg)
Faut qu'ça change (Robert Charlebois, Réjean Ducharme)
Feuilles mortes, Les (Prévert, Kosma, chanté par Montand, Gainsbourg)
Il chantait (chanté par Julien Clerc)
Ils chantent (Steve Faulkner)
Il voyage en solitaire (Gérard Manset)
J'ai oublié de vivre (chanté par Johnny Hallyday)
J'appelle (Paul Piché)
J'écris c'qui m'chante (Diane Dufresne)
J'veux d'l'amour (Robert Charlebois, Réjean Ducharme)
Je chante (Charles Trenet)
Je chante à cheval (Willie Lamothe)
Je chante comme un coyote (Gerry Boulet, Pierre Huet)
Je chante pour (Gilles Vigneault)
Je m'voyais déjà (Charles Aznavour)
Je ne suis qu'un cri (Jean Ferrat)
Je ne suis qu'une chanson (Ginette Reno, Diane Juster)
Je suis cool (asteur) (Gilles Valiquette)
Je voudrais faire cette chanson (Fabienne Thibeault, Yves Duteil)
Je vous aime ma vie recommence (Édith Butler, Lise Aubut)
Joueurs de blues (Michel Jonasz)
Ma mère chantait (Fabienne Thibeault, Luc Plamondon)
Mademoiselle chante le blues (Patricia Kaas, D. Barbelivien, B. Mehdi)
Mes blues passent pus dans porte (Offenbach, Pierre Huet)
Moi, mes souliers (Félix Leclerc)
Mon pays (Gilles Vigneault)
Mots, Les (Jill Caplan, Jay Alanski)
Mots bleus, Les (Alain Bashung, Christophe)
Mots qui sonnent, Des (Céline Dion, Luc Plamondon)
Mur du son, Le (Robert Charlebois, Mouffe)
Musiciens de la rue (Brault/Fréchette)
Nashville (Willie Lamothe)
Ni chanson, ni poème (Robert Charlebois)
On fait tous du show-business (Diane Dufresne, Luc Plamondon)
Ordinaire (Robert Charlebois, Mouffe)
Paris-Québec (Ginette Reno, Michel Jouveaux, Jeff Barnel)
Petite cantate (Barbara)
Petites notes, Les (Liane Foly)
Piaf chanterait du rock (Marie Carmen, Luc Plamondon)
Plume, Ma (Paul Piché, Pierre Huet)
Poète, vos papiers! (Léo Ferré)
Pour faire un tube (de toilette) (Boby Lapointe)
Pour trois dollars (Gilles Valiquette)

Pourquoi chanter? (Louise Forestier, Luc Granger)
Quand les hommes vivront d'amour (Raymond Lévesque)
Rêveries du promeneur solitaire, Les (Robert Charlebois, Luc Plamondon)
Rien me fait chanter, Un (Charles Trenet)
Rien que des chansons (Didier Barbelivien)
Scène, la vie, l'amour, la mort, La (Jean Lapointe, Marcel Lefèbvre)
Star (Martine Chevrier, Ève Déziel, Jacques Michel)
Temps de la rengaine, Le (Serge Lama)
Tout le monde peut chanter sa chanson (Nicole Croisille, Luc Plamondon)
Trompettes de la renommée, Les (Georges Brassens)
Urgence (Robert Charlebois, Mouffe)
Utile (Julien Clerc, Étienne Roda-Gil)
Viens voir les musiciens (Charles Aznavour)

Notes

[1] Afin de ne pas alourdir inutilement le texte, les références des chansons sont données à la fin, à moins qu'il ne s'agisse d'un titre qui ne fasse pas partie de cette liste. Les citations des textes ne servent que des fins de recherches et ont été limitées à la démonstration des hypothèses avancées dans cet article.

[2] Une subvention du CRSH, en 1988, a rendu possible la recherche qui fonde cet article. Il s'agissait d'une analyse littéraire assistée par ordinateur d'un corpus de chansons de langue fraçaise à l'aide du logiciel SATO conçu et diffusé par le Centre d'ATO de l'UQAM. Le corpus initial fut ensuite enrichi grâce en partie aux suggestions de Robert Giroux.

[3] Sous la direction de Robert Giroux, *La chanson en question(s)*, Triptyque, 1985, p. 27-54.

[4] *Essai de linguistique générale*, ch. XI : Linguistique et poétique, p. 217-218.

[5] Simon Frith and Howard Horne, *Art into Pop*, London and New York, Methuen, 1987.

[6] Le lundi 18 avril 1977.

[7] Le samedi 15 janvier 1977.

[8] «Improvisation, enregistrée le 19 août 76», *Festin d'amour*.

[9] *Op. cit.*

Chanson ontaroise et problématique du leadership culturel en milieu minoritaire : le cas de Robert Paquette

Maurice Lamothe

Lorsque l'on aborde le domaine de la chanson populaire, il est difficile de ne pas évoquer les millions de dollars que génère à chaque année ce secteur de l'industrie culturelle. Perçue par les intellectuels comme étant inféodée au marché — à l'instar d'ailleurs d'une large part des arts populaires —, elle est accusée de tous les maux : opium du peuple, empêchement à l'élévation culturelle, opportunisme économique, etc. De sorte que tous les prétextes sont bons pour ne pas prendre au sérieux la production chansonnière qui pourtant, et à bien des égards, constitue le canal privilégié par lequel des textes poétiques[1] arrivent encore à atteindre un auditoire qui n'est pas celui des cercles restreints.

Et puis, en rejetant en bloc les arts populaires, ne risque-t-on pas de contribuer à une division de plus en plus profonde entre la vie intellectuelle et la vie culturelle réelle? «La trahison des clercs», selon l'expression de Richard Shusterman, consiste précisément à abandonner tout ce secteur de la culture aux diktats du business, en refusant d'élaborer une critique des arts populaires[2].

Or, dans le champ franco-ontarien des vingt dernières années (1970-1990), ce lien entre la vie intellectuelle et la vie culturelle réelle est apparu particulièrement indispensable à la survie de la plus populeuse communauté francophone hors Québec. C'est ainsi que, pour prouver son existence, la communauté ontaroise ne pouvait se contenter d'une culture d'élite, mais devait aussi être identifiée comme une culture populaire distincte.

À ce chapitre, la montée du nationalisme québécois constitue sans contredit une donnée fondamentale dans la compréhension de la dynamique qui s'est installée dans le champ ontarois, depuis le début des années 70. Non pas simplement à cause du fait que le mouvement québécois s'est accompagné d'une ouverture de marché pour les produits culturels hors Québec, mais parce qu'il a provoqué l'effritement de l'idée de nation canadienne-française, forçant ainsi la communauté franco-ontarienne à se redéfinir à partir de symboles distinctifs.

En mettant en évidence l'importance d'un rayonnement accru pour la production culturelle ontaroise, le rapport Savard, *Cultiver sa différence*[3], s'est fait l'écho de ce sentiment d'urgence qui a grandi au sein de l'institution ontaroise, pour laquelle le renforcement des relations sociales pouvant conduire «au sentiment subjectif d'appartenir à la même communauté»[4] devait être appuyé par le développement d'un réseau culturel distinct de celui du Québec et de celui de la communauté anglophone.

Plus que tout autre et grâce surtout à son potentiel médiatique, le chansonnier (au sens générique) a été pressenti dans le rôle de leader ethnique pour la communauté franco-ontarienne. À l'origine de ces attentes nouvelles suscitées par la discipline chansonnière se trouve l'émergence d'une vague ontaroise de la chanson (à laquelle on peut associer Robert Paquette, CANO et Garolou), laquelle, pour la première fois durant les années 70, réussit à percer dans le marché du disque et, du coup, à augmenter de manière significative le rayonnement de la communauté franco-ontarienne à travers le Canada.

Pendant que l'industrie du disque et du spectacle contribue à faire connaître le produit de la première vague, les origines franco-ontariennes de Garolou demeurent encore peu connues du milieu culturel ontarois durant les années 70, et ce sera du côté des André Paiement (CANO) et Robert Paquette que l'on cherchera un candidat au leadership culturel.

Or, par rapport à l'engagement ethnique, l'ambivalence de la première vague des années 70 trouve à sa source un paradoxe que l'on ne retrouve pas chez les producteurs québécois, et dont il faut tenir compte si l'on veut comprendre les enjeux qui, dans le domaine de l'industrie du disque en particulier, sont au cœur des stratégies de carrière ontaroises. Ainsi, alors que le producteur ontarois ne peut espérer obtenir de capital économique qu'en dehors du champ ontarois, c'est la valeur de ses relations avec sa communauté d'origine qui, à long terme, sera source de capital symbolique.

Dans le contexte pré-référendaire québécois de la fin des années 70, et au moment où le champ culturel ontarois se voit forcé d'affirmer son autonomie et de se doter d'un leadership capable de produire des chansons propres à susciter une certaine adhésion sociale, on comprendra l'intérêt que présente une étude du discours de l'artiste et de la critique sur la valeur ethnique du produit chansonnier.

Au début des années 70, les premiers efforts de communalisation ontaroise sont indissociables du champ de la chanson et, plus particulièrement, de la carrière de Robert Paquette, traversée autant par les forces du marché québécois du disque que par celles de vagues promesses d'une consécration ontaroise. Pressenti comme candidat au leadership culturel de sa communauté, celui qui se verra décoré du titre leclérien de «premier chantre de l'Ontario français» sera aussi le premier à vivre l'ambivalence d'une société en pleine mutation, prise entre ses racines québécoises et la nécessité d'une affirmation de la distinction ontaroise.

«Schizophrénie, schizophrénie», s'exclamait André Paiement.

«Jean Bérubé», le leader improbable

> «Je ne suis jamais sûr de l'accueil qu'on va me faire. Je suis le premier à réussir dans le monde du spectacle et les gens ont l'esprit très critique. Ils me mettent toujours à l'épreuve pour voir si je suis toujours l'un des leurs[5].»

Vue du Québec, l'image du chansonnier hors Québec correspond souvent à celle du pionnier batailleur immunisé contre les affres du doute vis-à-vis le destin de son ethnie. Plus qu'une carrière, c'est une mission, croit-on, qu'il s'est donnée. Pourtant, lorsque l'on examine attentivement les faits, dans certains cas, on s'aperçoit que la nature indéfectible du chansonnier hors Québec face à son ethnie peut procéder davantage du mythe que de la réalité.

À la fois traître et héros aux yeux de sa communauté, Robert Paquette incarnera l'ambiguïté de l'artiste à cheval entre les espoirs d'obtention d'un capital économique en dehors du réseau culturel ontarois et les espoirs de capital symbolique auprès de la communauté dont il est issu.

Pendant que la sphère culturelle québécoise dresse les paramètres de l'émergence des carrières dans le domaine du disque francophone au Canada, que le marché ontarois confine surtout au domaine du spectacle, Robert Paquette n'a guère le choix que de s'expatrier ou bien de se faire pionnier du développement du champ culturel franco-ontarien qui, au début des années 70, ne jouit que de très peu de capital symbolique.

Le faible rayonnement de la communauté ontaroise a souvent privé Robert Paquette d'un avantage dont pouvaient se prévaloir les artistes acadiens bénéficiant d'une spécificité ethnique inscrite dans l'histoire. Dans son ouvrage sur les différences entre les champs québécois et ontarois, Roger Bernard circonscrit les paramètres de la communalisation ontaroise en pointant du doigt le faible pouvoir de politisation des conflits de la communauté francophone de l'Ontario qui a pour corollaire un niveau élevé d'intégration et d'accommodement ethnique.

Ici, nous posons comme postulat que les caractéristiques particulières qui régissent la communalisation ontaroise sont les mêmes que celles qui sont à l'origine du niveau de rayonnement du champ franco-ontarien.

De son côté, la communauté acadienne, tout accommodante puisse-t-elle être avec la communauté anglophone des Maritimes, aura tendance à adopter une attitude plus réceptive face aux messages politiques d'une Édith Butler, d'un Calixte Duguay ou du groupe 1755 par exemple, qui n'auront aucun mal à faire appel à une spécificité ethnique. À cet égard, on ne peut douter qu'un événement historique telle la déportation des Acadiens en 1755 puisse constituer, à tout moment, l'occasion d'une reconduction de la méfiance envers l'autre ethnie; ce qui aura pour conséquence de renforcer le pouvoir de l'élite acadienne dans sa capacité de mobilisation et de développement de la croyance en une valeur symbolique différentielle. Dans le même sens, Robert Paquette croit que le fait que les Ontarois n'ont jamais connu de drame aussi chargé symboliquement que celui de la déportation des Acadiens ne peut lui permettre de porter le flambeau de la cause. En 1977, son argumentation s'appuie sur l'idée que la culture ontaroise n'existe pas :

H.B. : Est-ce que le fait d'être franco-ontarien te gêne?

R.P. : Absolument pas. Tu n'es pas perdu parce que tu es franco-ontarien. Ce qu'il faut pas faire non plus c'est de proclamer le fait que tu es franco-ontarien, commencer à porter un drapeau, ça ne peut pas exister, ce n'est pas un pays, ce sera jamais une culture comme telle.

H.B. : Mais c'est une identité tout de même?

R.P. : C'est ça, une personne qui parle français en Ontario, point. Ça c'est un Franco-Ontarien.

H.B. : Peut-être avec un petit quelque chose en plus, différent des Acadiens?

R.P. : Les Acadiens ont eu un événement culturel historique, qui leur permet tout le temps d'avoir le drapeau, une patrie. C'est la déportation des Acadiens. Les Franco-Ontariens n'ont jamais rien eu comme cela. Il n'y a pas eu de martyrs franco-ontariens, il n'y a pas eu de grosse déportation, il n'y a rien eu sinon une assimilation lente qui s'est faite et qui se fait toujours, mais c'est tout. Tu ne pourrais pas faire la révolution en Ontario parce que ça aboutirait nulle part[6].

Une année plus tard, sa position ne change pas :

Le Nouvel Ontario n'existe pas, il existe dans l'esprit d'une minorité sans pouvoir. Je n'ai pas de drapeau comme les Acadiens, pas de passé, d'histoire, de cause collective. Les Franco-Ontariens sont des hybrides perdus dans leur trou du nord. Dans vingt ans je ne serai plus franco-ontarien, je serai autre chose et Dieu seul sait si le Nouvel Ontario existera encore[7].

Comment ne pas voir, à travers le héros fictif de la chanson «Jean Bérubé», la confirmation de ce vide dans l'histoire. Évidemment, la fiction n'excluant pas la fable, c'est le thème de la collectivité silencieuse devant la mort du héros qui rappelle l'improbabilité du martyr en Ontario français. Ici, le sacrifice d'une vie pour une cause qui n'existe pas constitue la source de l'élan héroïque, son absurdité certes, mais la pureté tragique du geste, on en conviendra, ne s'en trouve aucunement affectée.

Miroir d'une communalisation ontaroise à la recherche de son ombre, la chanson de Robert Paquette fera connaître à la collectivité la grandeur de la liberté du héros, victime autant de la cruauté de ses agresseurs que d'une solidarité défaillante.

Jean Bérubé

Jean Bérubé, il était un homme affranchi
Un beau matin lui ont lié les mains
Ensuite ils l'ont pendu sans plus tarder.
La corde au cou, il voyait très bien, le prix que lui
Coûtait sa liberté

Refrain
Jean Bérubé, Jean Bérubé il était un homme affranchi
Jean Bérubé il était un de mes amis…

Jean Bérubé, il aurait pu être sauvé
Mais personne n'est venu personne n'a osé
Pas une larme ne sortit de ses yeux
C'est ainsi qu'il fit ses derniers adieux.
Refrain

À l'horizon le soleil va se coucher
Dans les plaines le fleuve continue à couler
Maintenant, il n'y a plus de sang, il n'y a même
Plus de honte
Une bonne pluie a tout lavé.
Refrain

La chanson jumelle acadienne de «Jean Bérubé» demeure sans contredit «Louis Mailloux» de Calixte Duguay. Par contre, les deux chansons présentent une différence de taille : l'existence du héros de la chanson acadienne ne pose aucun doute à la mémoire collective acadienne[8]. Et s'il est vrai, pour reprendre les mots consacrés par Félix Leclerc, qu'«il n'y a pas de pays sans grand-père», on peut penser que l'évocation d'un héros reconnu par la communauté acadienne donne à la chanson de Calixte Duguay un impact politique dont ne peut se prévaloir le héros fictif Jean Bérubé auprès de la communauté ontaroise.

Paradoxalement, si Robert Paquette a conscience des difficiles conditions de l'exercice d'un leadership en Ontario français, tout semble indiquer que l'institution franco-ontarienne voit en lui, et ce, dès les débuts de sa carrière, le héros médiatique qu'elle n'a jamais eu. Dans un numéro d'*Ébauches* publié en septembre 1973 — avant même le lancement de *Robert Paquette et amis* —, Donald Dennie[9] considère le nouvel artiste comme celui qui procurera aux francophones du Nord-Ontario une «culture bien à eux», en laquelle ils pourront «se reconnaître et s'identifier».

> Lors d'une discussion entre amis l'autre jour, quelqu'un exprimait l'avis que ce qu'il nous fallait à nous Franco-Ontariens, c'était une «équipe gagnante» à laquelle nos jeunes artistes en herbe pourraient s'identifier, une «étoile» qui saurait encourager et motiver tous ceux qui travaillent présentement dans l'ombre, une «superstar» dont la population franco-ontarienne du nord serait fière. Il s'agit de Robert Paquette[10].

Il est d'autre part important de préciser que, dès les débuts de sa carrière, Robert Paquette a pris ses distances face à une interprétation trop ethnique de son engagement dans ses chansons. Lorsque Donald Dennie rappelle à l'artiste qu'il a composé une chanson («Jean Bérubé») «dans laquelle il raconte l'histoire d'un patriote canadien-français mort comme Louis Riel, pour s'être battu pour ce en quoi il croyait[11]», on s'aperçoit que l'auteur de l'article, dans son interprétation, se fait l'écho d'un point de vue ethnique qui va beaucoup plus loin que les paroles de «Jean Bérubé» et, bien sûr, des intentions du chansonnier.

En fait, tout au long de sa carrière, Robert Paquette sera appelé à révéler sa position face à l'existence d'une ethnie ontaroise, et cela autant auprès de la critique québécoise que de la critique ontaroise. En général, on peut cependant dire que le discours de Robert Paquette, sur l'existence d'une culture ontaroise, est marqué par une progression dont la dynamique est directement liée aux espoirs que l'artiste entretient face au développement de sa carrière dans les champs ontarois, québécois et finalement international. En 1973, c'est la prudence qui caractérise la position de Paquette face à la question ontaroise, au moment où la carrière naissante de l'artiste doit ses premiers balbutiements à un renouveau culturel dont la Coopérative des Artistes du Nouvel Ontario a constitué le foyer le plus animé. Ainsi, sans démentir l'enthousiasme de Donald Dennie relativement à l'avènement d'un premier chantre pour l'Ontario français, Robert Paquette arrive à prendre ses distances en apportant quelques précisions sur «Jean Bérubé» :

> Oui, c'est peut-être là une chanson engagée. Je ne veux pas oublier notre histoire à nous Canadiens-français minoritaires en pays anglais, alors il est naturel que j'aie choisi ce thème. Mais ce que je voulais avant tout, c'était créer un personnage : Jean Bérubé n'a jamais existé, on ne trouvera jamais son nom dans un manuel d'histoire... Mais je l'ai créé, alors il existe pour moi, et pour ceux qui entendent ma chanson. D'ailleurs, j'ai composé une version anglaise intitulée «Black Born George» en me servant de la même musique. Là encore, j'ai donné vie à un personnage fictif, mais bien réel pour moi[12].

On comprendra que Donald Dennie soit finalement arrivé à la conclusion que Robert Paquette «se défend bien de vouloir écrire pour une cause, de faire uniquement de la chanson engagée[13]». Pourtant l'euphorie du départ ne s'est pas arrêtée avec Dennie et, que Paquette le veuille ou non, l'interprétation ontaroise de son produit ne lui appartiendra plus.

Tout se passe en fait comme si l'occasion était trop belle pour que le milieu culturel ontarois en quête de reconnaissance laisse filer cette chance de se donner un porte-étendard. Au moment du lancement de *Robert Paquette et amis*, le journal *Le Voyageur* de Sudbury relançait le mouvement d'appropriation du phénomène Paquette : «S'il existe une culture francophone typiquement nord-ontarienne, ou si une telle culture est sur le point de naître, c'est peut-être le nouveau disque *Dépêche-toi soleil* qui en est la manifestation la plus concrète[14].» L'article fait déjà référence au Nord de l'Ontario comme à une entité politique : «Bob n'a cessé de parcourir son "pays" le Nord ontarien.» Plus tard, le même journal publiait un article intitulé «Robert Paquette, Sudbury est fier de toi», dans lequel l'auteur explique que le produit de l'artiste «est une révélation, la nôtre, celle du Nord[15]».

En fallait-il plus pour que la moindre prudence face à la cause ontaroise soit considérée comme un geste de trahison? Évidemment, la déclaration de 1977 à l'effet que les Franco-Ontariens «ne représentent pas une culture comme telle» a porté un coup dur à la valeur symbolique de Robert Paquette dans le champ ontarois. Même si, de manière générale, l'on reconnaissait le faible rayonnement de la culture ontaroise, le fait que Robert Paquette ait dit tout haut ce que d'autres pensaient tout bas a jeté un doute sur les possibilités de voir le chansonnier remplir un rôle de leadership auprès de la communauté franco-ontarienne.

Mais engagé ou non auprès de la communauté ontaroise, *Robert Paquette et amis* est, à n'en pas douter, le fruit d'une coopération communautaire. «Moi j'viens du Nord stie» avait été créée quatre ans plus tôt pour une pièce de théâtre d'André Paiement, et la brochette d'amis qui ont contribué à la réalisation de l'album illustre fort bien l'esprit de coopération qui a permis l'émergence de CANO-musique, deux ans plus tard. Les remerciements sur l'album s'adressent à la Coopérative des Artistes, au T.N.O., à Fernand Dorais (professeur à l'Université Laurentienne) dont le nom apparaît aussi dans «Salut Pierre» aux côtés de ceux de Michael Gallager[16] et de André Paiement que l'on appellera tantôt «Dédé», tantôt André; dans la même chanson, on retrouve aussi le nom de Pierre Germain (un membre du groupe) et, dans «Mes amis», ce dernier deviendra le lieu d'une image : «Mon ami Pierre/ Un papillon sur son dos...»[17].

En somme, malgré le fait que Robert Paquette a écrit toutes les chansons de l'album (paroles et musique)[18], la ferveur des hommages rendus aux amis par le premier chantre de l'Ontario français laisse croire que le travail collectif méritait d'être reconnu. Il est certain, par ailleurs, que cette reconnaissance que l'artiste procure à sa communauté immédiate pouvait être de nature à laisser croire en l'émergence d'un leader ethnique : celui qui mettrait la communauté ontaroise sur la carte.

Vers la fin de 1978, faisant référence à ses deux premiers disques, Robert Paquette considère avoir joué son rôle de leader en Ontario : «Quant à être le Vigneault du Nouvel Ontario, je l'ai été mais je ne pouvais pas rester là toute ma vie. Tout ce que j'espère c'est que mon exemple saura alimenter chez les jeunes du Nouvel Ontario le goût d'écrire et de se battre[19].»

Ayant repéré le paradoxe, Nathalie Petrowski interroge l'artiste sur la manière dont on peut être «Franco-Ontarien sans toutefois vouloir en assumer les responsabilités et entamer dans ce nord "francisant" un véritable travail de reconstruction[20]». Sept ans plus tard, lorsque la même question revient à la bouche de Paul Cauchon, Robert Paquette «est agacé de se voir encore étiqueté comme l'Ontarien de service»:

> C'est quasiment comme un stigmate, comme lorsqu'on parle de Daniel Lavoie comme du p'tit gars du Manitoba. Je ne suis pas un héros, un porte-drapeau, j'ai fait ma part avec de nombreux organismes de défense de la culture franco-ontarienne, je continue à avoir de multiples relations d'amitié avec eux, mais il faut évoluer[21].

«Moi plus jamais chanter en créole», avait déclaré Charlebois en 1976 sur *Longue distance*. Le Robert Paquette de *Au pied du courant* impose en 1978 une nouvelle image, soit celle du voyageur apatride. Apparaît alors pour la première fois le chapeau fétiche rappelant le nomadisme de l'artiste en tournée aux États-Unis[22] et à travers le Canada.

Enfin, cette «part» d'engagement que Robert Paquette dit avoir remplie auprès de la communauté ontaroise peut être considérée comme plus ou moins suffisante selon que l'on accrédite ou non la thèse de Roger Bernard selon laquelle la situation d'accommodement poussée dans laquelle se trouve la communauté ontaroise diminue les chances de voir non seulement émerger un leader mais aussi de voir se prolonger sa période d'engagement.

Quand on sait que, pendant une période importante de sa carrière, Robert Paquette n'a pu lier ses espoirs à ceux de la communauté, on peut se demander dans quelle mesure le champ québécois ne serait pas aussi responsable de l'image ethnique qui a collé au produit de Robert Paquette. Encore en 1985, Paul Cauchon déclarait que Robert Paquette «a incarné la première génération de créateurs modernes franco-ontariens[23]».

Notes

[1] Bien qu'une chanson ne soit pas un poème.

[2] Richard Shusterman, *L'art à l'état vif,* Paris, Éditions de Minuit, 1991.

[3] Rapport Savard, *Cultiver sa différence*, Toronto, CAO, 1977.

[4] Que nous désignerons pour les besoins de la cause par l'expression de Max Weber : «la communalisation». (*Économie et société,* tome premier, Paris, Librairie Plon, 1971.)

[5] Sheila McLeod Arnopoulos, *Hors du Québec point de salut*, Montréal, Libre expression, 1982, p. 64.

[6] H.B., «Robert Paquette, l'homme qui venait du Nord», *Vibration*, décembre 1977.

[7] Nathalie Petrowski, «Robert Paquette : j'écris ce que je vis», *Le Devoir*, Montréal, 16 décembre 1978, p. 41.

[8] Vers 1871, dans le cadre d'une révolte contre l'ingérence des anglophones dans le programme d'éducation acadien, un jeune francophone de Caraquet trouve la mort sans que la justice cherche à punir le coupable. L'article de *L'Acadie nouvelle* considère que Calixte Duguay a réussi à remettre en mémoire collective le nom de Louis Mailloux. [s.a.], «Louis Mailloux, le héros de la sourde résistance», *L'Acadie nouvelle*, Caraquet, 30 juin 1992, p. 21.

[9] Le professeur de l'Université Laurentienne fait cependant remarquer que de nombreuses embûches attendent un artiste désireux de faire carrière en Ontario.

[10] Donald Dennie, «Robert vu par ses amis», *Ébauches*, Sudbury, 1973.

[11] *Idem.*

[12] *Idem.*

[13] *Idem.*

[14] «Le chansonnier Robert Paquette lance son premier disque», *Le Voyageur*, Sudbury, 6 mars 1974, p. 14.

[15] Noël H. Fortier, «Robert Paquette, Sudbury est fier de toi», *Le Voyageur*, Sudbury, 1974.

[16] Qui sera plus tard membre du groupe CANO.

[17] Cinq années plus tard, le premier disque de Pierre Germain rend hommage à Robert Paquette en reprenant la même image utilisée dans «Mes amis». L'album de Germain s'intitulera *Pierre et le papillon.*

[18] À l'exception de «Moi j'viens du Nord stie», où Pierre Germain et Donald Laframboise ont été mis à contribution aux côtés de Robert Paquette.

[19] Nathalie Petrowski, *loc. cit.*

[20] *Idem.*

[21] Paul Cauchon, «Musique et chansons pour désarmer», *Le Devoir*, Montréal, 23 novembre 1985.

[22] Selon Manon Guilbert, en 1985, Robert Paquette aurait déjà effectué plus de huit tournées aux États-Unis, visitant en moyenne une vingtaine de villes à chaque fois.

[23] Paul Cauchon, *loc. cit.*

La chanson comme (si) vox populi

Robert Giroux

> *Elle est sourde et muette et secouée de transe,*
> *Elle s'en fut se marier à un mur de silence.*
> *J'entends parfois la nuit sa prière électrique.*
> *Oh quel oiseau de malheur,*
> *Oh quel chant magnétique*
> *Dans la toundra*
> *Kamasoutra... ou au-delà.*

Richard Desjardins

L'idée m'est venue du titre d'un album de Francis Lemarque : *Paris populi.* Et Lemarque n'est-il pas un peu emblématique, depuis sa participation au Groupe Octobre vers la fin des années 30 (influence allemande) jusqu'à... *Paris populi,* c'est-à-dire le peuple de Paris et, par extension, la voix du peuple de Paris; entendons chez lui la vau-de-ville, la voix du petit peuple, des quartiers populaires, celle des petits bals, de l'accordéon musette... dans la tradition des chansons réalistes des années 30, de la musique de Van Parys..., Mouloudji, la Butte, Ménilmontant, Belleville, bref toute une imagerie qui a nourri le cinéma français chantant des années 30 et 40.

Le syntagme vox populi existe depuis 1830 et on connaît l'adage «vox populi, vox Dei», slogan démocratique à valeur vaguement laudative. Notamment en France, avec la centralisation de tous les pouvoirs à Paris, on peut suivre la piste : vox populi, vox Dei, Paris populi. Et comme pour atténuer ou excuser un tel état de fait, on fait aussi courir le bruit que, en France, tout finit par des chansons, donnant ainsi la mesure de l'esprit français, léger et insouciant... En d'autres termes, le peuple peut bien descendre dans la rue et tout vouloir saccager, l'armée finira toujours par rétablir l'ordre et la chanson permettre la cristallisation des frustrations populaires : leur expression, leurs traces, et donc l'inscription de leur souvenir.

Je voulais parler de cette chanson comme moyen ou support de transmission ou instrument d'expression de la vox populi, c'est-à-dire de l'opinion du plus grand nombre, de la masse, du peuple, cette conscience floue et sourde qu'est l'opinion publique.

Donc, première motivation : Francis Lemarque. Deuxième motivation : un cours que je donne depuis quelques années sur l'évolution de la chanson française à des étudiants québécois du premier cycle universitaire qui sont toujours impressionnés par les usages qu'on a faits de la chanson à travers l'histoire (l'histoire de «La Marseillaise», par exemple, est passionnante à cet effet), et notamment de son usage politique ou satirique dans les goguettes du XIXᵉ siècle ou tout simplement dans la rue : la chanson constituait alors une sorte de journal populaire pour une population qui ne savait ni lire ni écrire, mais qui savait écouter et chanter et, au besoin, réagir. Ainsi, aux yeux des étudiants, la chanson n'a pas toujours été qu'un produit de divertissement (esthétique ou comique). L'usage ou la fonction qu'on lui accordait pouvait être socialement progressiste, et des exemples contemporains peuvent le leur prouver éloquemment : les manifestations de mai 68 en France, le Band Aid en faveur de l'Éthiopie frappée par la famine, la Fête de la St-Jean-Baptiste fleurdelisée de juin 1990, etc., toutes ces manifestations qui, à des dimensions et à des niveaux différents, présentent la chanson comme instrument de manifestation de la vox populi.

Propagande ici, dénonciation là, selon la position de qui chante et de qui écoute, dans une sorte de pratique polémique de groupe, plutôt anonyme, une circulation de discours sans figure dominante et parfois sans signature, dans une sorte d'univers d'avant le vedettariat, d'avant l'industrialisation du loisir... un pur univers de discours[1] où n'existeraient que la cause à débattre, les idées à défendre ou à pourfendre, bref un substrat («ce qui sert de support à une autre existence»).

Ce substrat a par ailleurs presque toujours été entretenu par ce que j'appellerais le point de vue traditionnel de la petite bourgeoisie scolarisée (à laquelle on appartient), point de vue par lequel on va privilégier la chanson à contenu (le texte, le message, la cause à exprimer, la réflexion et même, parfois, la forme avant-gardiste) au détriment d'une chanson sans contenu apparent, une chansonnette anodine, comme si cette dernière n'avait aucun ancrage social et culturel, tout à son rythme de danse (dite pourtant sociale), ses amours frivoles et son exotisme de carton-pâte (ou de carte postale).

La chanson étant un mode d'expression artistique *mineur* (sans nécessité d'apprentissage important dans sa fabrication) et *populaire* (à la portée de tous, donc sans nécessité d'apprentissage dans sa consommation)[2], et même que sa popularité est inversement proportionnelle au niveau de culture (lire inculture) de ceux qui la consomment, ceux qui s'y intéressaient, ceux qui devraient en parler (par métier) ont dû l'ennoblir quelque peu et lui trouver des origines, des modèles, une fonction mobilisatrice.

1) Oui, des origines, une tradition, un maintien à travers les âges: les études sur le folklore, c'est-à-dire science du peuple, des traditions, des usages et de l'art du peuple; chants et légendes, on se rappellera la conception allemande, encore vivante, du folklore comme création spontanée du peuple[3].

2) On l'a aussi/donc rapprochée des modèles déjà ennoblis par la littérature : par exemple, après la Deuxième Guerre, après l'Occupation allemande, les Français vont manifester un engouement pour a) la chanson poétique, lyrique, traditionnelle, folklorique (Jacques Douai a beaucoup travaillé à cela); b) la chanson à texte, dite Rive gauche, celle qui transforme les paroliers en poètes, question de leur accorder une valeur ajoutée; c) la chanson rythmée à la Trenet, influencée par le swing, le jazz... une façon de faire voir qu'on est ouvert aussi aux influences extérieures, surtout américaines, les plus légitimes de l'époque... jusqu'à l'arrivée de la télévision, de l'invasion de la musique rock-pop-punk, etc., sur laquelle on ne réussira jamais à avoir le contrôle. Ce seront plutôt les industriels du disque et du spectacle qui l'auront, et les programmateurs de radio.

3) C'est alors que, parallèlement à une chansonnette de plus en plus envahissante, et s'adressant d'ailleurs à une population (un public) plus scolarisée, les Américains vont réinventer le folksong (Bob Dylan), les Québécois vont adapter chez eux le «chansonnier» (modèle Rive gauche) et les Français vont valoriser les auteurs-compositeurs-interprètes... toujours selon le modèle de la chanson humaniste (le message), esthétique (la mélodie accompagnatrice), artisanale dans ses rituels d'exécution et de consommation... donc tout à l'encontre d'une autre chanson plus commerciale, celle du music-hall ou des «variétés», là où la quincaillerie de la technologie et du marketing est la plus *criarde* possible, jusqu'au vidéoclip d'aujourd'hui.

Si l'on s'en tient toujours aux vingt années qui ont suivi la guerre, cohabitaient donc divers modèles chansonniers... Lesquels de ces modèles se faisaient l'écho de la vox populi? Le modèle Piaf... ou le modèle Gréco, Yves Montand... ou Léo Ferré, Michel Louvain... ou les Bozos?

L'idée ou l'existence d'une chanson engagée plaît à un public scolarisé, politisé; il voit en elle l'expression d'une pensée progressiste, libre, éloignée des diktats du pouvoir (tant politique qu'économique ou technologique). L'intellectuel traditionnel y nourrit sa jonglerie d'idées et voit en ses producteurs, les auteurs-compositeurs-interprètes, des porte-parole, des porte-voix, des haut-parleurs... Et il souffre de voir la chanson de variétés envahir le *marché*, subissant cette domination comme une invasion de son intimité, de ses *goûts* et de ses *intérêts*. L'autre chanson n'est que mauvais goût, consommation courante, commerciale, sans contenu, si ce n'est la reproduction de stéréotypes archi connus, sans fonction; un bruit de fond uniforme et insignifiant, dicté par les créateurs de modes aussi passagères que futiles, etc. Par ailleurs, de ce côté-ci du marché, la chanson à texte est celle d'un petit public auquel on ne se mêle pas, que l'on imagine en marge, même si on lui *reconnaît* des compétences et du goût... un savoir et de la maîtrise, bref de la distinction, pour reprendre des expressions chères à Bourdieu.

Pour l'intellectuel traditionnel, la chanson de variétés n'a qu'une fonction de divertissement populaire, ou selon l'expression péjorative même de show-business, la chanson n'existe que pour enrichir d'énormes entreprises de communication qui la mettent en *marché*. Le chanteur, pourtant communément appelé l'*interprète*, ne ferait que traduire ce marché, cette masse informe et sans consistance — mais massive — qui n'a rien à lui demander si ce n'est de la divertir, de l'amuser, de l'émouvoir, de lui en mettre plein la vue, de la dépayser, la sortir de sa grisaille quotidienne et de son insignifiance.

Dans ces conditions, la vox populi ne se confond plus alors avec cette représentation ou configuration idéologique grâce à laquelle l'intellectuel trouve et donne sens à la société à laquelle il lui semble appartenir et participer. La vox populi de l'autre, c'est carrément «la voix de son maître», selon la célèbre formule publicitaire de RCA Victor. Oublions le chien devant son cornet de gramophone et ne retenons que la parole, la formule. Ce qui est écouté demeure la voix de son maître, la voix familière de ce qui domine, de ce qui dresse, et qui le lui rend bien d'ailleurs puisque la séduction et même la fascination semblent faire partie du rituel, et avec lui la fidélité. C'est la voix ou la loi d'un/du collectif, lequel la perçoit comme étant la voix du porte-parole, du délégué de parole, de (ce) qui propose des modèles, des idées, des émotions, une manière d'être; de (ce) qui traduit, interprète et transmet la voix... du collectif. Comment cette voix peut-elle être celle du peuple?

En effet, le collectif (ou la masse, le peuple) n'a pas de voix propre, n'a pas de «je» performatif, mais un «nous» qui doit se nommer ou se désigner un représentant ou une voix officielle et performative s'il veut être entendu, et reconnu — tout comme la loi s'exprime par la voix de ce ou ceux qui en sont les représentants, les délégués qui sont chargés de l'exprimer ou de la faire appliquer —, le collectif doit donc se trouver un délégué à qui il donne pour mission de parler en «son» nom. Il y reconnaît la voix de son maître (un prête-nom). (N.B. : Le «nous» n'est performatif que dans la rue, dans la révolution, dans l'anarchie.)

Du côté de l'intellectuel donc, la masse serait à l'écoute de la voix de son maître, celle de l'industrie qui la manipule. Du côté de la masse (supposément manipulée, aliénée), les marginaux apparaîtraient plutôt à l'écoute de leur propre voix, leur voix de maître, laquelle fait circuler savoir, pouvoir et distinction, la voix qui circule comme substrat, au-delà de ce qui ne saurait ni la contaminer ni la manipuler : les fameux mass-médias. Mais dans l'*entre-deux* de ces positions sociales (de discours), il faut pourtant présupposer, dans les deux camps, l'existence d'un *micro*, d'un lieu d'où est projetée la voix (du maître); il faut présupposer, dans les deux camps, l'écoute d'une voix grâce à laquelle puisse s'identifier et se manifester une voix collective... qui elle-même doit se retrouver, se projeter dans ce qui sort du haut-parleur ambiant[4].

Et plus encore aujourd'hui, quoi qu'il en dise, l'intellectuel petit-bourgeois (celui des classes moyennes, celui du goût «moyen», selon Bourdieu) se trouve comme pris au piège, incapable de justifier la supériorité de son goût, la supériorité de ses capacités d'appropriation culturelle, la supériorité de la qualité des produits qu'il consomme, la supériorité de sa voix sur celle de la présumée vox populi. Visiblement, il n'a pas (plus) le micro et ne sait pas vraiment se servir des mass-médias.

* * *

Je me suis moi-même piégé à vouloir brandir vaillamment la chanson comme vox populi... un peu comme Delacroix voulant représenter la République dressée sur les barricades... expression artistique d'époque, sans aucun impact aujourd'hui. Il en est de même, dans nos sociétés postindustrielles, de l'idée d'une chanson populaire «engagée», d'une chanson qui serait la voix ou le porte-voix qui s'adresse à des masses conscientisées et prêtes à bouger. Ce concept idéologique de chanson engagée n'a plus aucun impact aujourd'hui, ou si peu, et passager, si ce ne sont quelques frissons de surface avec Tracy Chapman, Renaud ou certains «rapeurs» noirs, ou encore des vedettes qui se transforment en chantres ou bardes, l'espace d'une agitation populaire (politique) comme lors de la St-Jean au Québec ou de manifestations contre le racisme («Touche pas à mon pote», en France). La chanson (re)trouve là une voix. Mais laquelle? Au sein nu et guerrier de celle qui représentait la République chez Delacroix, on a vu se substituer le point fermé et brandi des républicains espagnols, puis le «V» des hippies pacifistes américains. Autre époque, autre symbole, mais même voix, même fonction.

Au bout de ma réflexion, l'idée d'une chanson propre à exprimer la vox populi (sans doute une expression trop désuète, je devrai trouver autre chose pour une réalité qui change, qui a changé; en attendant elle me permet de réfléchir à haute voix), cette idée s'est estompée ou enrichie au profit d'un autre point de vue, celui de l'existence (sans doute mythique) d'une *voix* propre à l'expression de la *représentation* que l'*on* se fait de la vox populi, une voix porteuse *et* portée... par un corps, un look, une affiche, par (ce) qui peut «interpréter» et projeter cette voix (ou esprit) avec vraisemblance et avec conviction; une voix certes *variable* d'une époque à l'autre *et* variable aussi d'une communauté culturelle à une autre.

En d'autres termes, dans l'éventail des modèles de chansons qui circulent et des modèles de chanteurs qui en font leur métier, lesquels de ces modèles de chanteurs et de chansons seraient porteurs de la représentation que l'on se fait à telle ou telle époque de la vox populi[5]? La Bolduc par exemple, comme chroniqueuse de son temps : les années 30 — et pour preuve, le film *La turlute des années dures* qui évoque tout à fait la voix et l'esprit qu'incarnait La Bolduc et plus tard Oscar Thiffault; et, avant elle, la voix de *La guerre oubliée*, le film du même réalisateur, qui est plus près de la voix d'avant la Première Guerre, celle de Montéhus par exemple, chroniqueur de la Belle Époque. Un autre modèle équivalent, mais des années 70 celui-là, Plume : le chroniqueur populaire par excellence avec le joual, le sacre, la bière, la dérision, la dénonciation, le débraillé. Du côté français, Renaud fournirait, durant les années 80, un modèle conforme. Ou encore, Félix Leclerc et Gilles Vigneault, les chantres de l'idéologie nationaliste au Québec; cependant que Charlebois se fait beaucoup plus représentatif de la modernité et de l'urbanité qui sont nôtres depuis 30 ans : le joual, le rock, la dérision et la parodie comme remise en question des valeurs traditionnelles, le «bum de bonne famille» moyenne. On pourrait même rappeler l'existence emblématique à l'époque d'un album du groupe les Sinners intitulé : *Vox populi* (Jupiter JDY-7015). Je n'ai pourtant pas fait exprès!

Avec la toute-puissance technologique du disque aujourd'hui, de la radio, de la câblodistribution, du clip et du cinéma, la formule «la voix de son maître» retrouve le sens prophétique ou prémonitoire que l'industrie du disque lui accordait dès la fin des années 20... On peut facilement imaginer le chien à l'écoute de la radio ou «zappant» devant la télé.

La logique de cette réflexion devrait m'amener à reconnaître dans la sono internationale (ou «world beat») la voix du maître, et puisque l'on sait que le message c'est le massage, que le message c'est le médium, le support, le véhicule lui-même, le porteur de voix, force serait d'admettre que la véritable expression (musicale) de la vox populi d'aujourd'hui, ce serait l'industrie internationale elle-même; elle est la voix profonde qui domine, à la fois porteuse et portée... par les «bruits» du temps.

Et il deviendrait alors tentant de reconnaître dans le rap 1) véhiculé par l'industrie musicale moderne (dominée par les Anglo-saxons et les Japonais, mais en langue anglaise); 2) véhiculant des contenus ethno-anarchistes et zonards, et véhiculant des formes musicales électro-pop répétitives et obsédantes, de reconnaître là une «forme-force» — l'expression est de Paul Zumthor — dynamique et donc populaire auprès des jeunes de 12 à 24 ans, et par son contenu et par sa forme (demandez à leur professeur!), il devient donc tentant d'y reconnaître un condensé expressif de l'Amérique ethnique, la voix dominante de l'esprit du temps, explosif... et fascinant.

C'est en même temps reconnaître que la voix dont je parle n'est plus celle de personnes isolées ou d'individus (La Bolduc ici, Plume là, ou Montéhus ici, Renaud là, ou encore Dylan); néanmoins, ces porte-voix se voient octroyer la mission de dire, se voient (comme) *après coup* déléguer un pouvoir et un devoir de dire l'esprit du temps, celui-là même du collectif qui à la fois délègue et (se) reconnaît (en) ces voix. C'est peut-être ici une manière de définir ce qu'est le «mon public» de Charlebois dans sa chanson «Ordinaire» ou encore le discours des vedettes qui flattent leur public en le rendant responsable de ce qu'elles sont vedettes, donc des stars (des phares!), alors que le public se projette sur elles comme sur un grand écran.

Le fait que ces voix soient multiples (en apparence) à une époque donnée (c'est le propre de la *vocalité*) crée une sorte de *brouillage* des voix, mais un brouillage de surface seulement, car le fond sonore[6] apparaît de fait assez uniforme pour imposer une voix maîtresse ou un *maître son* : le rock anglo-américain pour les années 60-80, la valse et la java pour les années 30-50 en France, le swing boogie-woogie aux U.S.A., la turlute au Québec dans les années 30, si l'on fait abstraction des influences secondaires (latines ou africaines, par exemple) qui ne constituent que des diversions et/ou des variations et/ou des exceptions au modèle dominant.

C'est vraiment dans cette direction que je devrais dorénavant travailler : saisir les voix et pointer les porte-voix, en reconnaître le style, l'esprit et les effets transformateurs et/ou stéréotypés dans la cité moderne. À ce propos, je devrai faire des choix parmi les acteurs qui m'apparaissent les plus représentatifs (porteurs) de la vox populi, et motiver mes choix.

Quand je lis dans *Le Devoir* (18 mai 1991) : «Ginette Reno, l'aimée de tous» et plus loin : «Ginette, à notre image, à notre ressemblance», et que je sais qu'elle est la meilleure vendeuse de disques depuis plus d'une décennie, dois-je conclure que l'ensemble de ses chansons constitue l'expression de la communauté québécoise? Je dis non... tout en sachant qu'une enquête auprès de la population m'obligerait à nuancer. Elle fait si québécoise! Quand je lis, dans *Le Devoir* encore (13 avril 1991) : «Richard Desjardins, rien dans les mains», sous prétexte que son succès actuel semble tenir du miracle : «Un succès créé à la seule force du talent donc, de la sensibilité et de l'intégrité, par bouche à oreille, comme n'a plus la patience d'en construire l'industrie, à la façon des plus grands, ceux qu'on ne peut étiqueter, dont les mots, la voix et la musique suffisent à les inscrire dans les âmes et l'histoire.» Dois-je conclure que Desjardins, parce qu'il est au 7e rang des meilleurs vendeurs de disques en avril 1991, constitue l'expression de l'état de la communauté québécoise? Je dois dire non. Et une enquête publique me le confirmerait.

Le projet initial de ma recherche (voyez mon titre!) devait être illustré par deux figures importantes du domaine de la chanson : le parisien Léo Ferré et le très montréalais Richard Desjardins, deux voix qui m'apparaissaient exprimer la vox populi contemporaine francophone. L'idée n'était pas sans intérêt; et j'ai pu préparer un échantillon sonore fort éloquent à ce propos, mais, pour sortir du piège moqueur de l'idéologie, j'ai dû admettre que mes choix étaient arbitraires, et que c'est *cet arbitraire du choix* que je devais interroger, voir en quoi ces deux figures répondent à la représentation que je me fais de la vox populi, tenter d'expliquer pourquoi je prends *plaisir*[7] à les écouter, pourquoi ils correspondent à mes goûts et à mes intérêts (au double sens du terme).

La vox populi que je circonscrivais ne pouvait pas se confondre avec la culture populaire que j'évoquais au début de mon exposé. Je ne dégageais qu'une expression mi-populaire, mi-savante, dans l'entre-deux problématique d'une tension idéologique, de ce qu'on pourrait appeler la culture ti-pop, telle qu'elle a fleuri au détour de la fin des années 60 et du début des années 70, et dans ses objets (d'art) et dans son discours, assez éloignée de l'expression de la culture populaire mass-médiatisée d'aujourd'hui[8].

J'obtiendrais sans doute des résultats plus satisfaisants si je poursuivais ma réflexion sur la *fascination* qu'exerce «la voix de son maître» et, notamment, sur la problématique de la *présence*. Le chien ne guette-t-il pas la présence de son maître absent, la présence de sa voix? Mon point de vue légèrement polémique à propos de la vox populi dévie ou se transforme avantageusement si je m'en tiens à une réflexion sur l'*écoute*, sur les conditions de l'écoute vive dans la cité d'aujourd'hui. L'intellectuel n'y peut pas grand-chose, y joue un rôle plus que négligeable mais il peut l'observer, ce qui est déjà un privilège hors du commun.

Ce phénomène de l'écoute fascinée est aujourd'hui généralisé. Observons-le dans différents contextes. On remarquera que cette écoute sera, par exemple, variable selon la dimension spatiale des lieux où elle se produit, et selon qu'elle se fait en direct ou en différé (médiatisée). Le résultat de la quête s'avérera toujours être la présence.

En direct, lors d'un spectacle, que ce soit a) dans une taverne africaine, là où la relation de connivence entre le griot et les spectateurs complices (très avertis des codes musicaux) est très intime, b) lors d'un spectacle dans une petite salle comme La Licorne, quand la communication est encore étroite, c) au Spectrum, où la distance s'installe, ou encore d) en plein air, dans un parc public, partout le même phénomène, celui d'une performance nécessaire, d'une présence qui s'impose petit à petit, d'une identification (de groupe) qui établit une cohésion dans la «salle», jusqu'à la communion totale entre l'artiste et le public lorsque le *spectacle* est tout particulièrement réussi. Quand l'espace s'élargit trop, il nécessite un grand écran, ce qui installe déjà une écoute en différé.

Médiatisé par le disque ou la radio, la télévision (le clip) ou le cinéma, donc différé, l'effet d'écoute va aussi varier selon la dimension spatiale des lieux : dans sa propre chambre, au sous-sol entre amis, dans une discothèque bruyante ou dans un parc public, la radio d'auto ouverte au maximum, toujours entre amis, partout la *présence* s'impose comme l'effet recherché et à maintenir le plus longtemps possible[9].

Devant un clip réussi, c'est surtout la fascination de l'image globale qui l'emportera. Ce gain se fait malheureusement au détriment de la prestation de l'artiste, du chanteur, puisque, sur le clip, cette prestation se trouve pour ainsi dire figée, au détriment également des paroles qui, à cause de l'image, deviennent encore plus discrètes. Ce qu'il importe surtout de retenir, c'est le fait que cette écoute active ou fascinée est globale, totale, polyphonique (cf. Gérard Authelain), qu'il s'agisse de l'écoute d'une chanson isolée ou de l'écoute d'un ensemble de chansons.

Depuis les débuts de l'enregistrement sonore, et de plus en plus depuis les traitements hautement sophistiqués des studios, une chanson populaire (celle qui s'adresse au plus grand nombre) participe à un modèle ou forme-force qui ne tient pas seulement d'un ensemble de chansons mais aussi d'un *ensemble* complexe et dynamique (d'une mise en scène spectaculaire) dans lequel circulent ces chansons; tant au niveau de leur production, de leur circulation, des discours qui les sélectionnent et les classent, et des lieux de leur consommation, leur *voix* se trouve ainsi être le résultat d'un mixage (ou d'une pratique) perçu globalement, *reçu comme une totalité* par une communauté d'individus plus ou moins passifs. C'est un phénomène que rend très bien un support comme le vidéoclip : une représentation globale, synthétique et figée, quasi inimitable[10].

Cette perception globale entraîne des conséquences profondes sur le type de consommation que l'on fait aujourd'hui de la chanson, sur les usages qu'on en fait. Déjà, en 1965, Umberto Eco voyait juste dans l'évolution de cette pratique culturelle populaire : finie la transmission (folklorique) de bouche à oreille avec variations multiples dans l'interprétation (perçue comme un plus); fini l'amateurisme dans l'exécution ou l'imitation; fini ce plaisir de chanter en groupe, etc. Place à la consommation, non plus de l'objet chanson lui-même mais plutôt de ses divers supports : le disque ici, le clip là, ou par la radio et la télévision (le spectacle en direct étant devenu une activité de plus en plus rare, comme voir un opéra), les écouteurs sur les oreilles, musique(s) baladeuse(s) des rythmes modernes auxquels on ne participe que par une forme de simulacre d'appropriation.

La chanson n'est donc plus une pratique culturelle populaire comme elle l'était autrefois. Enserré dans une pratique industrielle de plus en plus complexe et internationale, même le métier de chanteur (la voix porteuse la plus apparente) semble devenir quasi impossible. Quant à la consommation de chansons par le commun des mortels (paradoxalement devenu l'oreille de la vox populi), leur appropriation se confond avec l'appropriation devenue classique d'autres productions culturelles *de masse*. On s'approprie un disque ou un clip (cf. *Discographies*), version globale d'une chanson moderne. Ce qui explique pourquoi, entre autres choses, même nos fêtes nationales, c'est-à-dire les rassemblements significatifs pour la communauté, (ne) sont (plus que) des *spectacles*. L'expression de société du spectacle appartient à Guy Debord. Je lui tire mon chapeau.

Notes

[1] Les paroliers d'alors étaient davantage des écrivains que des musiciens. Les textes étaient très souvent chantés sur des airs connus de manière à ce que les gens puissent apprendre rapidement la chanson et la chanter à l'unisson. Cette tradition est encore vivante aujourd'hui lors de manifestations syndicales ou politiques, un texte étant accolé à un air connu du plus grand nombre. La musique a certes ici une fonction de mobilisation et de rassemblement avant d'être la composante d'un objet esthétique : une belle chanson.

[2] Boris Vian et Serge Gainsbourg se sont prononcés en ce sens à plusieurs reprises.

[3] Cela n'a pas empêché des expressions péjoratives du genre : «C'est du folklore!» laissant entendre que ce n'est pas sérieux, que c'est folklo, pittoresque, anodin ou sans importance.

[4] Bel exemple des jeux de miroirs réciproques de la signification du *produit* (ici la chanson) et de celle de la *pratique* qui rend cette chanson possible, qui lui confère une existence en tant que chanson... qui signifie, entre le micro et le haut-parleur d'une communauté relativement homogène, qu'elle est vivante.

[5] Vous remarquerez les efforts que je fais pour sortir du sillon du disque qui me coince dans sa spirale.

    ⁶ Je mets en évidence ici des distinctions de *niveaux*, un peu comme Greimas reconnaît trois niveaux en analyse sémantique : la manifestation, les acteurs et les actants (et les figures thématiques) et, enfin, la sémantique profonde, là où j'imagine le maître son que j'évoque... Tout en sachant, avec expérience, que les actants n'ont de l'*intérêt* que par les acteurs qui les actualisent, et le discours n'a de sens que parce qu'il est porté (au sens dynamique du terme) par des acteurs (et des figures thématiques), c'est-à-dire des artistes ici, des critiques là.

    ⁷ Je cédais donc à ma/la fascination! J'ai préféré l'interroger, librement, sachant très bien que l'émotion esthétique s'explique très difficilement, si ce n'est dans le partage (quasi muet) et la connivence.

    ⁸ Comment ces deux figures du champ musical, et plus spécifiquement de la chanson, et plus précisément encore du statut supérieur (moyen) des chansons populaires, comment peuvent-elles (prétendre) exercer la fonction de *simuler* la vox populi? Ce serait mal apprécier ce qu'est la culture populaire ou mal se situer pour en saisir la dynamique, ce qui revient au même : parler à côté, faire comme si... Nous ne pouvons tout au plus que constater que Ferré et Desjardins parviennent à toucher des publics assez diversifiés à la fois, ce qui ne veut pas dire que ces publics sont, par le fait même, assez vastes pour se confondre avec le «peuple».

    Ferré a repris du coffre avec Mai 68, ce qui lui permet de nous rejoindre encore aujourd'hui. Le moins connu, Desjardins, est tout de même en train de répéter l'effet Vigneault du début des années 60 au Québec, sauf que Desjardins est un peu isolé et qu'il ne profite pas (encore) d'un engouement collectif pour *la voix d'ici*(!) comme en 1960. Le bruit court qu'il est perçu comme le Léo Ferré western du Québec actuel. Il (y) a de quoi être fier. D'ailleurs, il ne pourra jamais nier que Ferré «travaille» bon nombre de ses chansons. Ferré, pour sa part, joue à plusieurs niveaux ou participe à/de plusieurs voix.

    Quand il affirme donner un sexe à un texte en lui donnant une musique, je comprends qu'il lui «accorde» une voix. Il a composé des chansons légères, très mélodiques, comme «Le piano du pauvre», «C'est l'printemps», «Jolie môme». Le registre musical va de la valse à la java en passant par le tango. Même le célèbre poème de Baudelaire «Élévation» sera chanté sur le rythme d'une petite valse musette, l'accordéon venant remplacer le noble piano à queue, plus fréquent ailleurs.

    Du côté des chansons sociales ou politiques, souvent très provocatrices : «Franco la Muerte», «Y'en a marre», «Les anarchistes»; et même des portraits comme «Les retraités», très sombres, ou encore des constats désabusés comme «Avec le temps», il exploite alors un registre musical très large, qui va tantôt vers l'hymne pompeux (et son rythme binaire de marche), souvent accompagné par un grand orchestre et un chœur, tantôt vers le récitatif dépouillé et sobrement soutenu. Il existe même un album qui accorde à certaines chansons le statut de chansons «interdites» (censure oblige!), très argotique, à mi-chemin de la chanson poétique (mais orale, à la Francis Carco) et de la chanson satirique.

Avec la chanson poétique, littéraire, à texte, Ferré met en musique les textes de ses amis Caussimon et Seghers, mais surtout ceux des poètes canonisés, notamment les maudits de la fin du XIXe siècle : Baudelaire, Rimbaud, Verlaine, et aussi Apollinaire et bien sûr Aragon, et ses propres poèmes à propos de l'artiste, du musicien, du poète, de la folie, etc. Et non pas, cela mérite d'être souligné, les poètes populistes du genre Laforgue, ou Richepin ou Jehan Rictus... La vision de Ferré est ici très esthétique, très grande culture, avec pourtant ce souci évident de «mettre de la poésie dans le juke-box». Le registre musical est ici aussi très large, depuis la valse musette jusqu'au slow le plus langoureux, en passant par des accords discordants à la Ravel, avec comme instrument le piano, bien sûr, mais aussi le saxophone, l'accordéon... jusqu'au grand orchestre de concert.

Plus difficile d'accès (!) ou plus étonnant, le récitatif; pensons à «Le bateau ivre» ou à «La mémoire et la mer» et même «Avec le temps» qui a connu un succès de ventes tout à fait inattendu. Donc une voix récitative que Ferré a réussi à imposer dans le domaine même des variétés. La narration se trouve le plus souvent enrichie de rires, de cris, de chuchotements, de jeux d'écho, d'invectives, etc.

Desjardins travaille également à plusieurs niveaux (non étanches chez lui non plus), rejoignant ainsi plusieurs publics à la fois, multipliant ses chances d'être perçu comme populaire, comme (le maître de) la vox populi.

Pensons d'abord à la chanson western, parfois populiste. Il s'accompagne alors à la guitare sèche (absente chez Ferré), gratte des mélodies simples, sur des paroles au registre linguistique très appuyé, un joual très serré diphtongué, exagéré même et anglicisé. D'où les indices nécessaires à la représentation ou l'identification possible de l'urbain prolo-nord-américain de Montréal.

Comme Ferré, Desjardins pratique aussi une chanson sociale ou politique, celle qui donne une dimension historique à la fable qu'il raconte, une signification discutable, partisane, comme «Dans la toundra», «Yankee», «Va-t'en pas». Il aime le récitatif lui aussi, mais plus narratif et moins moralisateur que celui de Ferré, quoique sa position d'énonciation soit toujours bien «articulée» sur l'écologie, la guerre, le racisme, la violence, l'état du monde, etc.

Dans la chanson poétique, on peut classer «Tu m'aimes-tu?» et ses images à couper le souffle, par leur ampleur inédite, et, en même temps, véhiculées dans une langue très près de l'oral populaire de la chanson western. Plus grave, la très belle «Va-t'en pas».

Conteur, complice, présentateur, bonimenteur hors pair, comme à l'époque du cinéma muet, et même sa façon de jouer du piano rappelle parfois l'accompagnateur et ses codes rythmiques des visionnements des films muets.

Mi-western, mi-urbaine, un peu comme le serait le héros de *Paris Texas*, la chanson de Desjardins est très écrite dans le texte mais, davantage encore que chez Ferré, très près de l'oral dans l'interprétation. Sa musique oscille entre le country-western nord-américain de province et le récitatif (des transitions), avec des instruments traditionnels comme la guitare sèche et le piano, avec une manière très personnelle et exceptionnelle de moduler, depuis les jeux classiques jusqu'aux rythmes du jazz moderne (dans «Signe distinctif» par exemple) en passant par des jeux de variations personnels assez sophistiqués. Homme-orchestre, seul sur scène comme Ferré, Desjardins opte pour l'intimité et l'émotion plutôt que pour le look et le rituel du music-hall actuel et/ou des clips, et s'éloigne du son radiophonique ambiant. Au lieu de s'y fondre, il impose une voix originale et tire l'oreille.

Il s'accompagne lui-même lorsqu'il chante, sans aucune velléité orchestrale ou choriste comme chez Ferré, sans prétention savante — mais y réussissant, tout en restant à cheval sur différents types de publics. Sur le plan vocal, une voix nasillarde, forte, moins riche que celle de Ferré; tout de même, elle sait jouer du cri, du chuchotement, du martellement, de la caricature et de la drôlerie, moins mordante que chez Ferré. «Le bon gars» est un bel exemple de chanson à la fois drôle et percutante, une satire sociale saupoudrée de jeux de mots et scandée d'un rythme western très familier. «Miami» est plus grinçante, «Dans la toundra» très émouvante, très près du grand mythe de l'origine, comme «Yankee» et sa dimension historique quasi cosmique, ou encore «Natak», très mythique aussi, toute une gravité que sait bien traduire la grande virtuosité de l'interprète au piano et à la guitare, une virtuosité qui sait faire battre le cœur de notre «époque opaque».

«Va-t'en pas» est très proche de la manière de Ferré, avec son tempo à deux temps, une basse continue bien marquée, un rythme ample et lent. Chez Ferré, cette pulsation est appuyée par l'orchestre et le chœur, depuis «Les anarchistes» jusqu'à la pièce «À mon enterrement», cherchant sans doute à faire de la chanson un art noble, majeur. Sur le plan vocal, Ferré réussit des envolées de voix forte, maintient le souffle jusqu'au miracle, prolonge la rime d'une façon inimitable. Pensez à «Les anarchistes» et chantez-la si vous pouvez. La voix sait aussi se faire intimiste, émouvante : «Tu ne dis jamais rien (bis)/ Tu pleures quelquefois comme pleurent les bêtes». Les prétentions savantes de Ferré sont plus évidentes et plus avouées que chez Desjardins, mais laissons à ce dernier le temps de gagner les grandes salles de spectacle et l'appui de l'industrie du disque, et nous pourrons mieux apprécier le grand art qu'est le sien, entre la poésie très écrite et la blague très populiste, entre les trilles du piano et les battements graves de la guitare.

[9] Je passe sous silence l'écoute distraite de la musique d'ascenseur, des grands magasins, de la radio d'auto... tout en sachant que les «présences» sont là, qu'elles agissent, qu'elles façonnent l'oreille.

[10] Pour être bref, disons que cette représentation globale est *composée* — d'une vocalité : particularités linguistiques, jeux vocaux;

— d'une sonorité : mélodies, rythmes, instruments, rituels d'exécution musicale, rapports voix-instruments-technologie;

— d'un look : rituels d'exécution scénique, affichages divers;

— d'instances de reconnaissance, donc d'un discours global : celui des chansons elles-mêmes, de la presse spécialisée et de leurs rapports au discours socioculturel dominant auquel ils se conforment ou non.

La chanson n'est plus ce qu'elle était*

Les technologies nouvelles modifient
les comportements sociaux

Robert Giroux

Le cinéma des années 30 nous a habitués à une représentation populiste des chanteurs. Le cinéma français en particulier nous rappelait souvent cette tradition encore vivante des chanteurs de rue. Qui ne se souvient d'une Édith Piaf ou d'un Charles Trenet entourés d'une foule de badauds qui les écoutaient avec avidité? Après le spectacle improvisé, l'«artiste» accueillait les applaudissements ou passait le chapeau, selon qu'il le faisait pour le plaisir ou pour gagner sa vie. On disait alors qu'il faisait la balle. Mieux organisés, certains chanteurs vendaient les paroles des chansons, faisant en sorte que les spectateurs puissent chanter avec eux et ainsi apprendre les chansons en question. Et c'est ainsi qu'un répertoire se constituait. Moins scrupuleux face au show-business, les cinéastes américains ont surtout représenté les chanteurs ou les musiciens populaires comme des jeunes en quête de contrats, que ce soit pour jouer en spectacle ou pour enregistrer un disque. Un très grand nombre de «musicals» américains ne font, en effet, que proposer des variations sur ce même thème d'une course à la gloire : «Je me voyais déjà en haut de l'affiche», chantait Charles Aznavour.

De la musique en feuilles, des salles de spectacle, des studios d'enregistrement, des disques à vendre, un marché à conquérir, etc., on a déjà là tout ce que l'industrie de l'enregistrement sonore a développé et dominé depuis le début du siècle. Avant que Berliner ne vienne s'installer à Montréal, par exemple, les Québécois chantaient à partir d'un répertoire connu — ce qu'on appelle encore le folklore — ou bien apprenaient des chansons nouvelles à partir de musiques en feuilles qu'ils savaient «interpréter». Bien davantage qu'aujourd'hui, il y avait toujours quelqu'un à la maison qui connaissait la musique et qui plaquait sur le piano les quelques accords nécessaires à l'accompagnement. Le même scénario se perpétuera durant les années 60, à l'époque où les jeunes grattaient encore la guitare et assimilaient le répertoire nouveau que nous léguaient les «chansonniers» de l'époque, sans parler des musiciens amateurs qui s'enfermaient dans le garage ou à la cave parce que leurs amplificateurs risquaient à coup sûr de gêner les oreilles moins musclées de leurs parents.

Si l'on suit la rapide et extraordinaire évolution des technologies liées à l'enregistrement sonore, on voit se croiser les industries du disque, du cinéma parlant, de la radio, de la télévision, jusqu'au vidéoclip d'aujourd'hui qui semble dominer la consommation de la chanson de l'heure. Ces industries ont cohabité, se sont renforcées mutuellement, se sont internationalisées, au profit des nations économiquement dominantes et au détriment des cultures locales ou nationales qui se voient imposer des modèles toujours plus séduisants, stéréotypés et efficaces. On parle alors de world beat, de sono mondiale, laissant entendre que les ondes seraient comme *occupées* par le même son, subjuguées par le micro du village planétaire.

Cette apparente uniformisation des goûts musicaux était à prévoir. Déjà, au milieu des années 60, des chercheurs aujourd'hui célèbres comme Edgar Morin et Umberto Eco réfléchissaient sur les conséquences sociales de l'envahissement progressif de ce que nous appelons la culture médiatique. Le domaine strictement musical s'est vu complètement bouleversé, et à plusieurs reprises, par l'invention de nouvelles machines d'enregistrement et de diffusion du son, par des progrès comme le micro, le transistor, le baladeur ou le laser. Le comportement des compositeurs, de même que celui des simples mélomanes, s'est vu bousculé par une turbulence dont on ne mesure pas encore les forces de changement, pour le meilleur ou pour le pire.

Le micro a permis d'agrandir les salles, de créer de l'intimité dans l'interprétation, de chanter même si la voix n'est pas cultivée et forte, etc. Le cinéma et la radio ont élargi l'éventail des produits musicaux et rendu accessibles au grand public des œuvres qui n'étaient destinées jusque-là qu'à un petit groupe restreint. Les performances techniques auxquelles nous a habitués l'industrie ont rendu caduques toutes formes d'amateurisme qui étaient encore valorisées dans les petites communautés. La consommation passive de l'enregistrement a fait en sorte que le nombre de personnes pouvant lire la musique ou encore jouer d'un instrument de musique a diminué progressivement, laissant la place à un nombre réduit de professionnels ou de spécialistes. La haute technologie des studios rend possible la création de sons nouveaux et d'agencements sonores que les instruments acoustiques ne savent pas reproduire ou encore qu'un spectacle ne sait pas rendre. Progrès ici, recul là, ouverture par-ci, perte par-là, il ne nous appartient pas de sombrer dans la nostalgie de ce qui a été ni dans le délire de ce qui s'annonce. Constatons tout de même les métamorphoses de la chanson elle-même, de ses supports matériels et de ses modes d'appropriation par des consommateurs de plus en plus à la merci des industriels et des programmateurs de la radio, eux-mêmes à la remorque des industriels...

À tous les niveaux donc, la pratique culturelle qu'est la chanson a modelé des comportements sociaux (et idéologiques) en perpétuelle mutation. Le plus visible ces dernières années, c'est la standardisation d'un modèle, celui que répandent les Anglo-Américains depuis la Dernière Guerre mondiale, abusivement présenté comme le véhicule de la culture rock. Cette dernière s'adresse aux jeunes, pour ne pas dire presque exclusivement aux 12-30 ans. Pendant ce temps, depuis le milieu des années 80, le disque compact ressuscite un répertoire qui, très tôt (ou déjà) était voué à l'oubli. Les temps changent, oui, mais non sans détours, résistances, retours et récupération. Le plus sournois des états de fait demeure, à notre avis, celui-ci : la chanson se consomme aujourd'hui comme *totalité*. Elle s'offre comme un tout; des paroles, une musique, une interprétation vocale, un arrangement instrumental, un look de scène et de clip, ce dernier symbolisant le mieux cette globalité qu'il est difficile d'imiter ou de modifier sous peine d'en briser *l'effet*. Il reste alors bien peu de place pour l'appropriation active, créative ou identificatrice.

La chanson n'a jamais été aussi accessible. Mais en même temps, elle n'a jamais été aussi étrangère. On ne s'approprie plus la chanson, mais plutôt son simulacre, son support, son véhicule. Nous sommes les spectateurs d'une fête qui ne semble pas nous concerner. Non, la chanson n'est pas ce qu'elle était. Mais dans les eaux de notre société du spectacle, elle nous réserve encore bien des surprises. À nous de/d'en jouer/jouir. Encore faut-il vouloir l'apprendre, en mesurer la portée, choisir ce qui nous convient comme Québécois, fiers de notre différence et ouverts sur l'air du temps.

*   Ce texte est une version remaniée d'un texte déjà paru dans *Sommets*, vol. VI, n° 2, printemps 1993, p. 12-13.

Transferts populaires entre la France et les États-Unis : le cas de la musique rap*

André J.M. Prévos

La popularité de la musique rap aux États-Unis n'est plus à prouver. Les ventes de disques, les émissions spéciales sur la chaîne MTV, les poursuites judiciaires contre certains artistes accusés d'interpréter des chants aux paroles trop crues (Plagens *et al.*, p. 74; Rimer, p. 1-L) en sont les plus évidentes manifestations. Ce succès de masse en Amérique était resté peu connu de la majorité du public populaire français jusqu'au milieu des années 1980. C'est à ce moment que les maisons de disques et les distributeurs français se sont lancés dans une grande entreprise de commercialisation de cette forme musicale. Les premiers résultats tangibles n'apparurent que vers la fin de la décennie lorsque les productions de rap français connurent un début de popularité. Deux raisons font que leur succès ne peut pas s'expliquer uniquement par l'application de théories qui postulent une influence déterminante des médias américains en France. Tout d'abord, comme l'ont montré les collaborateurs à l'ouvrage de Bertrand et Bordat, l'influence des médias américains est souvent surestimée. De plus, il existe suffisamment de facteurs culturels similaires entre les deux cultures populaires pour expliquer en partie le succès de la musique rap en France ainsi que celui des rappeurs français qui ont enregistré durant les premiers mois de l'année 1990. Mais il existe aussi des différences indéniables qui apparaissent dans les productions françaises. Il y a deux facteurs essentiels qui, une fois considérés, permettent de mieux comprendre l'émergence du phénomène rap en France : ce sont les emprunts qui ont traditionnellement marqué l'arrivée de nouveaux styles populaires en France et les adaptations qui ont souvent servi d'instrument qui ont aidé à l'éclosion du phénomène rap en France.

L'arrière-plan musical

Il est facile de découvrir des similarités stylistiques entre certaines productions de musique populaire française et les styles musicaux afro-américains qui ont donné naissance au rap. Il existe depuis bien des décennies un style de chanson française qui met les paroles au premier plan, soit à l'aide de jeux de mots ou de calembours, soit à l'aide de constructions poétiques remarquables. Un premier exemple nous est fourni par «Idylle Philoménale», une chanson populaire du début de notre siècle, enregistrée plus récemment par Yves Montand (Montand). Les paroles sont ce qui nous fait aimer la chanson. Chaque couplet est arrangé de sorte que les rimes de chaque vers alternent du féminin au masculin; cette alternance permet la réalisation de calembours qui prêtent à sourire et conduisent les auditeurs à se remémorer les paroles avec un plaisir non caché. Le dernier couplet fournit une belle ilustration de ce phénomène.

Comme j'ai un chien et une chienne
Qui me viennent d'un Autrichien
Ma petite femme qui est vosgienne
Me dit «Pour élever vos chiens
Vous aurez beaucoup de peine
Car au pays transalpin
J'ai connu une Helvétienne
Qu'a jamais pu élever le sien».

On voit immédiatement l'importance des rimes et, surtout, de leur interprétation adéquate afin de bien faire ressortir l'effet de calembour. Montand réalise tout cela sans effort apparent. Il est aussi facile de voir une similarité langagière entre la technique allitératoire utilisée ici et celles utilisées par les chanteurs de rap.

Une autre tradition musicale populaire française qui se rapproche de la tradition rap est celle qui met en jeu une succession d'onomatopées suggestives se doublant de calembours parfois salaces. Les amateurs de ce style, à mi-chemin entre les chansons paillardes ou de corps de garde et les chansons sans rime ni raison, savent que l'artiste français le plus connu pour ses compositions de ce type est Boby Lapointe. L'extrait suivant de la chanson «Le papa du papa» (Lapointe) montre l'étendue des manipulations langagières mises en œuvre :

Le papa du papa du papa de mon papa
S'affolait pour les mollets
D'la maman du papa de mon papa
Qui rêvait de convoler.
Quand Aimé lutinait les jolis

Mollets moulés de la molle Amélie
Elle frétillait, tortillait, comme l'anguille alanguit.

Ces styles particuliers ne furent pas remisés aux oubliettes une fois que leurs interprètes originaux disparurent. Yves Montand réenregistra la chanson ci-avant et les enregistrements de Lapointe (décédé en 1972) sont toujours disponibles presque vingt ans après sa mort. On pourrait bien entendu inclure Charles Tenet dans la liste d'artistes notables connus aussi pour leurs paroles particulières. Dans le cas de Trenet, ses emprunts thématiques à la musique jazz contribuèrent à l'élaboration d'un style très personnel dont la popularité ne se dément pas, comme on peut s'en rendre compte en lisant les paroles du «Serpent python» (Trenet, p. 83) :

C'est un serpent python
C'est un python serpent
Qui se promène dans la forêt
Pour chercher à dévorer un petit lapin
Ou un nègre fin
Car le serpent python a faim
Il a une faim sans fin!
Mais les bêtes et les gens sont partis hier
Loués par la Métro-Goldwyn-Mayer
Pour figurer dans un film de Tarzan
Qui doit rapporter beaucoup d'arzent!

Certains artistes populaires français continuèrent la tradition artistique illustrée ci-dessus tout en essayant d'accommoder certaines techniques empruntées aux premiers rappeurs américains. Un exemple de continuation de ce genre est fourni par le duo Chagrin d'Amour qui enregistra plusieurs albums durant la première moitié des années quatre-vingt. Les paroles de «Jacques a dit sic», avec leurs onomatopées et leurs associations phonétiques basées sur des termes populaires, donnent une idée claire des particularités et des emprunts des morceaux du duo :

Jacques a dit sic : «t'es toc, o.k. mais cloquée nein j'te plaque»
J'ai dit «pas cap» il a dit «dac» et toc en cloque sans Bac.
J'attaque le macadam qui tchatche en f'sant crisser mes pneus
Pas d'Cadi comak à ma Cadi en stock à cent lieues.
Je tape le stop direct Saint-Trop' où j'ai des potes au feu
D'l'action, d'l'action, pas de Sissi sotte c'est au fond tout c'que je veux
Est-ce un blaireau dans cette auto, mais si mais non c'est lui!
Ecce homo roi du tango messie du rock : Bibi.

Il est alors évident que l'évolution de la tradition des paroles de chansons populaires françaises utilisant des techniques associées aux calembours, aux rythmes axés sur les sonorités consonantiques, aux associations homophoniques ou encore aux suggestions phonétiques est bien ancrée dans l'histoire de la musique populaire française. On pourrait aussi dire qu'étant donné l'existence antérieure d'une tradition partageant des techniques et des effets semblables à la musique rap dans la tradition populaire française, les emprunts stylistiques effectués par les rappeurs francophones et français devenaient plus acceptables et plus à même d'être intégrés dans des productions pouvant être facilement associées avec certaines compositions populaires ayant connu un succès indéniable. Du point de vue musical, il existait des formes françaises permettant une adaptation des emprunts afro-américains. Si certains critiques purent rejeter les premières importations de disques de rap américain à cause de leur langage brutal ou de leurs paroles condamnables, il devenait plus difficile de rejeter le phénomène rap comme une production populaire totalement étrangère aux traditions françaises une fois que des compositions francophones ou françaises parurent sur le marché hexagonal.

L'arrière-plan sociologique

Le rap américain est une musique de rue associée à plusieurs phénomènes sociaux typiques. Tout d'abord il y a la notion de ghetto qui, bien qu'elle apparaisse dans les analyses sociologiques françaises, tend à ne pas être totalement assimilée dans l'Hexagone. Les ghettos noirs américains souffrent de problèmes économiques et sociaux particuliers qui ont été présentés dans les divers styles musicaux des décennies passées : blues, soul, funk, reggae, ainsi que dans les répertoires d'artistes tels que Gil Scot Heron ou The Last Poets. De plus, la tradition folklorique noire américaine a toujours montré un respect marqué pour les producteurs de monologues ou d'histoires imaginatives comme les «toasts» ou les aventures de personnages de réputation douteuse, populaires pour leur violence ou leur don d'orateur. Les célèbres rituels d'insultes connus sous le nom de «dozens» participent à cette importance de la parole dans la culture populaire du ghetto américain (Lapassade, Rousselot, p. 22-23). Les paroles des raps noirs américains sont souvent dirigées contre la société américaine blanche qui contrôle et gouverne le pays. Les mots utilisés par les rappeurs noirs américains sont de plus en plus clairs et nets quant à cet aspect de leurs revendications. Pour Costello et Wallace (p. 34-35), le rap est la forme la plus récente de musique noire américaine qui exacerbe les problèmes raciaux en permettant la grande diffusion de messages totalement clairs et sans ambiguïté quant à la réalité de la vie dans le ghetto. Le rap noir américain est donc le produit des rues du ghetto noir des grandes zones urbaines et a souvent un fort contenu politico-social intrinsèquement américain.

Le rap français n'est pas né dans les rues des cités HLM des banlieues françaises (qui pourraient être vues comme une possible approximation sociologique des ghettos américains à cause de la misère et, surtout, du fait du grand pourcentage d'immigrés dans la population). Les rappeurs français se sont d'abord directement inspirés des Américains. Au début des années 80, ils ont essayé de plaquer la structure artistique et sociale américaine sur la réalité française. L'année 1982 est marquée par le passage en France d'Afrika Bambaataa, le fondateur new-yorkais de la Zulu Nation. Ce dernier choisit des représentants français qui seront à l'origine du mouvement Zulu en France. Bambaataa mettra des Français en contact avec les manifestations les plus évidentes de la culture Zulu : la musique hip-hop et la «break-dance» appelée «smurf» en France (Louis, Prinaz, p. 170-175). Toutefois les médias se concentrèrent uniquement sur l'aspect figuratif du smurf et négligèrent l'accompagnement musical qui, le plus souvent, était un rap ou un morceau populaire sur lequel un «disc-jockey» improvisait des paroles dont le but était à la fois d'encourager les danseurs et d'attirer l'attention de spectateurs éventuels (des passants car les danseurs de smurf se produisaient le plus souvent sur les trottoirs). Quelques rappeurs antillais et «beurs» (Arabes de la seconde génération) firent leur apparition sur des radios locales de la banlieue parisienne en 1983-1984. Leur impact fut limité à la fois à cause de la brièveté de la mode smurf et, aussi, à cause de la faible diffusion de leurs productions.

La seconde période du rap français a commencé en 1989, à cause de l'attention médiatique qui s'est développée à la fois autour des bandes de banlieue après des épisodes de brutalité liés aux «skinheads» en 1988 (Louis, Prinaz, p. 121-125) et du développement des graffiti dans la capitale (Louis, Prinaz, p. 200-210). On découvrit alors que les membres de ces bandes de banlieue écoutaient le plus souvent les morceaux de disc-jockeys comme Lionel D ou d'autres artistes locaux qui inventaient des raps sur des airs populaires qu'ils échantillonnaient avec des micro-ordinateurs équipés de logiciels adéquats. Un aspect particulier de cette seconde période a été une progressive différencia-tion entre les compositions des rappeurs français de cette seconde période et celles de leurs modèles américains ou de leurs imitateurs français de la première moitié des années 80 (Lapassade, Rousselot, p. 13). Si, au tout début des années 90, il est difficile de clairement identifier les caractéristiques intrinsèques des paroles des compositions des rappeurs français, il demeure néanmoins vrai que certaines diffé-rences peuvent être repérées entre les compositions américaines et françaises. Cette différenciation aura été le résultat d'un processus inattendu : les rappeurs français, au lieu de créer de toutes pièces leur propre style, auront d'abord emprunté le style musical et oratoire aux Américains puis auront découvert que leur situation ne pouvait pas simplement être «traduite» directement mais, au contraire, devait être «adaptée» à une situation française. Il est bien clair que les immigrés des grandes banlieues vivent dans des conditions souvent proches de celles des ghettos américains mais il est aussi évident que les sociétés respectives des deux groupes et leurs environnements sociaux ont leurs nettes différences.

Quelques exemples de productions françaises

Le phénomène rap en France n'a pas encore été étudié en profondeur comme certains autres mouvements musicaux contemporains (Séca). Les sources sont limitées. Toutefois, il demeure certain qu'il existe un échantillonnage suffisamment varié permettant de formuler quelques conclusions. Les similarités entre le rap français et le rap américain, évidentes lorsqu'on s'attache à l'aspect musical et à l'aspect social et sociologique, deviennent moins évidentes lorsqu'on considère les paroles des artistes français. Nous allons tenter de caractériser les productions françaises et de voir en quoi les paroles françaises diffèrent de leurs homologues américaines. Comme les compositions sont essentiellement axées sur le texte, les différences textuelles entre les productions américaines et françaises seront l'indice le plus acceptable de leur différenciation. La compilation *Rappatitude* produite par la compagnie Virgin est unanimement considérée comme le détonateur qui a montré l'existence et la diversité des productions de rap français (l'expression sera employée ici pour signifier des raps chantés en français et ne prétendra pas imposer une notion de normalité ethnique ou idéologique sur les artistes). Les membres du groupe Suprême NTM, dont le nom signifie officiellement «le Nord Transmet le Message» (Kervéan, p. 75) mais qui est surtout connu pour son sens «non officiel» qui signifie «Nick Ta Mère» (le premier mot — aussi écrit nique — est maintenant unanimement reconnu en français populaire et argotique comme l'équivalent de l'anglais «f---»), ont enregistré un morceau où ils expliquent pourquoi ils interprètent leurs chansons. Dans leur «Je rap» (*Rappatitude*), ils chantent :

Évitant toute erreur
J'attaque avec saveur
Fouettant l'auditeur
Le touchant en plein cœur
Je gonfle l'argument
Je structure largement
Je rap
Expliquant à chacun
Que ce domaine est le mien
Car je vais et je viens
Sur les aléas du tempo
Sans aucun accroc
Normal pour un pro.

Il y a bien une vantardise certaine de la part de l'artiste qui explique ce qu'il fait et qui ajoute qu'il le fait bien («sans accroc») parce qu'il est un professionnel à la fois au sens propre d'artiste professionnel et au sens figuré d'un professionnel de la langue plus ou moins verte des rappeurs. On pourrait aussi dire que le narrateur-artiste définit son «look» artistique dans ses paroles.

D'autres artistes suivent une veine similaire et narrent leurs aventures les plus remarquables, c'est le cas de Daddy Yod qui nous explique qu'il est allé interpréter ses compositions dans une prison. Il lui a fallu suivre des règles plutôt strictes. Il est lui aussi un professionnel averti et ces limitations ne l'ont pas empêché de produire un spectacle de qualité pour les incarcérés, sans toutefois qu'il ait à se soumettre totalement aux exigences de l'administration carcérale. On notera tout de suite un possible jeu de mots bilingue basé sur «rock» qui pourrait être la musique mais aussi le «*rock*» — le surnom américain de la prison d'Alcatraz. Voici ce que dit Daddy Yod dans son «Rock en zonzon» :

> Rock en zonzon
> On a joué rock en zonzon.
> Ils enferment les soi-disant mauvais garçons
> Mais les mauvais sont souvent les matons
> On a dû jouer dans des conditions
> Ne pas trop faire monter la tension
> Les matons avaient peur d'une rébellion
> On leur a quand même donné du bon son.
> Rock en zonzon
> On a joué rock en zonzon.

Là aussi, les paroles ne sont ni brutalement grossières ni excessivement revendicatives. Les deux artistes décrivent des aventures comme bien d'autres chanteurs l'ont fait dans des styles différents. Les paroles plus précisément ciblées peuvent être mises en parallèle avec des productions américaines. C'est là qu'il devient aisé de juger des différences entre les productions des deux pays.

Certaines accusations portées contre les musiciens du groupe «The 2 Live Crew» avaient à voir avec leurs caricatures et leurs critiques envers les femmes. Des artistes comme LL Cool J. qui, dans son morceau «Big Ole Butt», se moque de son amie qu'il a quittée pour aller voir Tina dont la caractéristique physique la plus notable est mentionnée dans le titre, ou comme Ice T., dont le morceau «Shut Up, Be Happy» ne fait que détailler ce que le titre suggère, ont souvent été accusés de misogynie et de manque total de respect pour les femmes (Adler *et al.*, p. 59). Les artistes français ont aussi leurs critiques dirigées contre les femmes, mais elles ne sont pas aussi excessives. Voici ce que dit New Generation MC dans «Toutes les mêmes» :

D'après toutes les expériences et tous les témoignages
En faisant une petite enquête dans mon entourage
J'ai compris que toutes les femmes étaient toutes les mêmes
Et ne créaient à leurs maris que des problèmes
Qu'elles viennent des quartiers de Paris ou de toutes les villes du monde
Qu'elles soient rousses, brunes ou châtaines ou qu'elles soient blondes
Tu peux être sûr que tous les hommes ne changeront pas d'avis
En disant dans le monde entier et criez tous ceci

> Toutes les mêmes
> Elles sont toutes les mêmes
> Elles sont toutes les mêmes
> Elles sont toutes les mêmes.

Quant aux paroles les plus facilement identifiables comme vecteurs d'un message politique ou social, certains artistes américains sont connus pour l'extrême radicalité de leurs propos. C'est le cas, entre autres, du groupe «Public Enemy» ou de NWA. Les rappeurs français ne paraissent pas avoir atteint ce degré de radicalité. On peut se demander si c'est à cause de la récente apparition du phénomène en France, des différences sociales, ou des différences référentielles dues aux caractéristiques particulières des sociétés française et américaine (on penchera surtout vers la dernière possibilité). Dans son «Enfant du ghetto», Saliha n'a pas les mêmes désillusions que ses collègues américains :

Enfant du ghetto
Rempli de déception
Pars chercher le bonheur
Vers d'autres horizons
Devant suivre, lutter, combattre, se garder
Se lier d'amitié avec les vautours du quartier
Enfant du ghetto
Pour toi telle est la loi
Suis ton chemin, trace, bouge et bats-toi
Vivre une vie cruelle, mortelle
Remplie de haine, amère
Basée sur la misère des frères.

Ce message universaliste, assez proche des thèses de SOS-Racisme (pour les rappeurs français, la politique — de n'importe quel bord — est repoussée avec mépris), est retrouvé, avec un durcissement notable, dans le message que Tonton David exprime dans son «Peuples du monde» :

Dédicacé pour Mosaiah Garvey
Autour d'un drapeau il faut se rassembler
Le rouge pour le sang que l'oppresseur a fait couler
Le vert pour l'Afrique et ses forêts
Jaune pour tout l'or qu'ils nous ont volé

Noir parce qu'on est pas blancs, on est tous un peu plus foncés
Symbole d'unité africaine et de solidarité
Noirs et blancs ensemble faut danser, tonton reviens DJ.

Si ces productions de groupes divers offrent une variété qui pourrait être vue comme un manque d'unité de la part des artistes, il est possible de concentrer notre attention sur les productions d'un artiste particulier afin de voir si les caractéristiques mentionnées ci-avant se retrouvent ou si de nouvelles apparaissent. Lionel D., dont le rôle notable dans le développement du rap est souvent mal connu (Lapassade, Rousselot, p. 12), est un chanteur qui pourrait être appelé un rappeur à message. Il est alors à la fois dans une tradition solidement établie dans la chanson populaire française et dans une tradition nouvelle en voie d'émergence — celle du rap. Le message de Lionel D. n'est ni antisocial ni antiétablissement. Il semble plus axé sur le respect de soi et des autres, sur la respectabilité que l'individu peut acquérir au milieu d'un monde aux valeurs perverties et à la morale floue. Ceraines chansons sont dédiées à ceux qui sont comme lui, comme dans «Le Beur» :

Il faut toujours que ton nom rime avec galère
Qu'on le confonde avec le mauvais sur cette drôle de terre
Ceci n'est pas pessimiste, mais juste réaliste
Un méfait commis quelque part, il y a ton nom sur la liste
De ceux qu'on accuse. Paria d'une société
Qui se dit démocrate et fière de toutes ces libertés
Il y a des droits qu'on donne et ceux qu'on distribue
L'hypocrisie est évidente, je sais que tu l'as vue
On te dit fermé ou trop dur, mental, à part
Voleur, frappeur, flambeur, zonard!
Ces adjectifs maudits que tu connais par cœur
Je voudrais tant voir le contraire pour toi mon frère le Beur.

Lionel D. s'adresse aussi aux grands de ce monde et son «Monsieur le Président» nous rappelle la chanson «Le déserteur» de Boris Vian (Vian, p. 230). Mais là encore, on voit que les buts des deux chanteurs sont différents. Si Vian s'offrait en sacrifice dans sa chanson, Lionel D. veut que le Président comprenne la situation dans laquelle lui et ses semblables se trouvent :

Monsieur le Président, on n's'amuse pas vraiment
On se répète, on cherche, ça sonne beaucoup trop lent
Serait-ce un manque de feeling ou d'imagination
Oui, j'ai le regret de vous dire
Ça c'est une constatation
Monsieur le Président ce rap s'arrête ici
Je compte sur vous pour le comprendre malgré tous vos soucis
Get down!!!

Monsieur le Président je m'adresse à vous
Lettre ouverte, dans ce monde de fous.

Le message de Lionel D. est à la fois empreint de désillusion et aussi plein d'espoir pour un avenir qui devrait — et pourra — être meilleur que le présent. Les années 80 ont été marquées par la dégradation des relations entre les divers groupes ethniques en France, tensions exacerbées par les politiques de groupes extrémistes, les actions de groupuscules ou de bandes, et les dures réalités économiques auxquelles les habitants avaient à faire face. Il reste alors à les oublier et à tirer les enseignements des événements qui ont marqué la décennie. C'est ce qui est exprimé dans «Les années 80» :

Les années 80 sont déjà terminées
Le temps s'écoule ainsi et ça me fait marrer
Une jeunesse blasée, génération nouvelle
Aux valeurs brisées, jetées à la poubelle
Plus rien n'est comme avant, chacun pour sa gueule
Oui mais est-ce vraiment ce que les gens veulent? […]
Ton look et ta manière n'appartiennent qu'à toi
Le principal c'est d'être, être sûr de toi.

L'avenir sera meileur pour celui qui saura alors se découvrir, se reconnaître. L'avenir sera aussi meilleur pour qui saura ne pas se laisser submerger par les belles paroles, les promesses, les images offertes par les publicités, par ces mots qui deviennent de plus en plus envahissants et derrière lesquels se cachent trop de choses. C'est ce que Lionel D. exprime dans «Les mots» :

Les mots, les mots, toujours les mots
Rien au bout bien sûr, encore le zéro
Promesses bien faites d'un avenir meilleur
Mais qui sont toujours, toujours loin de ton bonheur
T'as pas encore compris l'ordure qui t'entoure
Toi qui consommes les restes de Messieurs les vautours
Condition'ment fatal d'une vie qui veut sourire
Et qui se meurt d'heure en heure en allant vers le pire.

Ces paroles sont moins brutales que celles de nombreux groupes américains. On ne peut pas clairement dire si cet état de choses est dû au manque de motivation de la part des artistes français ou si ces derniers n'ont pas encore trouvé à exprimer des sentiments qui ne sont peut-être pas aussi universellement présents dans les banlieues françaises que parmi les résidants des ghettos américains.

Il devrait maintenant paraître évident que les similarités entre les traditions musicales française et afro-américaine, couplées aux similarités et aux différences entre les situations sociales et politiques des habitants des ghettos américains et des habitants des zones urbaines françaises, peuvent être vues comme ayant joué un rôle particulier dans l'émergence de la production de raps français. Il est facile de voir les similitudes entre la vie quotidienne d'un pauvre du ghetto américain (Noir, Chicano, Portoricain, Haïtien, etc.) et celle d'un pauvre d'une zone de HLM dans une banlieue française (Maghrébin, Africain, Antillais, etc.). Il est aussi facile de voir qu'il existe toutefois un nombre non négligeable de différences entre les possibilités qui s'offrent à chacune de ces personnes. La présence d'un système d'aide sociale en France en est un exemple évident. De plus, même si le trafic de drogue existe dans les banlieues françaises, il ne semble pas encore avoir atteint le niveau inquiétant rencontré dans certains quartiers des grandes villes américaines. Ces différences sociales et sociologiques peuvent être vues comme ayant une influence déterminante sur les paroles des raps français. Le manque de références à une violence exacerbée dans la vie quotidienne peut être vu comme un des facteurs qui participent à la moindre crudité des paroles des raps français. On pourrait presque établir un parallèle entre cette situation et celle rencontrée dans des romans — et dans leurs adaptations cinématographiques respectives — décrivant la vie des habitants de ces zones urbaines; les romans *Last Exit to Brooklyn* de Selby et *Le thé au harem d'Archi Ahmed* de Charef sont tous les deux des romans de la «zone». Le roman américain ne dit rien au sujet du rap car il fut écrit trop tôt et le roman français, lui aussi publié avant l'explosion rap, ne mentionne pas cette musique. Il est facile de voir que, dans l'ouvrage américain, il y a une violence bien plus brutale que dans le roman de Charef.

Ce qui demeure plus difficile à décrire est l'avenir du rap français. À une époque où apparaissent de nouveaux genres musicaux dans des régions souvent inattendues — comme c'est le cas du new beat en Belgique (Grauman, p. A-10) —, il faut faire preuve d'une grande circonspection lorsqu'on s'engage dans des prévisions concernant des phénomènes aussi évanescents que les plus récents développements stylistiques des productions musicales populaires. S'il est facile de voir pourquoi les transferts de styles musicaux populaires entre les États-Unis et la France — comme le rap — s'effectuent aussi facilement, et s'il est aussi facile de voir pourquoi certaines différences apparaissent entre les productions des deux pays, il est bien moins aisé de prévoir leur évolution respective une fois ce transfert effectué.

* Cet article a déjà été publié dans *Contemporary French Civilization*, vol. 16, n° 1, Winter/Spring 1992, p. 16-29.

Références

ADLER, Jerry, with Jennifer Foote and Ray Sawhill, «The Rap Attitude», *Newsweek*, 19 mars 1990, p. 56-59.

BEN JELLOUN, Tahar, *Hospitalité française*, Paris, Éditions du Seuil, 1984.

BERTRAND, C.-J. et F. BORDAT, *Les médias américains en France. Influence et pénétration*, Paris, Éditions Belin, 1989.

CACHIN, Olivier et Jérôme DUPUIS, «Le rap sort de la zone rouge», *Le Nouvel Observateur*, 9-15 août 1990, p. 14-15.

CHAGRIN D'AMOUR, *Chagrin d'Amour*, Disques Barclay 200422, enregistré en 1982.

CHAREF, Mehdi, *Le thé au harem d'Archi Ahmed*, Paris, Mercure de France, 1983.

COSTELLO, Mark and David Foster WALLACE, *Signifying Rappers. Rap and Race in the Urban Present*, New York, The Ecco Press, 1990.

COTTRANT, Sylvie, «Les casseurs de skins», *Le Nouvel Observateur*, 9-15 août 1990, p. 13.

DUBET, François, «Le virus américain», *Le Nouvel Observateur*, 9-15 août 1990, p. 12-13.

GATES, David, with Verne E. Smith, Patrice Johnson, Jennifer Foote, Andrew Murphy, «Decoding Rap Music», *Newsweek*, March 19th 1990, p. 60-63.

GRAUMAN, Brigid, «New Beat: Belgium Gives Birth to Dance-Music Craze», *The Wall Street Journal*, March 29th 1990, p. A-10.

KERVÉAN, Jean-François, «Saint-Denis secoue la banlieue», *Globe*, décembre 1990-janvier 1991, p. 68-75.

LAPOINTE, Boby, *Intégrale des enregistrements de Boby Lapointe*, coffret de quatre albums, Disques Philips 9101033-9101036. Enregistrés entre 1960 et 1972.

LABELLE NOIR, *Rappatitude*, Disques Virgin 30767-2, 10 titres par divers artistes enregistrés en 1990.

LAPASSADE, Georges et Philippe ROUSSELOT, *Le rap ou la fureur de dire*, Paris, Loris Talmont, 1990.

LIONEL D., *Y'a pas de problème*, Disques CBS-SQT 466820-1, enregistré en 1990.

LOUIS, Patrick et Laurent PRINAZ, *Skinheads, Taggers, Zulus & Co*, Paris, La Table ronde, 1990.

MONTAND, Yves, *Yves Montand dans son dernier «One Man Show» intégral*, album double, CBS-67281, enregistré en 1972.

PLAGENS, Peter, with Shawn D. Lewis and Porter Katel, «Mixed Signals on Obscenity», *Newsweek*, October 15th 1990, p. 74.

RIMER, Sara, «Rap Band Members Found Not Guilty in Obscenity Trial», *The New York Times*, October 21st 1990, p. 1-L, 30-L.

SÉCA, Jean-Marie, *Vocation rock. L'état acide et l'esprit des minorités rock*, Collection «Psychologie sociale», Paris, Méridiens Klincksieck, 1988.

SELBY, Hubert Jr., *Last Exit to Brooklyn*, Pasadena, Castle Books, 1964.

TRENET, Charles, *Boum! Chansons folles*, Collection «Point Virgule», Paris, Éditions du Seuil, 1988.

VIAN, Boris, *Chansons*, textes établis et annotés par Georges Unglick et Dominique Rabourdin, Paris, Christian Bourgois, 1984.

ZITOUNI, Ahmed, *Attilah Fakir. Les derniers jours d'un apostropheur*, Paris, Souffles, 1987.

Dans la même collection
chez Triptyque

AUBÉ, Jacques, *Chanson et politique au Québec (1960-1980)*, 1990, 134 p.

BAILLARGEON, Richard et Christian CÔTÉ, *Une histoire de la musique populaire au Québec. Destination ragou*, 1991, 182 p.

CÔTÉ, Gérald, *Les 101 blues du Québec*, 1992, 238 p.

GIROUX, Robert, sous la dir. de, *La chanson dans tous ses états*, 1987, 240 p.

GIROUX, Robert, *Parcours, de l'imprimé à l'oralité*, 1990, 494 p. (en coédition avec La vague à l'âme).

GIROUX, Robert, Constance HAVARD et Rock LAPALME, *Le guide de la chanson québécoise*, 1991, 181 p. (en coédition avec Syros/Alternatives).

GIROUX, Robert, sous la dir. de, *La chanson prend ses airs*, 1993, 234 p.

JULIEN, Jacques, *Robert Charlebois, l'enjeu d'«Ordinaire»*, 1987, 200 p.

JULIEN, Jacques, *La turlute amoureuse. Érotisme et chanson tradition-nelle*, 1990, 180 p.

LA ROCHELLE, Réal, *Callas, la diva et le vinyle*. La POPularisation de l'opéra dans l'industrie du disque, 1988, 416 p. (en coédition avec La vague à l'âme).

MONETTE, Pierre, *Macadam tango*, 1991, 191 p.

MONETTE, Pierre, *Le guide du tango*, 1992, 260 p. (en coédition avec Syros/Alternatives).

WAGNER, Jean, *Le guide du jazz*, 1992, 248 p. (en coédition avec Syros/Alternatives).

Achevé d'imprimer
en décembre 1993 sur les presses
des Ateliers Graphiques Marc Veilleux Inc.
Cap-Saint-Ignace (Québec).